한 국 의
국정개혁

한국미래정부연구회 연구총서 ⑬

한국의 국정개혁

| 박재창 지음 |

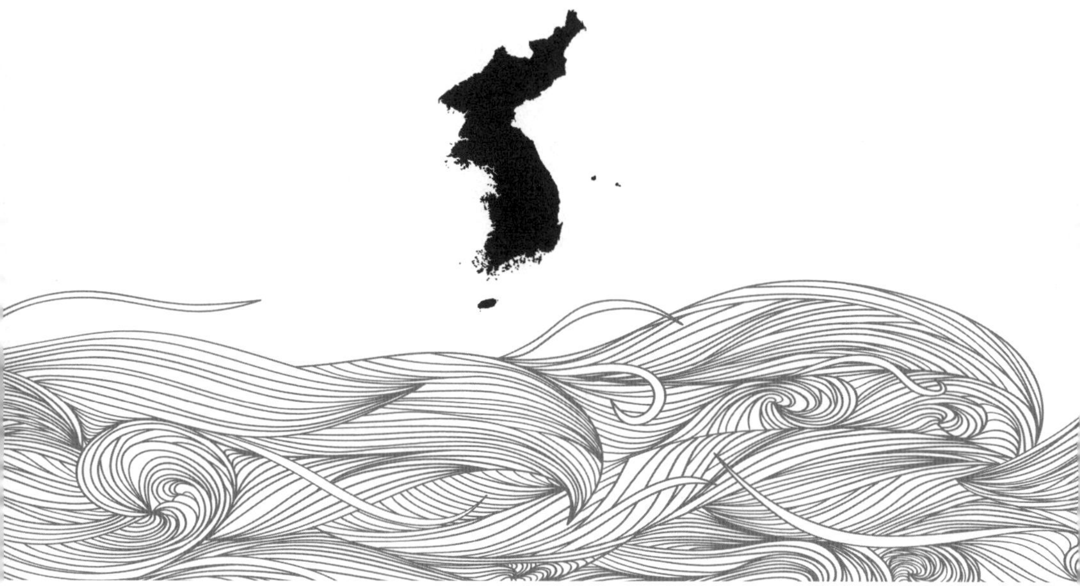

HU:iNE

서문

후기근대의 모순과 패러독스는 어느 누구도, 그 어떤 말로도 혼자서는 이 시대를 견인하거나 설명할 수 없게 되었음을 뜻한다. 국가건 시장이건 또는 시민사회건 더 이상 혼자서는 이 시대의 공동체를 이끄는 주체가 될 수 없다. 진보건 보수건 어느 누구도 이제 더 이상은 혼자서 이 세상을 조타하는 이념의 틀을 견인하거나 그를 통해 세상을 조망할 수 없게 되었다.

"빨리 가려거든 혼자서 가라. 그러나 멀리 가려면 함께 가야한다." 이 말에는 예상치 못한 독충이나 맹수와 조우하면서도 정글을 헤치고 살아남아야 했던 아프리카 줄루 부족의 생활철학이 담겼다. "위험사회"가 남긴 교훈이어서 일까? 긴 세월의 강을 건너 이성의 시대, 경제의 준칙을 뛰어 넘는 후기근대의 "위험사회"에서도 "함께 가야하는 새 길"은 생존을 위한 행동율이자 지침서가 되었다.

정부가 혼자서 아무리 공동체를 위해 노력하고 우리로 하여금 자기중심의 이기심에서 벗어나 헌신하라고 주문하더라도 우리의 정부에 대한 속 깊은 존경심을 지펴내기는 어려운 시대가 되고 말았다. 시장이 우리의 탐욕에 봉사하는 것이 사실이기는 하지만 그렇다고 해서 우리로 하여금 스스로에 대한 사랑과 자존감을 배양하는 일에 도움을 주지는 못한다. 시민사회가 우리의 이타심을 자극하는 것이 사실이기는 하지만 우리 모두가 남을 위해 살기에는 아직 자유로운 자기결정에 대한 탐욕의 혈흔이 크고, 사려 깊은 성찰을 흠향하기에는 여전히 생각의 여울이 깊지 않다.

우리는 지금 그런 시대에 산다. 정부가 혼자서 만드는 공공정책은 이해당사자들의 사익추구에 포획되어 실패를 거듭하기 일쑤이고, 그 과정에서 소외된 일반대중은 의지할 곳을 잃은 채 각자 도생에 나선지 오래다. 시장은 명목상으로만 소비자를 위하고, 사적인 의견과 특수이익이 아무런 노력 없이 공적인 지위를 부여받아 권력의 일부로 편입되는 재주를 부리고 있다. 이렇듯 궤도를 벗어난 자본의 눈에 사회적 생산을 담아낼 여백이 남아 있을 리 없다. 시민사회가 인간애에 대한 희망의 불꽃을 지피는 것이 사실이기는 하지만 무능과 독선으로 얼룩질 경우 우리로 하여금 보다 더 깊은 절망의 도랑에 빠지게 하는 것도 외면할 수 없는 사실이 되었다.

아득한 먼동을 지켜보는 눈가에 이슬을 적시게 하는 일은 또 있다. 한때 이성의 푯대라던 진보와 보수의 구분은 이념을 일관성 없이 도식화하거나 사회관계를 왜곡하여 재단함으로서 현실진단과 대안처방에 무기력하기만 하게 되었다. 이는 마치 오래된 렌즈를 통해 흔들리는 세상을 진단하고 사고의 세계를 판독하려는 것과 같다. 여기에 더해 전환기 사회에서는 현재의 질서나 제도를 보전할 것인가 또는 변화시킬 것인가의 문제가 아니라 무엇을 보전하고 무엇을 변화시킬 것인가를 선별하는 일이 무엇보다도 중요한 현안과제로 부상하기 마련이다. 일원주의 또는 획일주의를 강요하는 이념의 푯대로는 실로 대응하기 어려운 과제다.

이처럼 이정표 없는 항해를 강요하는 시대에 전인미답의 세계를 헤쳐 나가기 위해서는 공동체 전체 차원에서 모두의 지혜를 모으는 작업이 진행되어야 한다. 집단지성 외에 대안이 마땅치 않기 때문이다. 국정개혁과정에 시민의 효율적인 참여가 전제되어야 하는 이유다. 표를 얻기 위해 경쟁하는 과정에서 상황극처럼 변해버린 정당정치가 아니라 국민에 의해 운영되는 시민정치의 시대를 열자는 것이다. 시장의존적인 개인주의를 끝내야 하며 동시에 자유의 방종이 불러오는 권위주의에 대한 유혹도 떨쳐버릴 수 있어야 한다.

사회 엘리트 사이의 순환선택을 강요하는 선거에만 맡겨두어서는 안 되며 소수의 지도자에게만 맡겨도 안 되고, 충분한 지식과 정보를 지닌 공동체 차원의 논의를 통해 다 같이 손잡고 조심조심 접근해 나가야 한다. 그러나 이런 논의가 자신의 가치관을 다른 이들에게 강요하려는 권위주의자들에게 길을 내주는 꼴이 되어서도 곤란하고, 그렇다고 해서 개인을 존중한다는 이유로 정부의 견인력을 무시하게 되어서도 안 될 일이다.

이렇듯 개인주의 세력과 맞서 싸우면서도 권위주의의 부활을 막기 위해서는 시민참여를 통해 시민이 스스로 국정운영의 방향을 정하는 공간과 기회를 확장하는 길 외에 다른 방도가 따로 없다. 거버넌스 시대를 열어야 한다. 그러나 준비된 시민 없이 시민참여가 소기의 성과를 약속하기는 어렵다. 그런 점에서 우리 사회는 아직 국가와 시민사회 또는 정부와 시민이 협력하고 공조하는 시대를 열기 위한 준비 작업을 마쳤다고 말하기 어렵다.

비판적 안목과 자기 성찰력을 지닌 시민이 필요하지만 그런 시민은 그냥 생겨나는 것이 아니다. 역사적 경험을 통해 문화적으로 숙성되어야 한다. 그러나 민주주의와 분권사회에 대한 경험이 외생적으로 주어진 우리로서는 자생적으로 축적하기가 쉽지 않은 과제다. 그러니 불가피하게 특단의 전략적 대처를 필요로 한다. 거국적으로 이뤄지는 민주시민교육이야말로 시민정치의 알파요 오메가인 셈이다.

그런데 가장 효과적인 민주시민교육은 시민의 직접적인 현장참여를 통해 이루어진다. 그 가운데에서도 다양한 양식의 토론과정을 기획하고 참여하여 스스로를 훈련하는 일은 가장 필요로 하는 과제 가운데 하나다. 일상의 지근거리에서 보다 많은 논찬의 장이 열린다는 것은 시민교육의 기회가 확대된다는 의미이기도 하지만 시민정치가 일상의 생활 속으로 이동한다는 뜻이 된다. 생활정치의 시대가 열리는 것이다. 이는 다시 분권사회를 열어 정치의 중추가 지역사회로 이동한다는 의미로 들리는 일이기도 한다.

이 책은 이런 현실인식과 시대적 소명에 대한 응답의 하나로 국정개혁의 대안들을 모색하는 과정에서 지난 십여 년간 발표했던 단문들을 모아 엮어낸 결과물이다. 따라서 이 책에서는 지구화 시대와 미래비전(제1장), 국정개혁과 거버넌스(제2장), 정치발전과 민주시민교육(제3장), 지방분권과 시민사회(제4장)의 과제들을 다루고 있다. 함께 가는 새 길을 여는 데 있어 작은 주춧돌이라도 되었으면 하는 바람으로 빚었다. 아무쪼록 일독 후 많은 비판과 조언이 있기를 고대한다.

개인적으로는 이로서 8번째의 정치평론집을 발간하는 셈이 된다. 그 동안 시대의 성격도 많이 변했고, 어느새 고희를 눈앞에도 두게 되었다. 돌아보면 사회과학도에게 있어 분야별 전문서적이 문학도의 소설에 해당한다면 이런 평론집은 일종의 시집 같은 것이라는 생각을 마음에 두곤 했다. 여러 개의 짧은 단문들이 모여 있기 때문이다. 그렇다고 해서 정치평론이 시처럼 현실을 떠난 이상주의의 길을 찾아 헤매도 좋다는 뜻은 물론 아니다. 현실에 발 부친 상태에서 머리로 그려보는 새로운 디자인, 이상주의의 초상이 바로 정치평론이라고 믿어 왔다.

이런 그림 그리기의 궤적을 1989년 「의회와 민중」으로 발간한 이래, 「열린 세상, 막힌 정치」(1991), 「까마귀 우는 곳에 백로가 가야 한다」(1991), 「오늘의 정치, 내일의 정치」(1992), 「이렇게 바꿔야 나라가 산다」(1998), 「혼돈의 시대, 개혁의 논리」(2001), 「국가와 시민」(2009)에 이어 다시 정치평론집의 이름으로 세상에 내놓게 되었다. 신시대를 바라보는 새로운 조망의 창이 열렸기를 고대한다. 이제 다시 새 길을 떠나야 하는 우리 모두에게는 작은 소통의 공간으로 활용될 수 있기를 소망하는 속마음이 크다. 동참하는 뜻으로 출판을 결심했을 도서출판 휴인의 관계자 여러분께 감사의 말씀을 전한다. 삽화를 그려 책을 꾸미는 일에 동참한 초등학생 손녀 박정원에게도 고마움을 표한다.

2017년 10월

분당 우거에서 박재창

목차

제2장 국정개혁과 거버넌스

제3장 정치발전과 민주시민교육

제4장 지방분권과 시민사회

한국의 국정개혁

제1장
지구화 시대의 미래비전

후기근대와 창조성, 창조경제정책 그리고 창조행정

1. 들어가며

창조경제에 대한 논쟁이 뜨겁다. 박근혜 정부가 창조경제를 주창하고 이를 추진해 왔지만 가장 큰 비판의 논점은 도무지 무얼 뜻하는지 잘 알기가 쉽지 않다는 데 있다. 여기에 더해 정부의 창조경제정책이 과연 제 성과를 내고 있느냐에 대해서도 비판적인 목소리가 작지 않다. 이런 비판적 시각의 확산을 창조경제정책이 신성장동력 발굴과 일자리 창출을 겨냥한 것이라는 관점에서 보면, 그만큼 성장 동력을 잃은 우리 사회가 매우 다급한 상황에 놓여 있다는 의미로도 읽혀진다.

그런데 창조경제가 박근혜 정부에 의해 처음 주조된 개념은 아니다. 배경과 연원이 있지만 이에 대한 사회적인 논의와 수용 없이 대뜸 창조경제라는 다소 생경한 개념을 들고 나온 것이 개념 논쟁과 정책 혼선을 불러온 가장 큰 이유 가운데 하나다. 창조경제는 시대 성격 변화라는 매우 본질적인 사회 구조 변동에 대한 인식을 전제로 성립된다. 따라서 이에 대한 인식과 합의 없이 제시될 경우 당연히 혼란을 동반할 수밖에 없다. 더욱이 그 새로운 시대의 성격 자체가 완성된 패러다임을 갖춘 것도 아닐 때, 그에 따른 혼란은 배가될 수밖에 없다.

이런 창조경제의 맥락적 배경에 대한 인식 부족은 박근혜 정부가 창조경제의 본질과 특성을 파악하는 데 있어 장애 요인으로 작용했고, 이는 다시 창조경제정책을 보다 효과적으로 집행하기를 어렵게 만드는 주요 원인 가운데 하나가 되었다. 특히 창조경제의 주력 산업을 무엇으로 삼을 것인가를 정하는 데 크게 영향을 미쳤다. 이는 창조경제를 향도하는 추진체계를 정하는 데 있어서도 같다. 창조경제가 새로운 시대 상황의 소산물이라면, 이를 다루는 국정관리양식이나 평가기준도 그런 시대정신을 반영했어야 한다. 이점에서 보면 창조경제의 내포와 외연을 체계적으로 검토하는 일은 박근혜 정부가 추진하는 창조경제정책 관련 논쟁을 잠재우는 데 있어 매우 중요한 출발점이 된다.

그런데 창조경제에 대한 논의는 후기근대에 대한 이해에서부터 출발하는 것이 불가피하다. 오늘날 우리는 후기근대에 진입해 있을 뿐만 아니라 창조경제 관련 개념 자체가 후기근대를 관통하는 인식의 틀을 발판으로 개발되어 왔기 때문이다. 더욱이 창조경제는 창조성을 경제활동의 핵심 변수로 삼는다. 따라서 후기근대의 인식론적인 특성을 천착하고, 이를 토대로 창조성의 시대적인 의미를 추적해 보는 일은 창조경제정책을 효과적으로 조타하는 데 있어 그 출발점에 해당된다.

2. 후기근대의 핵심 가치: 창조성

오늘날 우리가 누리고 사는 정보사회의 도래는 근대의 내재적 모순과 한계를 증폭시켰다. 정보소통양식의 혁명적 변화가 사회 구성원의 상호작용 내지는 관계망의 구성양식을 근본적으로 바꾸어 놓았기 때문이다. 이로 인해 세상을 바라보는 눈 자체를 교정해야 한다는 인식이 싹트게 되었다. 후기근대의 프레임이 등장하게 되는 현실적인 이유다. 후기근대는 인식의 대상에 대한 이해를 근대와 달리한다. 근대가 상정하는 참 진(眞)의 세계는 소여의 것으로서 인식 이전에 이미 우리에게 주어진다. 따라서 이를 대상화 하고 제3자의 입장에서 응시하는(gazing) 일을 실존적 현실의 실체에 접근하는 첩경으로 여긴다. 이런 객관적 현실을 관찰자의 일관된 사유과정을 통해 정리하고자 했기 때문에 근대의 프레임이 세상을 이성적으로 판단하고 합리적으로 규정하고자 했을 것은 당연한 이치다.

그러나 후기근대는 이런 통일된 세계의 실재성을 부정한다. 우리가 객관적으로 실존한다고 믿어온 세계는 근대의 은유가 구성한 착각일 뿐이며, 실제로는 항상적으로 유동하고 변화하는 사회관계의 연속이라고 본다. 이런 세계는 너와 내가 상호작용하는 가운데 빚어지는 것이기 때문에 관계론적이며 소통론적이고 상호주의적이다. 따라서 인식의 주체인 내 자신의 내면의 세계에서 주관주의적으로 형성된다. 완성된 피조물이 객관적으로 존재하는 것이 아니라 끊임없이 진화하며 계속적으로 빚어진다. 그런 까닭에 비결정론적이고 유동적이며 인식의 객체와 주체 사이에는 존재론적으로 창조과정이 끊임없이 지속된다. 흔히 후기근대는 완성되지 않았으며 계속 형성과정에 있어 그의 본질을 규명하기가 어렵다고 말한다. 그러나 후기근대의 바로 이런 비결정론적 또는 비완결적 속성에 견주어 보면, 후기근대는 그것 자체로서 지속적으로 형성과정에 있을 수밖에 없다.

이렇듯 선험적으로 완결된 것이 아니라 지속적으로 창조되는 과정에 있는 후기근대에서는 더 이상 세상을 객관적으로 응시할 수가 없다. 오로지 주관적으로 도전해 나갈 수 있을 뿐이다. 그런데 세상은 그런 사람들에 의해 구성되기 때문에 스스로 존재하는 실존적 실체가 있을 수 없으며 주관적 도전의 상호작용에 의해 만들어지는 사건의 연속으로 채워진다. 따라서 후기근대에서는 일원적으로 정리되는 역사적 목적론이나 메타 서사(meta-narrative)가 있을 수 없으며 오로지 비정태성, 비일관성, 비종국성이 사회적 진화의 본질을 이룬다. 비산의 체계 내지는 끊임없는 에너지 떨림의 세계를 상정하게 되는 이유다.

이처럼 후기근대는 지속적으로 변하고 생성되는 것을 특징으로 삼는 만큼 기존의 질서를 부정하고 의심하며 절대적 완벽성의 실존을 믿지 않는다. 이는 결국 중심성의 상실이자 표준의 해체를 말한다. 따라서 복수 패러다임의 공존이 불가피하다는 의미이기도 하다. 이런 현상을 이해하기 위한 이론의 틀로는 흔히 기존의 프레임으로부터 벗어나려는 해체주의나 비판이론이 중심축을 이룬다. 결국 세상을 분할해서 보자는 것임으로 인식의 국지성을 전제하는 것이기도 하고 파편적 사회를 지향하는 것이기도 하다. 벡(Beck et al, 1988:22)은 이런 해체작업을 "창조적 파괴"라고 보았다.

그런데 이때의 창조적 파괴는 단순히 현재의 질서를 부정하기만 하는 것이 아니라 새로운 양식의 결합과 협력을 지향한다. 종당에는 세상을 통전주의(holism)의 관점에서 바라보아야 하게 되는 이유다. 근대는 인간을 물질 또는 객관적 사실과 분리하는 이분법적 세계관의 시대였다. 그러나 후기근대는 물질의 존재가 그를 인식하는 인간을 통해 결합되고 객관적 세계와 인간의 주관주의적 판단이 융합하는 일원론의 세계다. 이는 거듭되는 변증법적 재결합이 이루어내는 결과물이다. 그런데 이때의 재결합은 단순한 재대상화나 재합리화가 아니라 보다 더 새롭고 개선된 패러다임으로의 전환을 함축한다. 이점에서 볼 때, 후기근대는 창의적인 재결합을 통한 성찰적 진화를 그의 본질적 특성 가운데 하나로 삼는 셈이다.

따라서 후기근대에서는 단순히 수동적으로 또는 일방적으로 주어진 지식을 암기하는 기능적이고 규율적인 인간이 아니라 스스로 지식을 생산해내는 자율적이고 간주관주의적인 인간을 필요로 한다. 이미 축적된 지식을 암기하는 것이 아니라 자신의 눈으로 상대를 인식하고 이해함으로서 지식을 생산해내고 이를 창조적으로 적용할 수 있어야 한다. 현상학적 접근이나 공감능력이 요구되는 이유다. 가치상대주의가 호소력을 갖는 이유이기도 하다. 흔히 지식기반사회의 21세기 역량(21century skill)으로 비판적 사고능력(critical thinking), 의사소통능력(communication), 협업능력(collaboration), 창조능력(creativity)을 강조하는 것도 같은 이유 때문이다(Trilling & Fadel, 2009). 후기근대는 창조성을 중심으로 근대를 해체하고 그의 연장선상에서 사회를 재구성 한다는 뜻이다.

3. 블루오션으로서의 창조경제

그런데 후기근대의 현실적 기초라고 할 수 있는 정보사회는 정보소통의 경제성, 신속성, 유동성, 광역성과 함께 최고기술의 유효수명을 단축시켰고, 세계 차원의 기술 우위를 보다 쉽게 포화시켰다. 또한 정보사회가 불러온 지구화 시대는 세계경제체제의 등장을 가져왔고, 이는 다시 무한경쟁 시대를 열었다. 이로 인해 근대의 중심축이라고 할 수 있는 산업사회적 생산양식에 기초한 경제활동이 유효 경쟁력을 유지하기가 쉽지 않게 되었다. 혁신적 이윤추구 영역을 발굴해야 하는 수요가 폭발적으로 증대하게 된 이유다. 이에 따라 근대 시장경제체제의 3대 구성요소라고 할 수 있는 생산, 교환, 소비를 유지하는 기존질서의 타당성에 대한 의문과 함께 변증법적 대안 제시에 대한 요구가 비등하게 되었다.

먼저 생산의 경우, 산업사회에서는 주지하는 바와 같이 대량생산, 대량소비에 의존하는 공장식 생산양식이 대종을 이루었다. 공장식 생산양식은 실물경제를 겨냥하는 만큼 자본, 노동, 토지를 생산의 3대 구성요소로 삼는다. 따라서 상품의 교환 가격을 기술, 자본, 노임 같은 물질적 요소의 평가 가치에 적정 이윤을 더해 책정하는 것이 보통이었다. 그러나 기술력의 범세계적인 포화가 용이해지면서 기술력의 우위를 통한 이윤추구가 쉽지 않게 되었다. 노임의 삭감이나 사회복지비용에 의한 간접 지원도 세계경제체제의 도래 이후 사회의 양극화가 심화되면서 기대하기 어려운 일이 되었다. 추가 세금의 징수나 노임의 삭감이 사실상 한계영역에 이르렀기 때문이다. 따라서 경제적 가득률을 극대화하고 치열한 경쟁에서 벗어날 수 있는 새로운 시장의 창조, 그러니까 블루오션 개척에 대한 수요가 폭발적으로 일어나게 되었다.

그 첫 번째 변화는 관행적 경제활동의 미래를 염세주의의 관점에서 바라보는 일이었다. 산업사회는 대중사회의 등장을 공장식 생산양식으로 대응하자는 것이었음으로 소품종 대량생산 체제를 특징으로 한다. 그러나 후기근대로 들어서면서 소중화(de-massifying) 사회로 전환하자 이에 부응하여 다품종 소량체제를 갖추지 않을 수 없게 되었다. 생산자가 소비자를 제3자의 입장에서 응시하고 이를 객관화 하여 기계적인 복제생산에 몰입하던 시대는 문을 닫아야 하게 된 것이다. 소중화 시대에서는 소비자 개개인이 선호하는 개별적 수요를 생산에 반영하기 위해 더 이상 생산자가 일방적으로 판단하고 디자인할 수 없게 되었다. 이에 부응하기 위한 프로슈머(pro-sumer)의 시대란 바로 생산자와 소비자가 서로 대화하고 합의

하여 생산에 임하는 간주관주의의 시대를 뜻한다. 생산자의 주관과 소비자의 주관을 변증법적으로 융합하자는 것이며, 선험적 디자인이 아니라 끊임없이 새롭게 창조되는 미래의 디자인을 모색해 나가자는 것이다.

이는 시장에서의 다수결주의가 포화상태에 이르렀음을 뜻한다. 소수자의 경제적 언권이 커졌다는 의미다. 그 동안 근대를 지배해 온 대량생산체제는 엘리트, 전문가, 자본가처럼 구매력이 높은 사회적 강자나 경제적 다수 세력의 수요에 부응하고자 하는 것이었다. 산업사회의 지배적인 경제원리인 자본주의 자체가 강자 승 약자 필패나 적자생존의 법칙을 확장하려는 속성을 지닌 것이기도 했다. 따라서 산업사회에서는 경제적 소수자, 사회적 약자가 경제활동의 중심축에서 벗어나 있을 수밖에 없었다. 유효 시장의 범주에서 소외되거나 주변부로 밀려나 방치되었다. 그러나 후기근대의 해체주의 프레임과 국지적 인식론의 관점에서 보면 경제적 다수가 사실은 경제적 소수의 집합에 다름 아니라는 인식이 가능하게 된다.

따라서 블루오션을 위한 새로운 시장의 개척을 위해서는 경제사회적 소수에 주목해야 한다는 각성이 싹트게 되지만, 사회적 강자나 다수의 논리에 순치되어 온 근대의 가치관과 시각으로는 사회적 약자, 경제적 소수자의 수요를 포착하기가 쉽지 않은 일이다. 그러나 후기근대의 프레임은 간주관주의적 세계관과 감정이입을 통한 이타주의적 가치 준거를 열어주고, 이는 다시 국지주의적 인식의 틀이나 복수 패러다임의 공존을 가능케 한다. 사회경제적 소수자와 공감할 수 있는 능력과 안목을 제공하는 것이다. 감성적 공감을 통한 시장의 창출을 용이하게 해준다는 의미다. 사회경제적 소수자에 대한 공감이나 감정이입이 이타주의의 세계관 아래에서 보다 더 용이하다는 관점에서 보면 경제활동의 도덕적, 윤리적 가치 준거에 보다 더 쉽게 눈뜰 수 있게 해준다는 뜻도 된다.

이는 근대가 주목해 온 물질적 편익이나 가치의 계량을 통한 가격 측정이 아니라 물질에 부가 되어 있는 상징적, 정서적, 감정적 효용성, 부언하면 주관주의적 평가에 주목할 수 있게 된다는 뜻이기도 하다.[1] 명품 브랜드가 실질가치를 획기적으로 상회하는 부가가치를 획득하는 것처럼 스토리가 있거나 사회적 지위를 상징하는 물건, 디자인이 우수한 상품에서 추가적인 이윤 획득이 가능하게 되는 이유다. 이성의 시대인 산업사회에서는 가치의 객관화가 가능한 범주 내에서만 상품의 생산이나 경제활동이 이루어졌던 까닭에 주관적 가치 판단의 영역은 상대적으로 경제활동에서 소외되었다. 이러한 반성으로 인해 주관적 가치판단 영역으로 간주되어 온 예술, 문화, 유희 같은 감성적이고 비물질적인 영역을 주요 경제활동 대상으로 편입하려는 시각 교정이 급속히 추진되었다. 단순히 지식이나 정보를 가공하는 수준을 넘어 관념이나 인식의 수정을 통한 생산 활동에 나서기 시작한 것이다. 핀크(Pink, 2005)는 이를 지식사회 이후 등장하는 개념사회의 도래로 보았다.

1) 후기근대에서는 소비가 상품에 내재되어 있는 기능에 대한 수요 때문이 아니라 신분이나 지위를 나타내거나(Scott, 1991:85) 그렇기 때문에 타인과의 차이를 나타내려는(Baudrillard, 1998 : 77-78) 필요성 때문에 유발되기도 한다.

정보통신기기의 활용을 통해 다양한 형태의 융합 상품을 개발하고자 하는 노력도 따지고 보면 산업사회의 관행적 생산 활동이 다루지 못하거나 미처 상상하지 못했던 영역을 새롭게 개척해 보자는 것에 다름 아니다. 예컨대 초연결 디지털 혁명 시대의 사이버 네트워크에 기반한 다양한 형태의 협력적 제조(collaborative manufacturing)[2]는 제조과정과 소비수요를 직접 연결시키고 있으며, 이는 근대의 산업사회적 생산양식에서는 존재하지 않았던 영역과 차원에서 이루어지는 일이다. 아직 존재하지 않았던 경제활동 공간을 새롭게 개척해 나간다는 점에서 비결정론적이고 비완결적이며 동태적이고 창조적이다. 따라서 후기근대의 패러다임 아래에서 주조될 수밖에 없다. 새로운 변방을 지속적으로 개척해 나가는 것인 만큼 블루오션을 천착하는 일이기도 하다.

교환에 있어서도 상황은 같다. 지금까지 강자 승, 약자 필패의 교환관계를 유지해온 기성의 체계가 지속되는 경우, 부익부 빈익빈의 사회관계를 심화시키는 자본주의의 무한 팽창 속성이 종당에는 자본주의에 기초한 교환의 체계 자체를 붕괴시킬 것이라는 위기의식이 팽대하게 되었다. 2 대 8 사회(Anderson, 2006) 내지는 1 대 99 사회(Stiglitz, 2013)의 도래에 대한 경고다. 이에 따라 기존의 교환 체계에 대해 그의 타당성 여부를 묻게 되었다. 공급과 수요를 결정하는 등가적 교환의 가격 결정과정에서 미처 계상하지 못한 비용은 없는 지를 따져보게 된 것이다. 그 결과 등가적 교환이라는 이름으로

2) 협력적 제조(collaborative manufacturing)에 대해서는 Firmansyah and Amar(2013:6-12) 참조.

강자의 승리와 약자의 패배를 약속해온 교환의 체계 자체를 유지하는 비용은 이를 아무도 지불하지 않았다는 반성에 이르게 되었다. 이에 따라 그런 교환체계의 최대 수혜자인 기업의 윤리적 책임이나 사회적 기여를 주문하게 되었다. 공익과 사익을 구분해온 근대의 이분법적 세계관을 융합하려는 변증법적 성찰의 결과다. 새로운 교환의 질서를 모색해 보려 한다는 점에서는 창조적 대응의 소산이며, 이를 통해 지속가능한 경제를 지향한다는 점에서는 경제적 블루오션의 모색 작업이기도 한 것이다.

소비에 있어서는 같은 이치로 생산과 소비를 변증법적으로 융합해 보려는 노력이 시도되었다. 그 가운데에서도 생산 쪽에 비중을 두는 경우는 조합주의 운동이나 사회적 기업이 대표적인 사례다. 소비 쪽에 비중을 두어 거기에 내재되어 있는 자기중심적인 이기주의와 사회공동체주의적인 이타주의를 융합해 보려는 시도는 공정무역이나 윤리적 소비운동에서 찾아 볼 수 있다. 생산과 소비가 한 개인을 중심으로 결합하면서 교환 과정이 증발하는 극단적인 경우는 개인 생산 체제에서 발견된다. 3D 프린터를 이용해 자가 생산하거나 휴대폰으로 독립영화를 제작하고 스마트기기로 음악을 작곡해 스스로 즐기는 경우가 대표적인 사례다. 이렇듯 경제활동의 새로운 관행과 영역을 개척하고 그 결과 아직 포화되지 않은 시장을 제공하게 된다는 점에서 이들 모두는 블루오션의 천착 활동에 다름 아니다.

이렇듯 실존적인 실물경제와 인식론적인 가치관 사이의 이분법적인 구분을 극복하고 변증법적으로 융합함으로서 기성의 경제 질서를 타파하고, 그 결과 창조적으로 새로운 경제활동영역을 개발함으로서 가득률 높은 블루오션을 개척해 나가자는 것이 창조경제라면 창조경제의 포괄범위는 이 처럼 실로 다양하고 또 다차원적이다.

4. 한국의 창조경제정책

그런데 후기근대의 속성이 심화되면서 근대의 패러다임 아래에서 운영되어 온 경제활동의 모순과 한계가 임계점에 이르자 블루오션으로서의 창조경제에 대한 주문과 각성이 실로 범세계적인 과제로 부상하게 되었다. 이에 따라 여러 나라가 창조경제를 촉진, 조장하기 위해 다양한 형태의 창조경제정책을 서둘러 내놓았다. 미국의 스타트업 아메리카(Start-up America), 일본의 신성장 전략, 영국의 텍크 네션(Tech Nation), 중국의 창신형 국가 건설 등이 대표적인 사례다. 생존을 위해 벌어지는 지구촌의 치열한 경쟁이 새로운 차원에서 불붙기 시작한 것이다. 이점에서 보면 우리의 창조경제정책은 오히려 뒤늦은 감마저 있다. 창조경제정책이 블루오션을 선점하기 위한 국가 간 경쟁의 소산물이라는 점에서 보면 더욱 그렇다.

그러나 우리의 창조경제정책이 지닌 보다 더 근본적인 문제는 창조경제의 개념 자체가 불분명하다는 데에 있다. 아니 창조경제라는 후기근대의 특성을 지닌 과제를 제기하면서 근대의 프레임을 벗어나지 못했다는 점이 가장 큰 문제다. 근대를 완결하지 못하는 후기근대의 자체 속성 때문에 빚어지는 사태가 아니라 보다 본질적으로는 창조경제를 후기근대의 프레임 하에서 접근해야 한다는 인식 자체가 없었던 것 같다. 그렇기 때문에 창조경제의 속성, 그러니까 창조경제의 외연과 내포가 무엇인지를 규정하고 제시할 수가 없었다. 이는 결과적으로 창조경제와 박근혜 정부가 추진하고자 하는 경제발전정책을 엄격히 구분해서 다루지 못하는 원인으로 작용하게 되었다. 이런 상황에서라면 창조경제가 무얼 말하는 것인지 잘 모르겠다고 힐문하게 되는 것은 당연한 결과다.

미래창조과학부에 따르면 창조경제는 "창의성을 경제의 핵심 가치로 두고 새로운 부가가치·일자리·성장 동력을 만들어내는 경제, 국민의 창의성과 과학기술, 정보통신기술(ICT)의 융합을 통해 산업과 산업이 융합하고 산업과 문화가 융합해 새로운 부가가치를 창출함으로써 새로운 성장 동력과 일자리를 만들어내는 경제"(창조경제타운, 2016)를 뜻한다. 요약하면 산업과 산업이 융합하거나 산업과 문화가 융합하는 경제다. 변증법적 결합을 시도한다는 점에서 후기근대의 프레임 위에 서 있는 것 같다. 그러나 창의성을 기반으로 경제성장과 일자리 창출에 기여하는 것이라면 기존 산업의 고도화가 되었건 새로운 성질의 산업을 개척하는 일이 되었건 이를 구분해서 다루지 않는다. 이점에서 관행적인 산업경제의 틀을 벗어나지 못했다.

이는 실용기술 활용이나 우주산업 같은 과학기술 및 거대전략기술산업을 포괄하는 데에서 보듯 물리적 하부구조에 기초한 생산활동을 포함한다는 점에서 보다 더 분명해진다. 외연적 성장이 한계에 이르고 내연적 성장을 모색해야 하는 한계점에 서서 무엇이든 지속가능한 성장을 보장하는 것이라면 모두 다 동원해 보자는 마음으로 접근하는 정부 당국자의 절박한 심정이 묻어나는 대목이다. 그러나 문제는 후기근대에서는 자본이나 기술 같은 요소투입 경제만으로 외연적 경제에서 내연적 경제로 전환하는 일이나 지속가능한 경제를 보장하기가 쉽지 않게 되어 있다는 데에 있다.

그런 만큼 창조경제의 본질적 특성에 초점을 맞추어 이를 보다 더 집요하게 천착하려는 자세를 취했어야 옳았다. 관행적인 산업경제와 충분히 차별화 하는 가운데 창조경제의 범주와 속성을 규정하려고 노력했어야 했다. 창조경제의 핵심인 창조성의 본질이 무엇인지에 대해 보다 더 심도 깊게 천착했어야 하지만 그렇지가 못했다. 이로 인해 창조경제의 범주에 대해서는 말하면서 속성에 대해서는 입을 다무는 결과가 되었다. 그런 정부가 창조경제의 속성에 대해 말하려면 근대의 프레임 아래에서 활동하는 기존산업과 후기근대의 프레임 하에서 이루어지는 신산업을 창조경제라는 하나의 틀로 통합할 수 있어야 하지만, 이렇듯 이질적인 성격의 것을 하나의 개념으로 정리하는 작업은 그것 자체로서 모순적이고 또 성립불가능한 일이다.

물론 기존의 산업경제 내지는 관행적인 생산 활동에서도 창의성과 엔트리프레누어십(entrepreneurship)은 핵심적인 구성요소에 해당된다. 근대의 경제활동이 과학기술에 창의성을 가미한 특허활동이나 불확실한 미래에 대한 위험부담을 기꺼이 짊어지고자 하는 기업가 정신에 의해 유지, 향도되어 왔음은 주지하는 바와 같다. 그러나 이때의 창의성이나 기업가 정신은 대체로 근대의 선형체계론과 그의 연장선상에서 이루어지는 점증주의적 변화나 성장을 지향하는 것이 보통이다. 그렇지만 후기근대에서 모색하는 창조경제는 이런 정도의 점증주의적 변화를 목표로 아이디어 경쟁에 나서자는 것이 아니다. 이런 정도의 혁신은 금방 포화상태에 이르기 때문이다. 그렇기 때문에 전혀 새로운 차원의 경제활동 영역을 개척해서 블루오션을 확보하자는 것이 창조경제를 추진하는 근본적인 이유다.

창조경제의 원형이라고 할 수 있는 혁신경제의 주창자인 슘피터(Schumpeter, 2011)에 따르면 화물 운송의 마력수를 높이기 위해 마필 수를 늘리는 것은 혁신이 아니며 마차 대신 증기기관차를 고안하는 것이야말로 혁신이라고 했다. 기존의 과학기술에 단순히 새로운 아이디어를 추가하는 것이 아니라 전혀 새로운 차원의 한계영역을 개척해야 한다. 해체주의와 염세주의에 따라 기존의 질서를 부정하는 데에서부터 출발해야 한다. 기존의 재화나 서비스에 단순히 새로운 아이디어를 추가하는 것이 아니라 아이디어 자체로 경제활동의 초점이 이동하는 것과 같이 전혀 차원이 다른 변화를 모색해야 하는 것이다. 그래야 획기적인 가득률을 기대할 수 있기 때문이다.

이점은 창조경제를 지원, 조장하기 위해 어떤 사업을 고안하고 우선하느냐의 문제에 이르면 보다 더 명확해진다. 정부는 그 동안 창조경제를 추동하기 위한 전략으로 창조경제혁신센타를 전국에 설치하고 온라인 창조경제 타운을 구축하며 벤처창업의 생태계를 개선하는 등 창조경제 플렛폼의 내실화에 진력해 왔다. 이를 지원하기 위한 법제 정비에도 나서는 모습이다. 그러나 이들은 모두 선험적으로 혁신적인 아이디어가 소여의 것으로 주어졌을 때, 이를 어떻게 구체화 또는 물화 하거나 산업화 하느냐의 문제와 관련된 것들이다. 더욱이 이런 요소들에 대한 배려는 관행적인 생산 활동을 지원할 때에도 제기되는 과제다.

그러나 창조경제를 추진하는 과정에서 당면하는 가장 핵심적이고 또 불가결적인 과제는 어떻게 혁신적인 아이디어의 창출이 가능하도록 지원, 조장할 것인가에 있다. 혁신적인 아이디어가 창조경제의 알파요 오메가인 까닭이다. 그런데 이런 아이디어는 주변적 장치가 아니라 사람에 의해 창조되는 것인 만큼 창조경제정책의 초점이 사람의 개발에 맞추어져야 할 것은 두말할 나위도 없다. 사람 가운데에서도 기존의 질서에 순치되기를 거부하고 주관주의적인 세계관을 지닌 사람을 필요로 한다. 특히 타자와의 관계에서는 감수성 내지는 공감능력을 지닌 사람을 길러내야 한다. 이를 사회적인 관점에서 보면 감성적이고 창의적인 인재들로 구성되는 창조계급의 양성이 관건이라는 의미다.

그런데 우리 사회는 오랜 동안 창조계급을 육성하는 일에 실패해 왔다. 미래학자 아탈리(Attali, 2007)는 그의 책 "미래의 물결" 한국판 특별기고에서 우리가 세계를 지배하는 강력한 세력으로 세계사에 등장할 수 없었던 3가지 결핍요인 가운데 하나로 창조계급의 결여를 들었다.[3] 이렇듯 산업사회를 이끄는 데 필요한 창조계급도 확보

3) 아탈리(Attali, 2007)는 우리가 세계사의 주변부에 머물러야 했던 3가지 요인으로 첫째, 제조업보다 지대와 지대에 얽혀 있는 관료의 이익을 우선했고, 둘째

하지 못했던 우리가 창조경제에 필요한 보다 더 혁신적인 창조계급인 경우 이를 결핍하고 있을 것은 두말할 나위도 없다. 따라서 창조계급을 육성하는 일은 우리 사회가 당면한 가장 화급한 과제 가운데 하나다. 그런데 이런 창조계급을 육성하기 위해서는 중장기적인 투자와 양육을 필요로 한다. 문제는 우리가 그런 중장기적인 회임기간을 기다리고 있을 만큼 형편이 여유롭지 못하다는 데에 있다.

따라서 우선 범재라고 하더라도 여러 사람이 모여 서로의 다양한 인식 프레임을 교환하고 창작활동에 나설 수 있는 아뜨리에 또는 렙(laboratory) 같이 자유로운 기회공간을 제공하는 일이 필수적인 과제로 제기된다. 그런 전략의 하나로 IT 전문가와 인문학적 감수성이 예민한 이들의 협업을 장려, 지원, 촉진하는 일은 선결과제쯤에 해당된다. 새로운 개념의 작업 공간을 열어보라는 것이다. 창조공동체를 구성해 주자는 뜻이다. 바로 이점에서 볼 때, 에인절 펀드를 조성하거나 시장을 개척하고, 경영관리기술을 지원하는 일 등은 부차적인 과제다. 미래창조과학부가 주도하는 이런 종류의 물질적인 지원도 필요한 일이기는 하지만 그 보다는 문화관광부나 교육부 같은 부처로 하여금 관련 인사들 간의 네트워크를 확장하도록 하거나 공감능력을 촉진하도록 하는 쪽에 훨씬 더 우선순위를 두었어야 했다.

정부에 이런 점에 대한 문제의식 자체가 없었던 것 같지는 않다. 그러나 구체적인 실천전략을 제시하고 이를 관철하려는 적극적인

해양산업을 소홀히 했으며, 셋째 창조계급 양성에 실패했다는 점을 들었다.

의지를 보여주지는 못했다. 더군다나 이런 창의적인 인재가 정부의 일방주의에 의해 길러지는 것도 아니다. 창조성 자체가 어떤 선험적 경로에 따라 일관된 양식으로 작동하는 것이 아닌 만큼 인간의 창의력을 그의 외부로부터 주어지는 어떤 잣대에 따라 개발하는 일은 스스로 한계를 지닐 수밖에 없다. 따라서 스스로 발양하도록 주변 여건을 조성하는 일이 중요하게 된다. 정부의 일방주의가 아니라 민간주도의 자생적 생태계를 조성해야 하는 이유다. 이점에서 보면 고위급 창조경제민관협의회를 구성해서 운영하고자 한 것은 잘한 일이다.

그러나 이때의 협의회는 정부에 의해 일방적으로 향도되는 것이 아니라 진정한 의미의 거버넌스에 의해 조직되고 운영되어야 한다. 원래 창조성은 그의 본질적 특성상 객관적으로 존재하는 것이 아니라 누구의 눈에 창조적으로 비춰지느냐에 따라 그의 실존 여부가 결정된다. 그런 의미에서 창조성은 상대적 개념이며, 그런 만큼 기본적으로 타자를 의식하는 가운데 성립되어야 마땅한 일이다. 어느 누구에 의한 일방주의도 미래지향적으로 또는 가치상대적으로 빚어지는 창조의 세계를 견인해 나갈 수는 없다.

그런데 정부는 일반적으로 과거의 관성이나 기존의 질서 내지는 권력관계를 연장하려는 속성을 지녔다. 창조경제정책 집행과정에서 일방주의나 일원주의를 강제할 가능성이 크다는 말이다. 이는 정부가 창조경제를 지원하기 위해 설치한 다양한 형태의 플렛폼 운영과정에서 이미 드러나 있다. 존재구속적으로 개별적 특성과 고유의 수요를 지니기 마련인 창조경제의 창업활동을 범용 지원하려는 것이 대표적인 사례다. 창조적 아이디어의 개별적 속성에 대한 배려가 부족하다는 뜻이다. 각종 플렛폼을 중앙정부의 지시에 따라 상명하달식으로 운영하는 것도 같다. 이럴 경우 창업 주체들의 정부지원에 대한 의존성이 커지면서 도덕적 해이에 빠질 위험성은 배가 된다.

창조경제의 요체인 혁신적인 아이디어의 창출은 창조적인 파괴로부터 가능한 일인 만큼 어떤 형태의 선험적 질서나 지도도 이를 부정해야 마땅한 일이다. 창조경제정책이 효과적으로 개발되고 지원되려면 정부의 국정관리 양식부터 후기근대의 프레임에 상합하도록 전면 교체되어야 하는 이유다.

5. 창조행정으로서의 거버넌스

후기근대의 관점에서 기존의 국정관리 양식을 조감할 경우, 그동안 창조성을 제거하기 위해 고안해 왔다고 해야 할 관료적 질서로부터 탈출할 것을 권고하게 될 것은 당연한 이치다. 거번먼트로부터 거버넌스로 탈바꿈해야 한다. 합리적 이성의 주체로 간주되는 전문기술관료가 시스템을 통해 일방적으로 결정하고 향도해 나가는 거번먼트와 달리 거버넌스는 사회구성원이 국정과정에 참여해서 전문기술관료와의 담론을 통해 문제 해결의 대안을 관계론적으로 모색해 나가고자 한다. 바로 이점에서 거버넌스는 형성적이고 비결정론적이다. 참여자 각자가 판단하는 사회관계에 대한 진단을 통해 소통하고 학습한다는 점에서는 주관주의적이고, 그 과정을 거쳐 합의에 도달하고자 한다는 점에서는 간주관주의적이다.

이는 홉스(Thomas Hobbes)류의 국가중심주의로부터 벗어나 로크(John Locke)류의 다원주의를 거쳐 루소(Henri Rousseau)류의 소키에타스(societas)를 지향하는 것과 유사하다. 루소가 말하는 소키에타스에서는 어느 것도 사전적으로 정해진 것이 없다. 따라서 이곳에서 이루어지는 사회관계는 비정형적이고, 비일관적이며, 동태적이다. 다만 그런 역동적 과정이 궁극적으로는 공동의 목표를 지향하고자 한다는 점에서 합의지향적이다. 또한 어떤 기준이나 표준도 전제하지 않는다는 점에서는 해체주의적이기도 하다. 결국 소키에타스에서는 국가와 시민사회가 성공적으로 파트너십을 형성해 나가기 위해 서로 창조적으로 대응한다는 의미다.

이렇듯 거버넌스는 창조성에 기반한다는 점에서 창조행정의 다른 이름에 다름 아니다. 정책형성과정에서만 그런 것이 아니다. 정책집행과정에서도 같다. 정책 디자인과 사회 에너지 사이의 상호작용을 통해 사회적인 임팩트를 겨냥한다는 점에서 그렇다. 정부가 정한 규칙과 디자인을 집행해 나가는 과정에서 그에 조응하는 개인의 주관주의적 판단과 반작용 사이에는 상호연계적, 변증법적 적응이 자리 잡는다. 집행현장에서 상호의존적인 조정이 이루어진다는 점에서 분권적이며, 정부의 합리주의적 판단과 개인의 정서적 선호가 단계적으로 융합한다는 점에서는 점증주의적이고 또 변증법적이다. 그 과정에서 대화와 소통을 통해 상호학습이 진행된다는 점에서는 성찰적 변화를 지향한다. 행정을 과학이 아닌 기예의 눈으로 바라보아야 하는 이유다.

또한 거버넌스는 열린 광장이자 참여의 공간이기도 하다. 그렇기 때문에 그의 구현과정에서 사회정책과제를 둘러싼 가치와 권력의 다툼, 거래와 협상, 끊임없는 설득과 조정, 그에 따라 작은 적응에 의한 변화가 연속적으로 일어난다. 따라서 정통 행정학이 상정했던 것처럼 수단과 목적의 이분법적 분리가 일어날 수 없으며, 다원주의와 과학주의가 민주적으로 결합되어 나타난다. 다중에 의한 심의가 이루어지고 비판적 담론이 진행된다. 이렇듯 거버넌스는 기존의 질서를 해체하고 제3의 대안을 모색한다는 점에서 해체주의적 적응을 뜻한다. 거버넌스는 참여와 소통, 상호학습, 변증법적 동학 등을 통해 주관적 관점과 다른 이의 주관적 관점 사이에서 대안적 소통과 반전을 추구한다. 창조적 대응의 연속과정인 것이다. 따라서 거버넌스는 창조성을 수단적 가치 준거로 삼는 국정관리 양식에 해당된다.

그런데 이 창조성은 정통 국정관리과정상의 목적 가치로서의 유용성도 적지 않다. 정보사회와 지구화 시대의 도래는 사회관계망의 파편성, 분절성, 이격성, 급변성을 높였다. 당연히 정부의 대응 양식에도 변화의 수요가 생겨나고 과거보다는 훨씬 더 분권적인 양식에 따라 국정을 운영할 것이 요구된다. 기계론적 세계관에 기초한 과정통제가 전환비용을 가중시키는 주범 가운데 하나라는 진단은 진작부터 나와 있었다. 그러나 이런 수평적 관리체제로의 전환전략이 의사결정 중추를 분산시키거나 현장 지근거리로 이동함으로서 전체로서의 조화나 통일성을 확보하는 데 있어 장애요인으로 작용할 수 있다는 점에 대해서는 크게 주목하지 않았다. 바로 이런 분권적 운영전략에서 비롯되는 지출비용을 감축하기 위한 방안 가운데 하나는 국정운영지표를 전정부적으로 공유하는 데 있다.

이점은 특히 근대의 관행적인 행정운영양식에서 후기근대의 거버넌스로 전환하고자 하는 경우 보다 더 절실히 요구된다. 전정부적인 행정개혁이 획기적으로 이루어지기 위해서는 공직자의 전인적인 헌신이 전제되어야 하고, 공직자의 전인적인 헌신은 그들의 자발적인 참여 없이 기대하기 어려운 일이다. 더 나아가 그들이 자발적으로 참여하려면 스스로 주인의식을 지녀야 한다. 그런데 주인의식은 주관주의적 참여가 전제될 때 기대 가능한 일이다. 이를 위해서는 공직자들이 공감할 수 있는 공동의 가치관을 공유토록 하는 일이 선결과제다. 이점에서 창조성을 국정지표 내지는 국가운영의 궁극적 목적 가치로 제시하는 경우 일석이조의 효과를 기대할 수 있게 된다. 공직사회를 통합적 질서로 이끄는 준거가치의 제시가 가능해지는 것은 물론이고, 더 나아가 창조행정으로서의 거버넌스 구현을 위한 전환준거의 지표를 제공하게도 되기 때문이다.

창조성은 또 행정과정 내부의 관행적인 서비스 전달체계를 획기적으로 개선하는 데에도 필요하다. 창조적 관리체계를 개발하자는 의미다. 기존의 체제를 비판적으로 해체하는 가운데 변증법적 대안을 모색해보자는 것이다. 행정부처 내외의 칸막이를 제거하는 융합행정은 그의 매우 초기적인 대응에 지나지 않는다. 정보통신기기의 도입을 통해 기존의 행정서비스 전달 통로를 획기적으로 바꾸는 일은 행정운영상의 경제성이나 민주성 진작을 위해서도 시급히 요청된다. 예컨대 복지서비스 전달체계의 개선을 위해 원격진료서비스 체제를 개발하는 일이 그런 일에 해당된다. 이를 위해서는 기존의 행정관행과 질서에 순치되어 있는 정부혁신담당관실 같은 기구가 아니라 창의적으로 대응할 수 있는 국정개혁 렙이나 아뜨리에 같은 열린 기회 공간을 필요로 한다. 관행적인 행정경로를 해체주의의 관점에서 비판적으로 검토할 수 있는 능력과 작업환경을 제공하는 한편, 새로운 아이디어가 제시되는 경우 이를 전자적으로 전환하는 기술을 지닌 소프트웨어 개발기술자와의 혼숙과 협업 같은 과정이 요청되기 때문이다.

6. 나가며

지금까지 살펴본 바와 같이 창조경제는 후기근대의 프레임 위에서 고안되고 추진된다. 그런데 근대와 후기근대 사이에는 지속성과 단속성이 함께 내포되어 있다. 승계와 극복이 혼재되는 이유다. 아직 후기근대를 완성된 패러다임으로 간주하지 못하는 이유이기도 하다. 따라서 창조경제에는 자기 내재적인 모순이 잠재되어 있다. 블루오션의 천착을 위해서는 이타주의적 감성력 내지는 경제사회적 약자에 대한 공감능력을 필요로 하지만 경제활동 자체가 이기주의적인 성과를 극대화하기 위한 강자의 논리에 기초한다는 점에 주목하게 된다. 창조경제의 핵심인 창조성은 고도의 주관주의적인 판단력을 강조한다는 점에서 개인주의에 기초하지만 경제활동 자체는 공동체주의적인 네트워크와 상호의존성 나아가서는 객관적 질서 위에 구축된다. 이 경우 특정성에 기초한 개인과 보편성에 기초한 사회공동체 사이에서 긴장을 피할 수 없다.

창조는 기존의 질서에 대한 파괴적 극복이라는 점에서 파편적 미래를 지향하는 것이지만 타자에 대한 배려를 지향한다는 점에서는 상대주의적 가치 위에 정당성 기반을 구축한다. 바로 이점에서 볼 때, 사회 해체적이면서 동시에 사회 응집적 이다. 이렇듯 창조경제의 출발점인 창조적 파괴는 파괴적 창조(destructive creativity)[4]로 귀결될 위험성도 내포한다. 따라서 창조경제의 운용과정에서는 급진적인 상상력 내지는 질서 일탈적인 의도와 제도화된 상상력 사이의 갈등을 해소할 방안을 모색하는 일이 필요하게 된다. 수단적 합리성과 소통론적 합리성 사이의 긴장을 해소해야 하는 것이다. 생활의 실제와 시스템적인 조건 사이의 화해와 융합이 필요하다는 의미다. 주체와 객체 사이의 타협과 조정이 요구된다는 뜻이기도 하다.

이런 모순적 대립관계를 소화할 수 있는 방안으로 여기에서는 거버넌스가 제안되었다. 거버넌스는 그의 속성상 변증법적 해체를 통한 제3의 대안을 모색한다. 이는 창조성의 내재율을 따른다는 의미로 해석된다. 창조성이 창조적 회의와 파괴로부터 출발하여 아직 존재하지 않았던 새로운 길을 찾아나서는 것처럼 거버넌스도 기성

4) 멜름 등(Mehlum et al, 2003:78)은 창조적 파괴를 통한 혁신이 기생적 지대추구 등으로 인해 반사회적인 결과를 낳는 사적 이윤 증식의 도구로 전락하는 경우를 경계하면서 이를 파괴적 창조라고 보았다.

의 거번먼트가 추구하는 일방주의의 한계를 초극하려는 데에서부터 정당성 기반을 구축한다. 나아가 사회문제 해결의 새로운 전략을 시도한다. 사후 서비스(after service) 시대에서 문제가 발생하기 이전에 국가와 시민사회 사이의 합의를 통해 갈등의 근인을 제거하는 사전 서비스(before service) 시대로 전환하고자 하는 것이다. 이렇듯 거버넌스는 창조경제 구현과정과의 관계에서 보면 창조성 구현의 수단이지만 동시에 거버넌스 자체가 창조성에 기반 한다는 점에서 보면 창조성의 결과적 소산이기도 한 이중성을 지녔다. 창조경제 구현수단으로서의 거버넌스가 끊임없이 자기 혁신을 도모해야 하는 이유다.

그러나 보다 더 큰 문제는 창조경제를 위해 거버넌스를 도입한다고 하더라고 그것만으로는 소기의 성과를 기대하기가 어렵다는 데 있다. 사전 서비스의 제공이 가능하기 위해서는 미래사회에 대한 예측이 가능해야 하고, 이를 위해서는 방대한 공공데이터의 민간개방이 요청된다. 정부 내부의 여러 부처 사이에서 그리고 정부 외부의 민간과의 사이에서 보다 원활한 정보 공유체제를 구축해야 한다. 행정 각 부처가 제공되는 정보를 이해하고 분석 검토하는 지적 능력을 지녀야 한다는 측면에서는 부처 산하 연구소들에게 지금보다는 훨씬 더 독립적이고 창의적인 연구에 몰두할 수 있도록 자유로운 지적생산 활동 여건을 마련해 주어야 한다.

지금처럼 행정 관료가 상부의 지시에 맹목적으로 추종하는 "수동형 인간"의 범주를 벗어나지 못하는 한 창조행정의 실질적인 구현은 불가능한 일이기도 하다. 창조행정은 주관주의적인 인간을 필요로 하기 때문이다. 바로 이점에서는 공무원의 의식개혁을 위한 대대적인 재교육과 이를 지원하는 유인, 평가체제를 수립하는 일이 필수적인 과제다. 여기에 더해 교양 있는 시민참여가 가능해야 하지만, 이를 위해서는 보다 다양하고 편리한 시민참여 메커니즘을 구축해야 한다. 시민이 자율성과 함께 자존감과 적극적 참여에 대한 의지를 갖추도록 하는 일도 중요하다. 결국 창조경제의 성패는 넓은 의미의 참여민주주의 구현문제와 연동되어 있다.

이렇듯 창조경제의 구현과정이 참여민주주의적인 의사결정 체제를 필요로 하는 이유는 집단지성에 대한 수요 때문이기도 하다. 거버넌스 하에서는 보다 다양한 관점이 간주관주의적으로 교차하면서 의도하지 않은 실패나 오류를 사전에 차단하거나 극복할 수 있게 된다. 예컨대 현재의 창조경제정책이 창조경제를 생산 활동에만 한정하고 교류나 소비 활동 차원에서는 천착하지 않는 것은 보다 광범위한 지혜의 결집과정을 거치지 않았기 때문일 것으로 관측된다. 정부의 창조경제정책이 거버넌스 체제를 통해 고안되지 않았음을 시사하는 대목이다. 다양한 거버넌스 참여자들에 의한 교차 검증이 이루어졌더라면 창조경제에 대한 정부의 정책적 대응 대상 영역이 지금처럼 생산 활동에만 한정되지는 않았을 것이다. 보다 다양한 관점, 정보, 이해관계의 투입이 가능했을 것이기 때문이다.

후기근대의 핵심적 가치인 창조성을 경제 분야에만 한정하는 근시안적인 국정운영도 거버넌스 하에서라면 시정 가능했을 것 같다. 창조성을 시대정신으로 삼고 전정부적인 차원의 국정기조로 삼았더라면 국정개조의 새로운 차원이 보다 확실하게 그리고 보다 광범위하게 열릴 수도 있었을 것이다. 이 모든 일의 원인이 구시대를 벗어나지 못하는 정부 중심의 일방주의와 일원주의에 기인한다는 사실은 우리 모두가 주지하는 바와 같다.

(「한국행정포럼」152호, 2016.03.25.)

지구화 시대의 이민, 이민정책, 이민정책학회

1. 이민정책 연구의 다면성

한국이민정책학회가 창립되었다. 이민정책학회의 출범은 우리나라 이민정책의 이론과 실천 모두에서 획기적인 변화와 발전의 전기를 마련하게 될 것이다. 우선 이론 면에서 보면, 지구화 시대의 도래 이후 일국주의의 경계 내에서 개발되어 온 기존의 정책이론은 스스로 한계에 직면하면서 새로운 패러다임의 모색에 목말라 해 왔다. 근대의 과학철학이나 거기에서 비롯되는 합리성 제일주의와 기계론적 세계관에 토대를 둔 기존의 정책이론으로는 한 나라의 경계를 넘어 범지구적인 네트워크 체제를 갖추기 시작한 정책현상을 호소력 있게 설명하거나 이해하기가 쉽지 않았다. 특히 정책현상을 제3자의 관점에서 소여의 것으로 인식하고 관찰하기 마련인 정통 정책학의 시각으로는 국가 간의 경계를 넘어 상호작용하는 가운데 스스로 빚어지고 끊임없이 새롭게 변화해 나가는 정책현상을 이해하거나 설명하는 데 있어 어려움을 겪을 수밖에 없었다.

그런데 이민정책은 다른 어떤 정책과제보다도 일국 중심이 아니라 국가 간의 관계 그러니까 간주관주의적인 프레임 아래에서 정책현상을 규명하고 설명하는 데 있어 매우 유용한 토대를 제공한다. 이민정책은 국가 간의 경계를 넘어 이동하고 정주하는 현상을 대상으로 거기에서 발생하는 다양한 주체들 간의 역동적인 갈등과 협력의 문제를 다루고자 하기 때문이다. 바로 이점에서 볼 때, 한국이민정책학회는 근대 이후의 새로운 패러다임, 그러니까 후기근대의 프레임으로 정책학의 이론체계를 개발하고 천착하는 학문적 노력의 출발점을 제공하게 될 것으로 기대된다. 정책학의 인식론적 타당성을 제고하고 그 결과 이론의 과학성 정도를 높이는 전기를 마련하는 초석을 닦을 것이라는 의미다. 이것만으로도 한국이민정책학회의 설립은 후기근대 이후 학문적 성찰과정에서 호소력 있는 패러다임 유실로 곤란을 겪고 있는 사회과학계 일반에 자신감 넘치는 학풍의 진작에 기여하게 될 것이다.

실천면에서는 지구화 시대의 도래 이후 우리가 당면하고 있는 다양한 형태의 삶의 질 저하 문제를 해결하는 데 있어 매우 유용한 대안을 제시하는 토대가 될 것이다. 지구화 시대의 도래는 과거 그 어느 때보다도 자본을 중심으로 하는 물질과 사상의 국가 간 이동을 촉진시켰다. 그 결과 세계경제체제의 등장과 함께 자본과 노동의 관계에서 자본친화적인 불평등 교환을 강제하는 결과를 낳았다. 국가 간의 관계에서 그리고 한 나라의 내부에서 국가 간, 계층 간 경제적 양극화를 심화 시킨 것이다. 자본주의의 속성인 강자 승 약자 필패의 원리로 하여금 경제적 약자의 지위를 과거 그 어느 때보다도 약화시키도록 하는 데 크게 영향을 미쳤다. 따라서 자본만큼 노동도 자유롭게 국가 간의 경계를 이동하거나 그에 따라 보다 큰 언권을 행사할 수 있게만 된다면, 오늘날 우리가 목격하고 있는 다양한 형태의 불평등 관계와 삶의 질 저하 문제는 생각보다는 훨씬 더 쉽게 시정될 수도 있을 것이다.

이민이 이런 노동력의 국가 간 이동을 구현하는 한 양식인 것은 물론이다. 이런 관점에서 보면 오늘날 우리가 당면하고 있는 이민 관련 과제는 실로 다양하고 다층적인 의미를 함축한다. 이민은 단순히 이주민의 이동 현상에 머무는 것이 아니라 그를 통해 세상을 바라보는 하나의 관점 내지는 세계관으로 이해되어야 마땅한 이유다. 그런 점에서 한국이민정책학회가 앞으로 다루어 나가야 할 과제는 실로 무궁무진하고 복합적이며 다원적이다. 이를 이주민의 유출과 유입 차원으로 나누어 검토해 보면, 유출된 한민족의 종합관리 문제와 이주민의 유입에 따른 다문화 사회에 대응하는 과제로 구체화 된다.

2. 한민족 종합관리정책의 수립

먼저 이주민의 유출(out-bound) 면에서 보면, 재외동포 관련 업무의 수요가 급격히 팽창하고 있다. 사회주의 국가권의 개방과 함께 재외동포의 양적 규모가 급속히 팽창하게 되었고, 재외동포사회의 신세대 등장으로 인해 새롭게 관리해야 할 동포의 규모도 증가 추세에 있다. 여기에 더해 탈북동포의 확대는 민족 회복의 문제를 인본주의의 관점에서 접근할 것을 강력히 요구한다. 지구화 시대의 도래로 인해 범지구촌 단위의 한민족 공동체 형성과 함께 민족국가의 경계를 한민족 공동체로까지 확장해야 한다는 생각에는 이미 공감이 확대되어 있다. 이는 해외동포의 참정권 보장에서 확인된 바 있다. 이렇듯 재외동포의 역량을 결집시켜 국가발전에 활용해야 한다는 당위성과 필요성에 대한 논의는 이미 새로울 것도 없다.

IT를 기반으로 재외동포 네트워크를 구축하여 범 한민족 연계체제를 구축하는 것은 물론이고, 다양한 콘텐츠를 개발하여 이를 통해 제공함으로서 정보의 공유와 참여공간을 확장하는 것과 함께 한류 관련 문화사업과의 연결도 시도해 볼만한 과제로 평가된다. 이런 네트워크 체제의 내실화를 위해 한민족 차세대 글로벌 인재 육성사업도 구상해 볼만한 일이다. 거국적으로 차세대 글로벌 지도자와 활동가 육성사업 및 지원 프로그램을 개발하고, 이를 지원하기 위한 사업 가운데 하나로 국제기구 및 외국기업 종사자, 외국 현지사업자 등을 중심으로 한민족 네트워크를 확대 강화하자는 것이다.

이를 위해서는 재외동포 장학사업을 확충하는 일도 생각해 볼만한 과제다. 성킴 프로젝트를 구상해 보하자는 것이다. 성킴 전 주한 미국대사는 한민족이 외국에 이민하여 그 나라의 국가기관에 진출하고 그 결과 우리나라로 파견됨으로서 연어의 회귀를 연상케 하는 사건이었다. 재외동포가 현지국가의 주요 지도자로 성장할 수 있도록 종합적인 지원 프로그램을 개발하고 운영할 필요성이 있음을 시사한다. 이와 관련하여 한글학교나 한국문화원을 외국인에게 확대 개방하는 문제도 유의해 보아야 할 과제다. 이는 결과적으로 국가의 기능적 경계를 내실 있게 범지구적으로 확장하는 효과를 낳는다.

관련하여 교민사회의 교민청 신설에 대한 요구가 빈발하고 있음은 주지하는 바와 같다. 이를 이주민의 유입(in-bound) 차원에서 본다면 이민청 신설이 시급한 과제로 제기되어 있다는 뜻이 된다. 다문화 가정 및 외국인 노동자의 증가에 따른 인력수급정책 및 사회통합 수요가 증대하고 있기 때문이다. 이에 따라 출입국관리 업무를 단순한 사증발급 차원을 넘는 인력종합관리 업무로 이해해야 한다는 인식이 확대되고 있다. 이주노동자 문제를 보다 종합적이고 다원적인 과제로 인식하고 접근하자는 것이다. 이렇듯 이주민 관련 업무의 정치사회적 비중의 증대, 이주민 관련 행정업무의 순증, 이주민 관련 업무가 지니는 범사회적 의미와 영향력의 다원성에 대한 인식의 확대 등을 감안해 보면, 이제 이민청 신설은 불가역적인 과제가 되었다. 이에 따라 현재 재외동포재단이 수행중인 재외동포 지원업무를 승계하도록 하고, 여성가족부가 다루는 다문화 가정지원 업무를 이민청이 총괄하도록 하는 과제도 제기되어 있다.

3. 다문화 사회의 도래와 대응

다른 한편, 유입 이주민이 증가하면서 다문화가정 문제와 함께 사회통합대책을 수립할 필요성이 증대하고 있다. 2000년대 이후 여성결혼이주자가 급속히 증가하여 외국인집단에 대한 관심이 높아지고 있을 뿐만 아니라, 다문화가정에 대한 정책지원이 활발하게 이루어지고 있음에도 불구하고, 여성결혼이주자의 인권문제, 이주민자녀의 교육문제, 다문화가정의 경제적·사회문화적 갈등문제 등이 심화되어 있어, 이를 보다 체계적으로 통합 관리할 필요성이 높아지고 있다. 현재의 다문화사회에 대한 우리 사회의 인식은 매우 피상적이며, 관련 다문화 정책은 결혼이주여성에 편향되어 있다. 이주노동자, 난민, 동반이주자(tied movers) 등은 상대적으로 정책의 주변부에 머물러 있다. 다문화 가정에 대한 시혜적이고 동화주의적인 시각 및 인종주의적 관점의 극복을 통해 내국인의 다문화성과 개방성을 함양할 필요성도 제기된다. 이주외국인이 우리의 제도와 문화를 이해하고 존중하도록 유도하여 이들과의 통합성을 강화해 나가야 하는 과제에도 주목해야 한다.

그러나 정부의 다문화정책은 단편적이고 중복적이며 종합적인 프레임을 갖추지 못한 상태에 머물러 있다. 이런 정부의 다문화정책 방향과 효율성을 제고하기 위해서는 다문화 가정에 대한 종합

관리 업무를 한 곳에 집중하여 전정부적인 조정, 관리업무를 담당하도록 할 필요성이 제기된다. 지자체 차원에서는 일정 규모 이상의 외국인 주민이 거주하는 기초지자체에 대해서는 '외국인 주민센터'를 설치하여 운영하도록 유도하고, 부처별로 분산되어 있는 관련 연구소들을 통합하여 이민정책과 사회통합정책이 지향해야 할 장기적인 방향을 제시하고 정책의 효과성을 제고하도록 해야 한다. 이런 과제를 다루는 국책연구소나 대학연구소에 대한 연구지원을 통해 다문화정책 전문가를 지속적으로 양성, 공급하는 일에도 유의해야 한다.

이주민의 이민 초기단계에서부터 성공적인 유입이 가능하도록 하기 위해서는 다문화가정의 형성 이전 단계에서부터 관련 제도를 정비하여 국제결혼의 부작용을 최소화 할 필요성도 제기된다. 국제결혼중개업체에 대한 관리·감독을 강화하고, 결혼정보의 투명성을 강화 하며, 국제결혼안내 프로그램의 내실화 및 모니터링을 통해 내국인과의 국제결혼에 대한 주변국들의 인식을 개선하고 국제결혼의 부작용을 사전에 예방하도록 하자는 것이다. 해외자원봉사 사업의 참가자를 활용하여 현지에서 국제결혼 전부터 사전 적응 프로그램을 운영하는 것도 대안 가운데 하나일 것이다. 다문화 가정을 형성한 이후에도 분야별 지원정책을 체계화하여 지원사업의 중복을 방지하고, 지원의 효율성을 확보해야 한다. 결혼이주자의 정착 초기 단계에서는 정착생활의 기초가 되는 언어, 육아, 교육, 보건 분야에 대해 다양한 지원정책이 요청된다. 다문화 가정의 사회통합을 확보하는 데 있어 핵심 분야라고 할 수 있는 교육과 고용에서의 우대정책을 수립하여 다문화 가정 2세들의 상급학교 진학률과 취업률을 제도적으로 보장하는 일에도 유의해야 한다.

그러나 보다 더 진정한 의미의 다문화 사회로 진입하기 위해서는 우리 사회 자체가 인구정책, 노동정책, 산업정책 등과 연계하여 향후 외국인 이민정책 방향에 대해 사회적인 합의를 도출하는 일에 보다 더 노력해야 한다. 결혼이주자 중심에서 이주노동자, 유학생, 난민 등에 대한 단계별 이민정책을 수립하여 다문화 사회의 성공적 정착을 유도할 필요도 있다. 내국인의 다문화성 함양을 통해 다문화사회의 통합성을 증진하고, 그를 통해 지구화 시대의 지구공동체 내지는 지구시민권에 대한 인식을 제고하는 일에도 유념해야 한다. 무엇보다도 외국인이 우리 사회에 성공적으로 유입, 정착, 통합할 수 있도록 대응 프로그램을 마련, 운영해야 한다. 이점에서 보면 이자스민 의원의 배출은 이주민 정착 프로그램의 백미라고도 할 수 있다. 보다 더 많은 이자스민 의원이 생겨날 수 있도록 지원하고 배려하는 노력이 있어야 하겠다.

이 모든 노력들이 통일적인 이론 프레임을 갖출 때 보다 더 효율적이고 호소력 있으며 사회적인 동의를 유도해 내기에 유리할 것은 두말할 나위도 없다. 그런 점에서 이를 중점적으로 다루고자 하는 한국이민정책학회의 출범은 우리 모두에게 축복인 셈이다. 지구화 시대를 맞아 우리 사회가 웅전해 나갈 집합지성의 산실이 마련되는 셈이기 때문이다.

(「한국이민정책학회」 창립총회 기조연설문, 2016.02.24.).

국가의 통일정책 독점은 호소력 잃었다.

민족분단은 동서냉전으로 심화되었다. 보다 근원적으로는 근대의 내재적 모순이 극단적으로 표출된 결과다. 근대는 자유주의와 공동체주의를 합리주의를 통해 결합해 보려한 정치적 실험의 궤적이다. 그러나 결과는 방종한 자유주의와 폭압적 사회주의로 구체화 되어 나타났다. 합리적 이성에 내재되어 있는 기계론적 세계관과 이것과 저것을 엄격히 구분 짓는 이분법적 인식의 틀이 자기 충진적 과장을 재촉했기 때문이다.

이성적 판단은 세상을 합리적인 것과 비합리적인 것으로 구분할 것을 강요하면서 양자의 중간 영역을 둘 가운데 하나로 강제 편입하는 속성을 지녔다. 이로 인해 자유주의와 공동체주의는 각기 자기 속성의 정당화 과정에서 자기중심적 진화를 거듭하게 되었고,

그 결과 서로를 융합하기 보다는 오히려 배척하는 원심력의 관계를 형성했다. 이 양극단의 모형이 자체 팽창으로 인해 마침내 38선을 경계로 마주 닿아 대치하고 있는 형국이 오늘날 우리가 당면한 한반도 분단현실의 내재적 속성이다.

이렇게 놓고 보면 합리적 대안의 개발을 통해 분단의 갈등을 극복하고 민족통합의 길을 모색하는 일은 무모한 도전일 수밖에 없다. 남한이 자기중심의 합리주의적 판단에 따라 대북 압박정책을 구사하거나 또는 유화정책을 모색한들 북한으로서는 자기중심의 이성적 판단에 따라 이에 조응하는 반작용 내지는 대응적 조치를 강구하기 마련이다. 지금까지 국가중심의 대북 통일전략이 별반 효과를 보지 못한 원초적인 이유다. 근대의 합리주의 프레임만으로는 그로 인해 발생하는 모순을 스스로 풀 수가 없다.

근대의 합리주의 노선과 차원을 달리하는 통일 논의의 새로운 패러다임을 개척해야 하는 이유다. 후기 근대론자들은 이를 감성의 세계에서 찾고자 한다. 이기주의에 기초한 합리주의의 모순은 이타주의에 기반한 감성적 접근을 통해 순화될 수 있다는 생각이다. 이 점에서 보면 초이성적 판단의 주체로 활동할 것이 기대되는 국가가 통일정책을 독점하는 것은 이제 호소력을 잃었다. 정보사회의 도래로 인한 사회구조의 변화와 이로 인한 "정부의 실패"가 새로운 대안 정부를 요구하고, 그에 따라 국가와 시민이 협력적 파트너십을 형성하는 거버넌스 체제의 도입이 불가피하다는 점도 이미 이 시대의 정설처럼 되었다.

그러나 통일 거버넌스 체제 하에서도 국가의 이성적 판단과 시민사회의 감성적 접근을 여하히 융합할 것인가는 여전히 숙제로 남는다. 후기 근대론자들은 이성과 감성이 작동하는 정신의 세계에서 벗어나 영적인 세계나 육체의 세계 같이 전혀 다른 차원에서 접근할 것을 주문한다. 통일문제를 고도의 윤리적 과제로 접근하거나 아니면 진화심리학처럼 본능의 차원에서 접근할 필요성을 시사하는 대목이다. 남북 가운데 어느 쪽에 더 이로운가를 따지는 합리적 계산이나 논리를 초월하여 인도주의적 지원을 아끼지 말아야 하고, 그것도 상대가 감동할 수 있게 진행되어야 한다는 뜻이다. 탈북자와 고향에 남겨진 가족 사이에서 벌어지는 본능적 접촉이 그 어떤 대북정책보다도 효과적일 것이라는 의미이기도 하다.

근대의 또 다른 특징은 선형체계 내지는 일원주의에 있다. 고도의 중앙집권적인 관료제가 사회문제 해결의 최선책 가운데 하나라고 보았던 이유다. 그러나 후기근대로 들어서면서 "관료제의 종말"은 이제 피할 수 없게 되었다. 보다 분산적인 의사결정의 중추를 필요로 한다. 중앙정부 중심으로 집권화 하는 경우, 즉응적으로 신속하게 북한의 변화에 대응하기 어려울 뿐만 아니라 정보의 독점을 통해 관료가 통일문제 논의과정에서 지대추구에 빠질 위험성도 적지 않다. 정책오류의 부담을 줄이거나 북한의 대남 의구심을 경감하고 보다 창의적인 대안 개발의 창구를 열기 위해서도 통일문제 담당부서의 분권화는 최우선적 과제다.

지방정부의 통일문제에 대한 독자성을 확장하거나 정부 부처 간의 자율성을 보다 더 확대하고 다양한 시민사회단체와의 협업을 강화해야 하는 이유다. 한반도 평화통일 문제를 동북아 공동체의 안정과 번영의 전제조건으로 삼자거나 지구촌 전체의 도덕적 책임의식을 제고하는 데서 돌파구를 찾아야 한다는 주장도 결국은 통일문제 관여자들을 확대, 분산하자는 견해에 다름 아니다. 권투로 치면 인파이트보다 아웃복싱을 권하는 셈이다.

이점에서 독일이 아니라 이스라엘의 디아스포라 극복기가 한반도 통일의 주력 모델이 되어야 할 것 같다. 한민족의 재결합 문제를 현상유지 주변에서 맴도는 6자회담이 아니라 분극화 시대의 중진국들이 간여하는 지구촌 공동체의 윤리적 책임문제로 전환해야 하는 이유다. 통일문제 접근시각의 일대 전환이 요청된다. 근대가 아니라 후기근대의 패러다임으로 접근해야 마땅하지 않을까?

(「중앙일보」, 2015.09.11.)

관광의 패러다임 바꿀 때다

해외 여행객이 2014년 기준 1600만 명에 이른다. 해마다 8% 안팎으로 증가하고 있다. 올해도 예외는 아닐 것 같다. 우리만 이런 건 아니다. 이미 해외 관광은 인류의 새로운 문화 양식으로 자리 잡았다. 전 세계에서 매년 10억 명 이상이 해외여행에 나서고, 이로 인한 수출 총액이 1조5000억 달러에 이른다. 세계관광위원회는 2020년이면 세계 노동인구의 9.2%에 이르는 3억 명이 관광업에 종사하고, 세계 총생산의 9.6%를 점하게 될 것으로 내다봤다.

이렇듯 해외 관광이 상승세를 타는 것은 정보사회의 도래로 인한 일상의 지구화 경향과 무관치 않다. 정보와 상품의 국가 간 교류가 쉬워지면서 다른 나라에 대한 이해와 관심이 높아졌다. 항공 기술의 발달로 비행기 여행이 쉬워진 때문이기도 하다. 세계 경제 체제의 등장 이후 중진국 경제가 좋아진 것도 한몫했다. 동서 냉전이 종식되면서 개인의 정치적 자유가 확대된 것도 또 다른 요인 가운데 하나다.

그러나 해외관광객의 지속적인 증가는 지구공동체에 적지 않은 문제를 유발한다. 해외 대중관광이 보편화하면서 이를 수용하기 위한 대규모 휴양지 개발이나 숙박시설 확충이 이뤄지고 이는 환경오염과 생태 파괴로 이어지고 있다. 전 세계 탄소배출량의 5%가 관광으로 인해 발생한다는 통계도 있다. 대규모 해외 자본의 유입으로 지역경제의 대외 의존도가 높아지거나 토착 문화의 상품화와 문화 정체성이 파괴되는 것도 문제다. 해외 여행객의 대부분이 서유럽 문화권에서 온다는 점에서는 서구 문명의 지구촌 공습이라는 비난도 제기된다. 여성이나 유소년 노동자의 유린과 착취도 문제점 가운데 하나다.

이런 해외 관광은 인류 문명의 발전에 역행하고 관광 자체의 지속적인 유지를 어렵게 한다. 해외 관광에 임하는 자세를 바꿔야 하는 이유다. 관광을 아름다운 풍광이나 진기하고 이국적인 풍물을 누리는 자기중심적인 유희만으로 이해해선 곤란하다. 그 경우 지구공동체에 대한 책임 의식이 배태될 수 없고, 지구 공동체에 대한 책임의식 없이 지구 환경을 보존하거나 다음 세대의 권리와 다른 공동체의 정체성을 존중하기는 쉽지 않다.

이런 점을 인식한 지구촌 일각에서는 '사회적 책임을 다하는 관광(responsible tourism)'을 주창한다. 방문지를 타자(他者)의 삶이 아니라, 자신의 일상이라는 관점에서 접근하자는 것이다. 민족과 국가의 경계를 넘어 지구촌의 한 시민으로서 방문지의 일상에 참여하고 기여하자는 것이다. 다른 나라가 아니라, 내가 속한 지구 공동체에 대한 방문으로, 일상으로부터의 일탈이 아니라 일상의 연장으로 관광을 이해하자는 것이다. 그래야 방문지 지역 주민과의 진정한 만남이 가능하고, 그때 진솔한 의미의 교류와 상호 학습이 가능해진다고 본다. 그러지 않고는 관광을 통해 자신의 삶에 대한 성찰이나 인격적 성장의 전기를 마련하기가 쉽지 않다.

따라서 방문지 지역 주민이 참여하는 가운데 관광 계획을 세우거나 그들의 일상 속으로 한 걸음 더 들어가는 것이 필요하게 된다. 환경친화적인 프로그램을 개발하고 지역 산출물을 애용하는 것도 중요한 실천 전략 가운데 하나다. 그러나 보다 더 본질적인 과제는 지역주민의 정치 사회적 역량을 강화하는 일이다. 자존적인 지역주민 없이 지역경제의 대외 의존성 심화나 문화 정체성 파괴를 막아내기란 쉬운 일이 아니다.

이를 인식한 국제사회가 개발 협력을 통해 지역 주민의 역량 강화에 힘썼지만, 아직 괄목할 만한 성과는 없다. 개발 지원국의 이익이나 세력 확장을 우선했기 때문이라는 평가다. 순수한 동기의 개발과 협력의 에너지가 필요하다는 의미인데, 해외 관광을 그런 고급 동력의 공급원으로 활용할 수만 있다면 지구 공동체의 유지 발전을 위해 새로운 지평을 열 수 있을 것 같다. 자원봉사가 동반하는 이타주의의 힘을 믿기 때문이다. '자원봉사로서의 해외 관광'을 꿈꿔 보는 이유다.

이제 곧 여름철 휴가가 시작된다. 올해도 많은 사람이 해외관광에 나서겠지만, 그 가운데 한 사람이라도 더 방문지 지역사회를 위한 해외 관광을 기획해 보았으면 좋겠다. 비록 짧은 기간이지만, 그냥 스쳐 지나가는 여행객이 아니라 방문지 사회의 일상에 참여해서 지역 주민의 삶을 개선하는 일에 동참해 보기를 권한다. 해외 관광을 지구 시민의 눈으로 바라봐야 할 때가 되었다.

(「문화일보」, 2015.06.16.)

글로벌 시각에서 본 청년(青年)실업

중동 순방을 마치고 귀국한 직후, 대통령은 "대한민국이 텅텅 빌 정도로" 청년을 중동으로 보내자고 했다. 이를 두고 논란이 적지 않았다. 적절한 준비도 없이 갑자기 중동으로 가라니 국내 경제를 호전시킬 자신이 없다는 말을 에둘러 표현한 것 아니냐는 비아냥도 들렸다. 그러나 대통령의 이번 말에는 경청할 부분이 적지 않다.

먼저, 청년실업 해결의 실마리를 해외에서 찾자는 의견에 전적으로 동감한다. 우리의 청년실업률이 11.1%에 이른다. 16년 전의 외환위기 이래 최고치다. 더는 방치하기 어렵다. 이런 사정은 여러 경제협력개발기구(OECD) 회원국에서도 같다. 우리보다 심각한 경우도 적잖다. 2014년 기준 그리스의 청년실업률이 58%, 스페인 57.4%, 이탈리아 41.2%다. 미국발 서브프라임모기지(비우량주택담보대출) 사태 이후 전개된 월가의 소요 사태, 2008년 그리스 시위, 2011년 영국 런던 폭동, 2005년과 2012년 프랑스 '외곽도시'(방리외·banlieue)와 아미앵 폭동 등이 모두 청년실업 때문이었다. 그들이라고 청년실업을 방치하고 싶을 리 없다. 그럼에도 대안을 내놓지 못하는 이유는 문제의 성격이 간단찮기 때문이다.

오늘날의 청년실업은 과거 1970, 1980년대의 청년실업이나 오늘의 40, 50대가 겪는 실업과 본질적 성격이 다르다. 정보사회의 도래와 함께 생산 공정의 자동화율이 급격히 향상되면서 노동 수요가 급속히 줄었다. 초고속으로 진행되는 고령화사회의 도래는 노동시장에서의 자연 감퇴율을 낮추면서 신규 노동 수요를 크게 잠식했다. 세계 경제 체제의 등장은 지구 차원의 최고 경쟁력을 갖춘 기업이 아니고는 시장 진출 자체가 무의미한 시대를 열었다. 이는 기업으로 하여금 생산비 절감을 위해 신규 고용을 주저하도록 하는 한 요인이 되고 있다. 인류 문명의 대전환기에 등장하는 일종의 구조재편 지체에 따른 역진(逆進) 현상인 셈이다.

단순히 어느 나라 내부의 자본가와 노동자 사이에서 빚어지는 이해 조정 실패 문제가 아니다. 진보와 보수 또는 '선 성장, 후 복지'냐 '선 복지, 후 성장'이냐 차원의 논쟁으로 해결될 수 있는 성질의 과제도 아니다. 한 나라의 국정 운영 능력만으로 관리 가능한 변수가 아니라는 뜻이다. 이렇듯 기존의 노동시장이 재편되는 과정에서 비롯되는 문제인 만큼 관행적인 사고의 틀을 뛰어넘어 새로운 노동시장을 개척하자는 주장은 매우 호소력이 크다.

또한, 제조업이 아니라 서비스 산업에서 해결책을 찾으려는 것에도 크게 공감한다. 제조업은 이미 지구촌 전역에서 레드 오션이다. 아무리 발버둥 쳐도 고용 유발 효과가 크지 않다. 생산시설의 정보화와 함께 부품과 소재, 설비와 지역, 자본과 정보 등 노동을 제외한 거의 모든 생산요소가 국경을 넘어 한계비용이 낮은 곳을 향해 자유롭게 이동하는 시대이기 때문이다. 그러나 역설적으로 노동이 국경을 넘는 일은 상대적으로 제한돼 있기 때문에 서비스 산업 분야는 나라에 따라 아직도 블루 오션으로 남아 있다. 특히, 정보사회의 도래와 함께 부가가치가 폭발적으로 증대하는 문화·예술·법률·의료·교육 같은 분야에서의 서비스 수요가 급증하고 있다. 따라서 이런 분야를 중심으로 청년을 해외에 송출하자는 주장은 매우 시의적절하고 또 타당성이 크다.

문제는, 우리의 청년들이 현재 이런 수요에 합당한 준비 태세를 갖췄느냐에 있다. 대학이 청년들을 그런 수요에 맞게 교육·훈련시켰어야 하지만 우리 대학은 아직도 시대 변화에 둔감한 곳 가운데 하나다. 마침 대학 구조조정이 교육계 현안으로 부상해 있지만, 어느 곳에서도 대학교육을 지구촌시대의 사회 수요에 맞게 전면적으로 개편하자는 주장은 찾아보기 어렵다. 대학 구조조정 프레임의 시대적 적실성 여부를 점검해 봐야 하는 이유다. 사실, 교육 분야만 문제인 건 아니다. 정부 운영 전반을 지구촌시대의 사회 수요에 맞게 개편하는 일은 현 정부가 당면한 최우선 과제 중 하나다. 이제라도 청년의 해외 송출 문제를 계기로 전 정부적인 시각 교정에 나설 수만 있다면 참으로 만시지탄(晩時之歎)이나 고소원(固所願)이다.

우리가 당면한 사회 문제 가운데 어느 것 하나 지구 경영의 관점

없이 제대로 응전에 나설 수 있는 과제는 없다. 우리는 지금 그런 시대에 살고 있다.(「문화일보」, 2015.04.16.).

창조성을 창조적으로 바라보기

창조경제를 두고 논란이 여전하다. 개념이 모호해서 뭘 말하는지 잘 모르겠다는 지적이 가장 많다. 다양한 이유가 있겠지만 창조성에 내포되어 있는 의미의 다층성에 따른 영향이 적지 않다. 아니 의미의 다층성을 보다 명확히 구분해서 다루지 않은 데에서 오는 결과라고 해야 보다 더 정확한 표현이 된다. 창조경제는 창조성을 경제활동의 핵심적 구성요소로 다룬다. 그러나 창조성에는 매우 포괄적이고 근본적이며 역사적인 의미가 함축되어 있다. 먼저 근대성에 버금가는 대항개념으로서의 창조성이다. 근대성은 산업사회와 함께 진화되었다. 그런 까닭에 기계론적 세계관이나 선형체계론(linear system theory), 이성과 합리성, 예정성이나 예측가능성 등을 특징으로 한다. 정보사회의 도래와 함께 이런 근대성의 구성요소들은 호소력을 잃게 되었다. 세상이 변한 탓이다. 그렇다고 해서 근대성을 대체할 새로운 패러다임이 등장한 것도 아니다. 그러니 이 시대를 그냥 근대에서 벗어났다는 의미로 탈근대 또는 후기근대라고 일컫는 것은 일견 매우 적절해 보인다. 전환기 사회의 불명확성 때문이다.

그럼에도 불구하고 요즈음에는 새로운 패러다임 형성이 제법 가시권에 들어서는 것 같다. 정보사회는 이미 이성에서 감성으로, 선형체계에서 복잡계로, 이분법에서 총합적 관점으로, 양자에서 초미립자의 떨림으로 인식의 기본 틀을 바꾸고 있다. 이런 인식의 틀을 관통하는 핵심적 추동력으로는 흔히 성찰성이 지목된다. 그런데 성찰이란 새로운 대안, 새로운 세상을 모색하기 위한 전 단계쯤에 해당된다. 그런 만큼 성찰이 지향하는 궁극적인 목표는 창조에 있고 우리는 창조 자체가 본성 가운데 하나인 시대로 이동하고 있는 셈이다.

물론 근대와의 결별이나 생산적 파괴가 창조성에서 멈추게 될지 또는 다른 어떤 인식의 틀로 보다 더 역동적인 변화를 거듭하게 될지는 아직 알 수 없다. 그러나 그렇다고 하더라도 창조성이 근대성의 여러 대체물 가운데 하나인 시대에 진입했음에는 틀림없다. 근대성의 대체 작업이 아직 완료되지 않았다고 믿는 이들에게는 근대성 대항개념으로서의 창조성은 너무 앞선 생각이라는 평가도 가능할 것이다. 그러나 매우 선도적이며 무엇보다도 혼돈의 시대에 비로써 새로운 푯대를 세워 견인하는 힘을 가졌다는 점에는 주목할 필요가 있다. 마중물이란 원래 시대변화에 조금 앞서 나가기 마련이다. 답습과 모방의 시대를 벗어나야 하는 우리에게는 더할 수 없이 필요한 점멸등이기도 하다. 한국적 표준의 기준점을 제공하는 까닭이다.

바로 이 차원에서의 창조성을 국정기조로 다루어야 한다. 단순히 경제영역의 기준율이 아니라 집권 이데올로기 수준으로 격상해서 다루자는 것이다. 창조성을 창조경제 영역에 가두어 두는 한 창조경제의 미작동이나 오작동을 멈출 수 없다. 창조성의 시대는 그것 자체로서 분야별 경계를 거부할 뿐만 아니라 창조적 생산성은 경제영역에서만 발현하는 것도 아니다. 예컨대 창조행정도 가능하다. 최근 정부는 지번주소에서 도로명주소로 주소체계를 개편했다. 그러나 이는 시대성격 변화를 제대로 진단하지 않은 데에서 오는 행정오류다. 창조경제의 원조라고 할 수 있는 슘페터에 의하면 견인력을 높이기 위해 마차를 끄는 말의 수를 늘리는 것은 혁신이 아니다. 전혀 새로운 차원에서 증기기관차로 대체하는 것이야말로 혁신적 파괴의 본보기라고 했다. 길 찾기 편하도록 주소체계를 바꾼다고 하나 오늘날 주소하나 달랑 들고 길 찾기에 나서는 사람은 없게 되었다. 가상공간에 입력된 주소를 네비게이션이나 웹을 통해 찾고 있으며 심지어는 항공사진을 통해 현장을 입체적으로 확인하는 일까지 일상화 되었다. 4000억 원 이상 들여 주소체계를 바꿀 것이 아니라 가상공간에 대한 접근가능성, 이용 용이성, 경제성 등을 높이는 데 주목했어야 했다. 국민 개개인의 건강보험료 부담률을 줄이는 일을 복지행정전달체계 개선이나 보험요율조정으로 해결하려 할 것이 아니라 가상진료를 가능케 하는 휴대폰 웹 개발에서 찾는 일 같은 것이 창조행정의 본보기이다. 탈근대의 눈으로 보는 행정과정의 창조적 변화 가능성은 무궁무진하다. 모두가 혁신적인 생산성과 일자리 창출을 불러오는 과제다.

같은 이치로 지금 같이 국가 전체를 관통하는 가치관이 제시되어 있지 않을 때에는 국가경영의 영역별, 분야별, 지역별 충돌과 갈등을 극복하기 어렵다. 국가와 시민이 협력하고 행정과정의 칸막이가 제거되기를 원한다고 하나 국가경영의 총괄적 지표가 제시되지 않고서는 이 모두가 불가능한 일이다. 불필요한 국가와 사회의 비용지출이 늘 것도 물론이다. 사회가 파편화 하고 분권적 요구가 클수록 가치관의 공유는 필수적으로 요청된다. 그렇지 않을 경우, 창조경제를 위한 부처 간 지원이나 민관협력이 만족스럽지 못하게 되는 이유이기도 하다. 이렇듯 세상의 서로를 이어주는 가치관이 절실히 요구되는 때, 그것이 창조성일 경우 그 효과는 배가된다. 국정기조로서의 창조성은 단순히 서로를 연결하는 통합력뿐만 아니라 현재의 관행이나 질서의 정당성을 의심하고 새로운 질서를 창출하기 위해 자기 파괴에 나서는 변화력을 지녔기 때문이다. 창조성을 타성에 빠져 있는 국정운영 극복의 기본철학으로 다루어야 하는 또 다른 이유다.

(「미래정부」, 2014.05.14.).

공생발전론, 무엇이 문제인가?

공생발전론은 에코시스템의 발전(Eco-systemic Development)에서 기본개념의 틀을 차용한다. 여기에서 오는 의미론상의 다중성 내지는 불명성 문제가 내재되어 있다. 원래 생태계의 균형유지 내지는 질서를 지향하는 에코시스템을 사회 관계를 분석하거나 설명하기 위한 틀로 차용함으로서 생태론적 접근(환경친화적 가치). 환경론적 접근(체계 및 맥락적 접근시각), 공동체주의적 접근(철학적 지향) 등 다의적인 의미를 함축하게 되었다. 그 결과 이 가운데 어느 것을 의미하는지가 불명하며, 또는 이들 모두를 함축하는 것이라면 의미의 다중성으로 인해 보다 과학적인 논의의 전개가 어려울 수밖에 없다.

공생발전은 생태론적 접근시각에 의존한다는 점에서 조직과 환경 또는 하위체계와 상위체계간의 경계나 구획을 초월하는 종합적 시각의 도입을 기도한다. 따라서 전지구적인 관점에서 사회관계를 해석하고 접근할 것이 요구되지만 대부분의 논의는 일국주의의 경계범위를 분석단위로 전개된다는 문제를 안고 있다. 공생발전이 공동체주의를 지향하는 속성을 내포한다는 점에서는 공공선의 문제를 에코 시스템 개념의 틀에서 어떻게 소화할 것인가의 문제도 제기된다. 공동체주의에는 구성주의적 공동체와 공공선을 지향하는 가치론적 공동체라는 이중성이 내재되기 마련인 데 이 가운데 특히 공공선의 문제를 생태론적 모형에서 어떻게 소화할 것인가의 문제가 제기된다.

생태론적 접근은 결국 생태의 균형성 유지를 목적가치로 암시하기 마련인 데 어째서 사회적 관계에 있어서도 균형성의 유지가 선인지가 불명하다. 이렇듯 공생발전이 내포하는 균형의 유지와 발전은 서로 상합하지 않는 개념이기도 하다. 전자가 현상의 유지를 후자가 현상의 타파를 전제하는 것이기 때문이다. 이런 사회 관계의 균형점 유지에 대한 소구는 사회적 약자를 위한 강자의 헌신과 기여 또는 양보를 강조하게 되는 데, 이를 네오 맑스적인 관점에서 보면 결국 사회적 강자 중심의 체제 유지 및 존속을 위한 보충적 장치 이상도 이하도 아닌 것이 된다. 이는 사회적 강자가 패자의 수요나 욕구를 측정하거나 진단가능하다는 입장에 서 있다는 점에서 강자 중심 사고의 연장선상에 있다는 의미이기도 하다. 과연 강자가 약자의 필요와 고통을 공감하는 것이 가능할까?

공생발전은 자유주의와 공동체주의의 혼합을 주문하는 것인 데, 어떤 기준이나 비율로 이들을 믹스할 것인가에 대해 어느 누구도 선험적 잣대를 내놓을 수 없는 일이다. 따라서 주어지는 시간과 공간의 조건 속에서 실로 다양한 혼합 모형이 빚어지는 것이기 때문에 공생의 구체적인 내용은 매우 가변적이라는 점을 인정해야 한다. 상황조응적 계획(contingency plan)이 필요하다는 의미이고 이는 결국 어떤 이념의 틀에 따라 선험적으로 재단할 성질의 것이 아니라 숫한 사회구성 요소 가운데 무엇을 보존하고, 무엇을 개혁할 것인가의 문제로 치환된다고 보아야 한다. 이념의 틀이 아니라 개별적 선호가 관건이라는 뜻이다. 따라서 정당정치에 시민정치를 보충해야 하고 이는 사회구성원간의 무수한 대화와 토론을 통한 학습과 훈련을 필요로 하는 일이다. 심의민주주의를 강화하고 참여민주주의를 확대해야 한다는 의미이다. 뉴거버넌스의 도입이 불가피하며, 분권사회의 촉진이 불가역적 과제로 제기된다. 뉴거버넌스가 필수적 과제라면 이를 위한 시민이 준비되어 있는가가 보다 본질적인 과제로 등장한다. 과거의 수동적, 복종적 대중의 시대를 종결하고 참여형 시민의 개발에 나서야 한다는 의미다. 보다 공동의 가치를 존중하고, 사회적 책임을 수용하고자 하는 자세를 지닌 개인의 개발이 필요하게 된다. 시민교육 방법을 개선해야 하며, 민주시민교육을 범정부적으로 확대 실시해야 하는 이유다. 개인의 덕성을 함양함으로서 사회 변화를 추구하고자 하는 신좌파적 접근이 요구되는 대목이다. 같은 이치로 관료의 경우도 국가권위주의로부터 해방하기 위한 재교육과정이 요청된다. 국가의 정보는 보다 적극적으로 공개되어야 하며 이를 위해 전자정부의 구성은 불가피한 과제가 된다.

당연히 공생발전은 공유재의 비극이나 무임승차의 문제 내지는 사회적 약자의 도덕적 해이 문제를 동반할 가능성이 적지 않다. 그럼에도 불구하고 사회적 갈등을 보다 근본주의적인 관점에서 접근하려는 시도라는 점, 세상을 존재론적 시각과 상호작용론의 접합을 통해 해석해 보려고 한다는 점, 사회적 관계와 생태론적 관계의 결합을 통해 설명해 보려고 한다는 점은 진일보한 것이라고 평가되어 마땅하다. 그러나 사회적 관계를 자칫 어떤 영향이나 자원의 공여자와 수용자 관계로 단순화하려는 위험성이 내포되어 있는 것도 사실이다.

(사회과학협의회 주최 「공생발전정책 세미나」 토론문, 2011.09.26.).

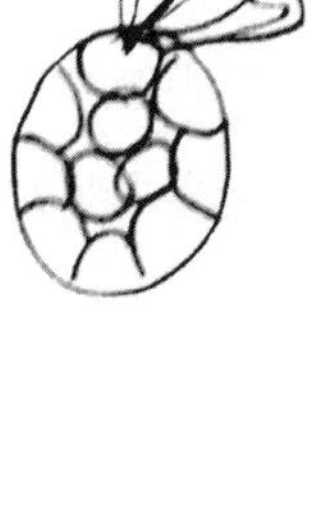

지구화 시대의 도래와 한국사회의 진로

21세기의 인류사회가 과거와 크게 다른 점이 있다면 지난날 경제적, 정치적, 문화적, 사회적, 종교적 이유 등으로 갈등과 대립을 일삼아야 했던 지구촌이 하나의 통일적 단일 집단으로 융합해 가고 있다는 점일 것이다. 이런 지구화 현상은 일견 희망적인 것임에 틀림없지만 다른 한편에서 보면 우려와 걱정 그리고 갈등을 예견케 하는 것이기도 하다. 지구화 현상은 이를 어떻게 대처하느냐에 따라 기회이기도 하고 동시에 위협이기도 한 것이다. 인간의 성찰력이 종당에는 이런 변화의 격동기를 성공적으로 완결지을 수 있을 것이라고 보는 이가 있는가 하면 인간의 파괴적 본능이 인간의 변화에 대한 적응력을 능가하면서 결국에는 인류사회를 파국으로 몰고 갈 것이라는 전망도 내놓고 있다. 그러나 인류가 이런 변화에 적응할 능력을 갖추고 있는지에 관계없이 인류사회는 이미 지구화가 한창 전행되는 한 가운데에 서게 되었다.

경제적으로는 국민국가의 경계를 넘는 시장경제체제의 범지구화로 인해 극단적인 경쟁이 유발되고 있으며, 그로 인한 갈등과 긴장의 고조가 예사스럽지 않게 되었다. 총체적 상품화와 과도경쟁이 유도되면서, 대량소비와 대량착취 그리고 그에 따른 환경파괴와 경제적 격차의 심화 및 양극화가 계층 간, 국가 간, 지역 간의 간극을 과거 그 어느 때보다도 더 크게 벌려놓고 있다. 자연히 사회적 불평등이 고조되면서 제1세계 중심의 착취구조가 고착화 한다는 우려를 낳고 있다. 후기근대에서마저 초기근대의 제국주의 등장을 다시 보는 것 같다는 비판이 제기되기에까지 이른 것이다. 당연히 지구자본주의에 대한 대항세력의 결집을 촉진하는 결과가 되고 있으며, 초국적 기업에 대한 항의 결사체의 구성 및 연대가 지구시민사회를 휘감게 하는 주요 원인이 되고 있다.

정치적으로는 강대국을 중심으로 초국적 일원주의가 심화되고 있으며, 이는 일국주의의 경계를 초월하는 정책네트워크를 통해 구현되고 있다. 이로 인해 민주주의의 이완과 이격성 문제가 매우 심각한 과제로 제기되고 있으며 지구 거버넌스 내지는 정책 레짐에 대한 균형 있는 참여와 대표성 확보 문제가 발등의 불이 되어 있다. 국가의 독점권과 강제력이 축소되는 현상과 함께 진행되는 시장의 확대는 공적 영역에서의 사익추구를 방치하는 결과가 되고 있으며 공익의 불확실성 증대에 대한 우려를 낳고 있다. 그에 따라 권력의 분산과 민주주의의 확산에 필요한 사회하부구조의 범지구적 확장에 대한 수요가 커지고 있으며, 이를 가능케 할 것이라고 믿어지는 전문직 결사체, NGO, 이익단체 등의 범지구적 발흥을 촉발하게 되었다. 그러나 이들이 기존의 정치질서를 대체하게 될 것이라고 믿는 이들은 그리 많지 않다.

문화적으로는 국가 간의 경계가 좁혀지면서 이문화 간의 충돌과 갈등을 촉발하고 있으며, 종교적 근본주의의 등장을 재촉하는 시발점이 되고 있다. 다른 한편으로는 문화 간의 통섭과 동화를 거치면서 개별 국가의 문화 정체성을 융합하거나 증발시키는 변화가 가속화 하고 있다. 이 과정에서 등장하기 마련인 다문화 사회는 이주한 사회의 갈등을 촉진하는 새로운 기재가 되고 있으며 이주전 사회의 가정파괴와 사회구조의 왜곡을 낳는 핵심요인이 되고 있다. 이런 가운데 토착문화 및 종교를 위협하는 서구문화 중심의 문화제국주의 등장을 우려하는 목소리가 지구촌의 식자 사이에서 회자되기 시작한지는 이미 오래 되었다. 문화상대주의가 위협받고 있으며 기계문명과 합리주의에 대한 신앙이 토착문화를 미신이나 저급문화로 치부하는 일이 일상화 하고 있다. 토착문화의 상품화나 천민자본주의에 토대를 둔 문화상품의 확산이 당연시 되는 시대에 살게 되었다.

그러나 비관적인 전망만 있는 것은 아니다. 신자유주의자들에 따르면 지구 단일시장체제의 형성 자체가 지구촌 주민에게는 복음이자 축복이라는 것이다. 시장의 원칙이 지구촌의 자원분배를 담당하는 비율이 커지면서 지구촌 전체 가용자원의 최적배분이 촉진되고 있으며, 빈국의 성장과 부국의 번영에 공히 기여하는 결과를 낳게 되었다는 것이다. 이는 시장규모의 확대와 그에 따른 노동의 분업 촉진 그리고 노동의 분업 심화로 인한 기술혁신과 생산성의 증대가 가져오는 불가역적 결과로 간주된다. 규모의 경제에 따른 전 지구 차원의 부의 증가가 빈국의 빈곤과 기아 해소에 기여할 것이라는 조망이다.

정치적으로는 환경파괴, 테러, 마약, 매춘, 아동착취, 빈곤 같은 지구공통의 문제에 대한 공동 대응력을 신장시키는 결과가 되고 있으며, 부의 축적과 사회하부구조의 범지구적 확산으로 인해 과거 어느 때보다도 민주주의의 범지구적 확대와 그의 구현 가능성이 제고되고 있다. 그런데 민주국가는 그 권력의 주체가 국민이기 때문에 국민의 생명이나 안녕을 위협하는 국가 간의 전쟁이나 극단적인 충돌을 저어하기 마련이며 그렇기 때문에 궁극적으로는 지구평화에의 접근 가능성을 높이게 되었다는 평가다. 지구시민사회의 확장과 심화가 개별국가의 폭력이나 인권유린 등을 고발하거나 견제하는 현상도 지구평화를 촉진하는 또 다른 요인으로 지적된다.

문화적 차원에서는 인도적 지원활동이나 사회적 약자에 대한 초국적 연대가 범지구적으로 확산되고 있다. 국가의 통제로부터 벗어나 개인이 행사하는 자기결정권의 범위가 과거 그 어느 때보다도 늘어나고 있기 때문이다. 구조적으로 보면 동시성의 시대가 열리면서 지구촌 전역의 차등성이나 이격성을 줄이게 되고 이는 편견과 일방주의를 추방하면서 문화적 동형화를 촉진하고 나아가 가치갈등을 감축하면서 기술과 문명의 범지구적인 향유를 확장하게 되었다. 다른 한편으로는 가치불가측성에 대한 이해력이 증대하면서 문화다원주의가 촉진되고, 다문화 간의 공존과 이해의 폭을 확장하는 변화도 동반된다는 관측이다.

이렇듯 지구화 시대가 인류공영의 진로에 역진적 요소와 촉진적 요소를 함께 동반하는 모순과 패러독스를 그의 본질로 삼는 것이라고 한다면, 우리에게 주어지는 선택지는 개혁주의적 접근 외에는 별다른 방도가 따로 있을 수 없다. 역진적 요소를 줄이고 촉진적 요소를 확대하기 위한 범지구적 대응에 나서는 일이다. 기실 이런 대응노력은 이미 지구촌 전역에서 목도되고 있다. 인류의 성찰력이 인류역사의 진행방향을 방관하지 않는다는 증거일 것이다. 이는 개인, 사회운동단체, 공적기구와의 협력적 레짐, 지구정부 등 실로 다양한 차원과 단위에서 이루어지고 있다.

지구시민사회의 다양한 단체들이 연대와 결속을 통해 지구자본주의의 폐해와 인권유린에 저항하고 있으며 민주주의의 범지구적 확산을 위해 매진하고 있다. 과거의 국민국가 중심시대와는 달리 국가 간의 경계를 넘어 상대국가의 사회구조적 모순을 시정하기 위한 사회운동에 투신하거나 기여하고자 하는 지구시민 개개인의 교류를 촉진하거나 조장, 격려하는 노력은 바로 이런 지구시민사회를 형성하는 핵심적 초석 가운데 하나가 될 것이다. 더 나아가 지구차원의 공적 영역과 지구시민사회 사이를 연계하는 협력적 노력은 지구환경회의 같은 정책별 레짐을 통해 관찰할 수 있다. 이런 가운데 유엔 같은 지구정부를 강화하려는 노력이 시도되는 것은 너무나도 당연한 귀결로 여겨진다.

지구화 현상 내지는 그의 결과물을 종속변수로 하고 그에 조응하려는 인류공동의 노력은 그러나 국민국가 수준으로 내려올 때 문제에 대한 대처가 녹녹치 않은 과제임을 단번에 알 수 있게 된다. 지구화 현상이 개별 국민국가에 미치는 영향은 쌍방적이며 동시에 양가적이기 때문이다. 이런 현상은 한국사회의 경우 보다 더 선명하고 절실하다. 무엇보다도 우리 스스로가 우리의 일상에서 손쉽게 대면하고 경험하는 일이기 때문일 것이다. 그보다는 지구화 시대에 한국만큼 지구화에 따른 명암의 교차가 분명하고 또 본질적인 곳도 찾아보기 힘든 때문이라고 해야 보다 호소력 있는 설명이 된다. 한국은 세계체계의 중심부와 주변부의 한 가운데에 위치하고 있어 반중심부 내지 반주변부로서의 모순과 갈등이 극명하게 들어나는 곳이다.

지구화는 먼저 경제적 차원에서 볼 때 우리경제를 세계경제체제로 편입시키면서 그의 피동성을 한층 더 증대시켰다. 외환위기를 겪으면서 외국인 투자자들에 포섭된 현상이 가장 대표적인 사례일 것이다. IMF는 외환위기를 맞이한 우리에게 과잉대응을 주문했으며 이를 기초로 한 외국자본의 침투는 집요하고 전반적인 것이었으나 이에 대한 한국의 대응력은 무력할 수밖에 없었다. 거대자본의 융합이 세계시장을 주도하면서 글로벌 스탠다드를 제시하고 글로벌 룰을 통해 구조적 압박을 가중하는 일이 일상화 하고 있지만 피동적 민족경제는 이에 안주하지 않을 수 없는 실정이다.

그러나 다른 한편에서 보면 바로 이런 세계경제체제로의 편입과 편승을 통해 민족경제의 범지구적인 확산이 가속화 되고 있는 것 또한 사실이다. 한국경제의 범지구적인 거래망이 확장하고 있으며 세계경제체제에서의 주동성이 증대하고 지구경제활동의 중심부로 급속히 이동하고 있다. 스스로가 신중상주의의 희생양이면서 중상주의를 내세워 시장을 개척하고 상대의 민족주의적 폐쇄성을 비난하는 자기모순의 시대를 열고 있다. 한-칠레, 한-싱가포르, 한-EU, 한-인도, 한-미국 간의 FTA 협정이나 경제협력체제의 구축과정에서 극명하게 드러나 있다. 이를 두고 한국경제가 적극적으로 지구경영에 나설 수 있는 실질적인 토대가 될 것이라는 기대도 적지 않다.

그러나 이는 세계경제체제의 모순구조를 재촉할 뿐만 아니라 한국사회 내부의 분열과 갈등을 재촉하는 주요인자로도 작동한다는 사실을 외면하기 어렵다. 기존의 산업구조를 재편하면서 경제적 양극화를 심화시키고 영역 간 수해자와 피해자를 극단적으로 갈라놓기 때문이다. 이에 조응하여 사회복지수준을 높이는 노력이 경주되어야 하지만 우리의 현실은 OECD 국가 가운데 최하위 수준에 맴돌고 있다. FTA로 인한 실질적인 피해보상대책도 거의 마련되어 있지 않다. 당연히 사회부문 간, 계층 간 불만과 갈등을 고조시키게 될 터이지만 이를 소화하고자 하는 의사소통 통로의 구축이나 정부 정책의 수립은 아직도 요원한 실정이다.

정치적으로는 미국을 중심으로 하는 패권적 일극체제가 분권적 다극체제로 이동하는 조짐을 보이면서 한반도 주변국 사이의 영토분쟁이 심화되고 있다. 한국과 일본 간의 독도 문제, 한국과 중국 사이의 간도지역에 대한 역사논쟁, 일본과 중국 간의 다오위다오 영유권 분쟁, 일본과 러시아 사이의 쿠릴열도에 대한 갈등 등이 그

것이다. 그러나 이런 분권적 다극화 과정 속에서도 한국의 미국에 대한 의존도는 오히려 심화되는 모순과 고난의 시대를 열고 있다. 아니 바로 이런 분극화 현상이 한국을 미국의 축으로 보다 더 밀어붙이는 주요원인이라고 해야 옳을 것 같다.

이런 미국의 한국에 대한 일방주의적 영향력 증가는 북한에 대한 중국의 영향력 강화와 함께 지구해빙의 시대에서도 한반도가 세계 유일의 냉전지대로 남아 있어야 하는 이유가 되고 있다. 이로 인해 북한의 고립과 쇠퇴가 촉진되고 있으며 남북 간의 갈등은 한층 더 고조되고 있다. 2010년의 연평도 포격이나 천안함 사건이 이를 잘 보여주고 있다. 따라서 한미관계에서의 일방주의를 시정하고 한미 간 협력체제를 안정화, 균형화, 쌍방주의화 하는 일이 최우선 과제다. 이를 위해서는 시민사회의 국제적 연대와 압력이 필수적 과제이며 이는 남북문제를 국제적 관점에서 접근할 때나 가능한 일이다. 한미관계가 단순히 군사적 차원이 아니라 포괄적 사회영역으로까지 확장되고 있기 때문이다.

그러나 그렇다고 해서 단순히 시민사회의 여론을 추수하는 것이 아니라 여론을 향도할 수 있는 전문가 및 지식인의 역할이 그 어느 때보다도 중요하게 되었다. 이는 한미관계가 그만큼 복잡하고 심각한 자기 모순구조를 안고 있기 때문이다. 한미관계에 대한 전문가 양성의 필요성 및 지역 풀뿌리 운동의 중요성이 강조되어야 하는 이유다. 한국의 시민사회와 미국의 시민사회가 협력적 공조체제를 갖추고 미국의 대한반도 정책에 대한 발언권을 높여야 하는 이유이기도 하다. 국가 간의 비대칭성을 시민사회 간의 연대와 교류를 통해 시정해 보자는 것이다.

지구화는 이렇듯 한국을 지역갈등의 피동적 객체로 내몰고 있다. 그러나 다른 한편에서 보면 2010년에 있었던 G20정상회의의 의장국 선임에서 보는 바와 같이 지구공동체에서의 정치적 비중이나 발언권 강화의 조짐도 드러나 있다. 과거 다른 나라의 대외원조에 의존하던 한국이 주요 대외원조 공여국으로 전환하고 있는 현상도 지구화가 한국의 경우에는 단순히 정치적 대외의존성을 증대하기만 하는 것이 아니라 오히려 정치적 독자성이나 주동성을 제고한다는 사실을 잘 보여주고 있다. 지구화로 인한 사회문제 해결에 우리의 개발 NGO가 담당해야 할 역할과 비중이 커지는 이유다. 이렇게 지구화가 수렴요인이 아니라 팽창요인으로 작용하는 현상은 국내정치의 경우 해외동포에 대한 투표권 부여나, 지방분권을 둘러싼 갈등에서도 목격할 수 있다. 세종시 논쟁은 지방분권과 관련된 과제이기는 하지만 동시에 황해권 경제공동체 구축을 위한 거점형성의 문제로도 인식된다.

문화적 차원에서 보는 지구화의 충격은 중국의 동북공정이나 일본의 새역사교과서(후소사 교과서) 채택에서 보는 바와 같이 한반도를 요위한 지역공동체 주민이 지닌 인식의 틀을 송두리째 바꾸려는 음모의 심화로 나타나 있다. 동아시아 역사논쟁은 관계국들이 지구화 시대에 일국주의의 틀에서 벗어나지 못한 채 문화적 팽창주의를 재현하고자 하는 데에서 오는 결과이지만 우리에게는 새로운 위협이자 도전의 과제다. 이는 기본적으로 국가중심주의 사고에서 벗어나지 못한 데에서 오는 결과인 만큼 동아시아 역내의 국가 간 경계를 넘는 지역/도시연합을 통해 상생적 사회발전을 모색하는 과정을 통해 풀어야 할 숙제다. 패권적-분열형 지역주의가 아니라 상생적-개방형 지역주의를 선도하는 "비판적 지역주의"를 열자는 것이다. 이는 지역의 다층적, 다원적 지역조직 형성을 통해 동아시아 문화네크워크를 구축할 때 가능해지는 일 가운데 하나다.

그런 네트워크 가운데 가장 대표적인 것으로는 지방자치단체 간의 협력과 교류를 지역연합의 형태로까지 발전시키는 일일 것이다. 이는 중앙정부보다는 지방정부가 보다 실용주의적이며 이념적 갈등이나 일원주의의 요구로부터 상대적으로 자유롭다는 점을 고려한 결과다. 그러나 보다 본질적인 접근은 아무래도 개인 차원에서의 문화적 동질성이나 공동체 의식을 갖도록 독려하고 유도하는 일이다. 지역문화운동을 통해 지역구성원 사이에서 지식과 경험의 공유가 확장되도록 하고 그 결과 사회적 구성물로서의 지역공동체가 형성되도록 하자는 것이다. 그런 점에서 최근 아시아 전역을 휩쓸고 있는 한류는 매우 주목할 만한 현상이자 기회이지만 이를 문화운동의 차원이 아니라 문화산업의 팽창주의 차원에서 접근하는 한 결코 동아시아문화공동체 형성에 기여할 수는 없을 것이다.

이는 외국인 이주노동자나 국제결혼 이주여성의 문제에 있어서도 같다. 다문화 가정은 단순히 이주민의 인권문제를 상징하는 곳이 아니라 민족문제의 성격을 내포하기도 한다. 그들이 우리 사회에서 새롭게 고립되는 섬으로 사는 한 사회공동체 운영에 심각한 위협요인으로 등장할 수밖에 없다. 사회정책의 관점이 아니라 문화적 기본권의 차원에서 접근해야 하는 이유다. 다문화주의는 이주자들을 문제의 소재지로서가 아니라 “기대되는 참여자” 또는 “소홀히 취급되기 쉬운 창조적 자본” 내지는 “문화적 교량의 건설자”로 인식하고 접근하는 결단과 시각교정을 필요로 한다. 이런 시각은 베트남에 남겨진 라이따이한이나 필리핀의 코피노 문제에 있어서도 같다. 지리적 경계를 넘어 문화적 기본권을 보장하고 새롭고 개방적인 민족적 범주로 포섭하려는 문화인식의 전환과정이 전제되어야 하는 과제다.

이렇듯 지구화가 한국사회에 미치는 영향과 그에 대한 반작용의 진로는 실로 다원적이고 다층적이며 다면적이고 또한 모순적이다. 이런 상황하에서 사해동포주의와 민족주의가 교차하는 지점의 치차조절이 쉽지 않을 것은 당연한 이치다. 지구화 시대의 역진적 요소들을 국가 중심의 주동적 차원에서 대응하는 경우 민족주의적 역풍과 폐쇄주의적 단절을 불러오기 십상이며 이는 결코 민족경제의 활성화에 기여한다고 볼 수 없다. 따라서 국가의 개입을 피하면서도 제국주의적 침탈에 저항하는 방안을 모색해야 하는 데, 이는 시민중심의 민족주의 전략을 통해 구현 가능할 것이다. 국가가 아니라 시민사회 스스로가 국산품 애용이나 윤리적 소비 같은 현명한 구매자로 나서는 경우 초국적 자본이 우리 경제에 대응할 전략은 마땅한 것이 없을 것 같다.

그러나 그렇다고 해서 지구화 시대에 피동적, 수동적으로만 대응하자는 것은 결코 아니다. 오히려 지구시장경제체제를 이용하여 보다 적극적으로 민족경제의 활성화를 위한 교두보 마련에 나서야 한다. 자유주의적 민족주의를 통해 개방적 민족주의의 전범이 무엇인지를 보여줄 수 있어야 한다. 그럴 때만 가장 한국적인 것을 지구표준으로 삼을 기회를 얻을 수 있으며 지구중심국가 건설의 디딤돌 구축에 나설 수 있다. 폐쇄적 민족주의가 지구화 시대의 파고에 부딪히면서 어떤 몰골을 하게 되는지는 북한의 고립이 너무나도 잘 보여주고 있다. 남북문제를 지나치게 민족주의 관점에서 접근하는 경우 오히려 갈등과 대치만을 고조시킨다는 사실은 이미 경험을 통해 확인한 바와 같다. 남북문제 같은 민족문제 해결에 있어서도 지역평화체제의 구축을 통해 보다 국제사회의 요구에 조응하는 접근전략을 개발할 필요가 있다.

그렇다고 해서 자민족 중심주의에 대한 준거율을 포기하자는 것은 당연히 아니다. 자민족중심주의의 가치관이나 준거율이 사라지는 경우 사회공동체 중심의 응집력이 소실되고 개인 차원의 사익추구가 당연시 되면서 일종의 무정부주의적 가치혼란이나 갈등의 분출로 이어질 가능성이 크다. 지구차원의 경우 인류공영의 평화체제나 안전의 유지가 곤란해지면서 문화 간, 국가 간, 지역 간 갈등을 부추기게 될 것이다. 따라서 문화적, 지리적, 인종적, 언어적, 자연적, 혈연적 유산에 기초하는 전통적 개념으로서의 민족주의가 아니라 기능적 민족주의로 민족주의의 개념 자체를 수정하거나 전환할 필요가 있다. 폐쇄적 민족주의가 아닌 개방적 민족주의, 보호주의가 아닌 자유주의적 민족주의, 이기적 민족주의에서 공생적 민족주의로 전환하기 위해서는 맥락적(contextual) 개념의 민족주의 시대를 열어야 한다.

따라서 지구화 시대에 대한 민족주의의 대응전략에는 선험적 모델이 있을 수 없으며 상황조응적 대처가 있을 뿐이다. 이는 시간과 공간의 조건이 주어질 때만 유용한 대응전략의 모색이 가능하다는 이야기임으로 실로 다양한 차원의 지속적인 담론을 필요로 하는 일이다. 무엇보다도 오랫동안 반도에 갇혀 살아오면서 일국주의의 폐쇄성에 친숙한 우리의 경우 지구화 시대의 역동적 변화에 주동적으로 대처해나간다는 일 자체가 매우 생경하고 급진적인 의식교정을 필요로 하는 일이다.

(「지구화 시대의 한국시민사회」 서문, 2011.04.)

G20의 개최와 지구시민교육의 과제

G20의 한국 개최를 두고 어떤 이는 이준열사가 1907년 제2차 만국평화회의에 참가해보지도 못하고 분사한 이래 우리가 성취한 최고의 외교적 성공이라고도 하고 또 다른 이는 단군 이래 최대의 경사라고도 말한다. 과장된 감이 없지 않으나 G20의 개최가 우리에게 시사하는 바가 적지 않고, 이로 인해 우리가 스스로를 성찰해야 할 과제의 비중 또한 크게 무겁다는 사실을 부정하기는 어렵다.

G20의 한국 개최가 매우 의미심장한 이유는 우선 이 회의가 갖는 지구공동체에서의 의의 때문이다. 지구촌은 지금 전환기의 혼돈과 도전에 시달리고 있다. 지난 300여 년 간 지구촌을 지배해 온 산업사회의 질서가 무너지고 정보사회의 새로운 규범과 체제가 이를 대체해가는 과정에 있다. 그러나 정보사회 자체가 미완의 것일

뿐만 아니라 자기 진화적 속성을 지닌 것이어서 아직은 그의 명확한 실체를 가늠하기 어렵다. 같은 정보사회라고 하더라도 어제의 것과 오늘의 것이 다른 이유다.

이런 전환기 사회의 혼돈과 무질서 속에서도 새로운 변화의 기류가 일관되게 나타나고 있음을 목격하게 되는 데, 그 대표적인 것 가운데 하나가 바로 지구화 현상이다. 정보통신기기의 발달과 의사소통의 신속성, 광역성, 경제성은 사회관계의 범지구적 확장을 가져왔다. 한 나라의 경계를 뛰어 넘는 정보의 이동과 자본의 흐름은 세계경제체제의 초국적 확장을 낳았다. 이런 경제활동의 범지구적 확장에 대한 민족국가의 실질적인 통제가 무력화 하면서 국가권력의 왜소화를 불러온 것도 지구화 현상의 또 다른 특징이다.

지구화 시대의 이런 속성 때문에 2008년 미국에서 발생한 서브프라임 모기지 사태는 전세계적인 금융위기를 불러왔다. 전지구적으로 연결된 금융활동이 각국 정부가 미처 손써보기도 전에 연쇄파동을 낳았던 것이다. 이에 대처하기 위해 고안된 국제공조체제가 바로 G20 이다. 따라서 G20는 글로벌 금융위기 극복을 위한 단기적인 처방과 위기 재발을 근본적으로 방지하고 향후 세계경제가 지속적으로 균형 있게 성장하도록 조장, 지원하기 위한 중장기적인 방안을 모색하는 데에 기관목표를 두었다.

그런데 인류역사상 지구화의 물결이 일상의 질서를 무너뜨리면서 새로운 과제를 불러온 것은 이번이 결코 처음은 아니다. 첫 번째 지구화의 물결은 흔히 16세기 직전 포르투갈에 의해 촉발되었다고 본다. 함대와 총포를 앞세우고 다른 국가를 무력으로 개방하는 정복과 복속의 시대를 열었다. 이 지구개척의 시대는 대륙 간의 교류와 경제 및 문화의 연결을 가능케 했고, 유럽대륙으로 한정되었던 세계를 전지구로 확장했다.

그 보다 앞서 있었던 중국의 실크로드, 로마제국, 페르시아 왕조, 등도 일국주의 경계를 뛰어넘는 범지구적 연결망을 형성했던 셈이다. 세계경제권을 구축하면서 곡물이나 상품, 지식, 기술 등을 범지구적으로 교류한 바 있는 이슬람의 황금기도 여기에 해당될 것이다. 무엇보다도 제2차 세계대전 이후 등장한 브레턴우즈 협정이나 우루과이 라운드 및 WTO 체제도 지구질서를 새롭게 확대 재편하는 기폭제였음을 숨길 수 없다.

그러나 1970-80년대부터 등장한 작금의 지구화 물결은 과거의 그것들과 사뭇 다르다. 금융자본의 초국적 이동을 통한 자본주의 시장경제체제의 범지구적 확산을 불러왔다는 점에서 그렇고, 무엇보다도 지구차원의 상호작용 속도와 지구화 자체의 진행 강도가 과거와는 비교할 수 없을 정도로 파격적 이다. 이로 인해 지구화로 인한 파장이 크고 다면적이라는 점도 과거에는 경험해 보지 못했던 일이다.

G20가 매우 어려운 과제의 해결을 숙제로 떠안았다는 의미다. 바로 이런 고난도 지구질서 재편과정의 한 가운데에 우리가 서게 되었다. G20의 회원국이 되었을 뿐만 아니라 의장국으로서 이 회의를 주관해야 한다. 아직 지구촌의 핵심지도력이라고 할 수 있는 G7에 가입한 것은 아니지만, 제2차 세계대전을 통해 독립을 쟁취한 이래 1991년에야 UN에 가입할 수 있었던 나라치고는 실로 괄목할만

한 신분 상승을 이룩한 셈이다.

우리는 산업사회로의 진입이 늦어지면서 지구의 변방에서 역사의 종속변수가 겪어야 하는 고난과 신고의 세월을 보냈다. 그러나 이제 지구촌의 중심부에서 지구경영의 독립변수 가운데 하나가 되었다. 외형상으로만 보면 지구경영시대의 중심축이 되기에 부족함이 없어 보인다. 무엇보다도 지구촌 전역을 휩쓰는 한류가 우리의 밝은 미래를 약속하는 징표처럼 보이기도 한다. 세계 무역 9대 강국이 되었다는 자부심도 이런 시각을 재촉하는 또 다른 요인 가운데 하나다.

그러나 우리 스스로의 지구화 지수를 점검해 보면 아직도 지구의 변방에 머물러 있으면서 자폐적인 수준을 벗어나지 못하고 있다. 반도에 갇혀 살면서 일국주의의 폐쇄적인 시각을 뛰어 넘어 본 일이 없는 까닭이다. 이런 폐쇄적인 인식의 틀로는 결코 지구경영의 주체가 될 수 없으며 얼떨결에 진입한 지구의 중심축에 오랜 동안 머물러 있을 수도 없다. 지구적인 안목과 시각에서 우리의 현실을 진단하고 재규정하면서 일상의 질서를 재편하지 않고서는 단연코 지구화 시대의 선도세력이 될 수는 없다.

명실상부한 지구화 시대의 중심세력이 되기 위해서는 우리가 지구적 표준을 제시하고 이를 관철할 수 있는 실력을 갖추어야 하지만, 이를 위해서는 좀 더 넓은 세계를 경험하고, 문화적 다양성을 존중하며, 지구촌의 새로운 작동 메커니즘을 이해하고, 좀 더 공정하고 지속가능한 사회를 만들기 위해 열정을 가지고 노력하는 이들이 지금보다는 훨씬 더 많이 나와야 한다. 그런 이들의 에너지와 지혜를 우리가 속한 공동체에 대한 애정을 가지고 한 곳에 결집할 수 있어야 할 것도 물론이다.

무엇보다도 지금 진행되고 있는 지구화 현상에 내포되어 있는 여러 문제점을 이해하고 이에 적극적으로 대처하고자 하는 의지와 능력을 갖추고 있어야 한다. 보다 빈번한 국가 간의 교류는 이해갈등에 따른 긴장을 고조시키고 있으며, 이문화 간의 충돌을 확대 재생산하고 있다. 지구문화의 창출은 문화의 혼성화나 문화적 동형화를 통해 문화적 다양성을 축소하는 제국주의적 침탈의 또 다른 유형이라는 비판도 제기되어 있다. 생태적인 측면에서는 기후변화, 외래종의 도래, 과도한 어획, 오염 등 전지구적인 환경문제를 야기하고 있다. 경제적인 측면에서는 국내외 경제의 양극화로 인해 빈익빈 부익부 현상을 낳고 있다.

이런 지구촌 현실을 직시하고 지구경영의 주체로서 대응해 나가기 위해서는 지구공동체 전체를 내 가정, 내 고장, 내 국가처럼 이해하고 포용하는 열린 마음과 자세가 갖추어져 있어야 하며, 이는 지구시민권의 관점에서 접근할 때나 가능한 일이다. 우리 같이 실로 오랜 동안 일국주의의 폐쇄적인 가치관 속에서 살아 온 이들에게는 이를 적극적으로 개발하려는 거국적 노력이 전개되지 않고서는 결코 싹트기 어려운 시각이자 가치관이다. G20 의장국 시대를 여는 우리에게 있어 지구시민권 교육이 가장 시급하고 또 핵심적인 과제로 제기되어야 하는 이유다. 이미 선진 여러 나라들이 지구화 시대의 수요에 맞추어 지구시민교육을 거국적으로 실시한지 오래되었다는 점도 타산지석으로 삼아볼 일이다.

(「꿈나래 21」, 2010.11.).

이제는 '지구시민권' 교육이다

경주 재무장관 회의에서 우리의 조정력이 힘을 발휘했다는 소식 이래 G20에 거는 기대가 한층 더 커지게 되었다. 그러나 G20은 환율 조정만을 위한 자리가 아니다. 정상회의에서 설사 여타 주제에 대해 참가국 간 합의를 도출한다 해도, 그것만으로 과연 G20이 지향하는 지구 경제질서 재편이 합리적이고 정의로운 방향으로 전개될 수 있을지 우려가 적지 않다. 무엇보다 지금 진행되고 있는 지구화의 물결은 과거의 그 어떤 것과도 견줄 수 없을 만큼 그 본질에서 크게 다르기 때문이다.

멀리 마젤란의 지구 병탐 시대로 거슬러 올라가지 않더라도 작금의 지구화 물결 이전에도 지구촌은 여러 차례 지구화의 충격에 요동친 바 있다. 특히 제2차 세계대전 이후에는 국제무역과 금융시장의 세계화에 지장을 주는 요소들을 제거함으로써 지구 시장 질서를 재편하려는 정치지도자들의 노력이 두드러졌다. 브레턴우즈 협정 체결, GATT 체제 등장, IBRD나 세계은행 설립, 우루과이 라운드와 WTO 체제 도입, IMF 운영 등이 그것이다. 이로 인해 국제무역이나 국가 간의 교류가 급신장한 것은 사실이지만 미국 중심의 일극체제를 안착시켰다는 비판을 낳았다.

사실 G20은 이런 미국 중심의 패권질서가 불러온 병폐를 시정 또는 초극하기 위해 지구 금융환경을 새롭게 구축해 보자는 것에 다름 아니다. 그러나 이런 병폐를 심화시킨 주범 가운데 하나로 치부되는 작금의 지구화 현상은 단순히 국가 간의 교류를 보다 빈번하게 촉진하는 정도를 넘어 국가 간의 경계 자체를 무너뜨리고 있으며, 지구촌 전역에 걸쳐 교류의 속도, 밀도, 강도를 과거에는 상상도 하기 어려운 정도로 격화시키고 있다. 무엇보다 중요한 것은 국가에 못지않게 시민사회 간의 교류와 연대가 폭증하고 있다는 점이다.

이렇게 새롭게 조성되는 지구환경 속에서 G20이 과거의 여러 시도와 마찬가지로 지구의 몇몇 나라 대표들이 모여 당면과제를 다루는 경우 지구 엘리트만의 잔치로 끝나지 말라는 법이 없으며, 과연 당면한 지구 차원의 정책과제를 해소할 수 있을지 자신이 없다. 이미 지구 문제는 국가 간의 문제라기보다는 지구국가와 지구시민 간의 문제로 치환되고 있기 때문이다. G20이 지구 문제를 다룬다고 하면서 과연 지구공동체 구성원의 정치적 대표성을 순비례적으로 확보하고 있는지를 점검해 보면 확연히 드러나는 문제다.

지구 문제 해결과정에 대한 지구시민 참여공간의 부족이나 왜곡만큼 심각한 과제는 지구촌 시민들이 이런 지구화 시대의 격랑을 지켜볼 만한 인식 능력을 갖추었느냐에 있다. 우선 우리 사회만 보더라도 G20 개최국치고는 상상할 수 없을 정도로 낮은 수준의 지구화 지수를 지녔다. 외형적으로는 웃자라 세계 9대 무역강국이라거나 한류가 지구촌 전역에 걸쳐 위세를 떨친다지만, 우리의 의식세계는 아직 반도국가의 한계를 넘지 못하고 있다. 일국주의의 경계를 넘지 못하는 폐쇄적인 시각으로는 결코 지구화 시대의 과제들에 효과적으로 조응할 수 없으며 나아가 지구화 시대의 경영주체로 성장할 수도 없다.

G20 개최를 계기로 우리가 지구공동체의 중심축 가운데 하나로 자리매김할 것이라고 예견해 온 이들에게는 실로 실망스러운 경고가 아닐 수 없을 것이다. 그러나 지구 차원에서 세상을 바라보고 삶의 계획을 세우는 국민 없이 정치지도자 몇몇이 G20의 조타석에 앉게 되었다고 해서 지구 중심 국가를 건설할 수 있게 되는 것은 아니다. 기왕에 G20을 계기로 지구의 중심축에 진입하고자 한다면 남대문 준공 시기를 앞당긴다거나 길거리의 돌멩이 하나라도 남김없이 치워 꽃단장하는 일 따위에 결기를 보일 때가 아니다. 한시라도 빨리 지구적인 인식능력을 지닌 국민을 길러내는 일에 총력을 기울여야 한다.

그래야 지구촌 시대의 명과 암이 무엇인지를 깨닫고 그런 시대의 주역으로 무엇을 고민해야 하는지를 깨우칠 수 있게 될 것이다. 지구시민으로서의 권리와 책무를 쟁취하고 실천하는 성찰적 지구인을 만들어내는 일이야말로 지구화 시대에 대응하는 최선의 방책 가운데 하나다. 이를 위해 이미 서구 선진국에서는 지구시민권 교육을 학교교육의 핵심과제 가운데 하나로 삼은 지 오래다. 지구시민 의식의 확산 없이 G20이 대성공으로 기록되기는 어렵다.

(「중앙일보」, 2010.11.03.).

지구화 시대의 국정과제

"일찍이 아시아의 황금 시기에 빛나던 등불의 하나 코리아. 그 등불 한번 다시 켜지는 날에 너는 동방의 밝은 빛이 되리라." 아시아 최초의 노벨문학상 수상자인 타고르는 일제의 침탈로 민족사 이래 최대의 시련기를 맞고 있던 우리에게 희망의 끈을 놓아서는 안 된다는 위로와 예지의 덕담을 이렇게 전했다. 그로부터 80여년, 오늘 우리는 타고르의 덕담이 결코 허황된 헌사가 아니었음에 전율한다. 결코 넘어설 수 없을 것 같던 산업화 과정에서의 지진과 지체를 뛰어넘어 역사의 변방에 머무는 주변인 시대를 마감하고, 이제 정보화 사회를 선도하는 지구촌 공동체의 주요변수가 되었다.

외적 성장만을 본다면 틀린 말이 아니다. 민족사 이래 최대경사라는 G20 개최국이 되었고, 한류가 지구촌을 휩쓸고 있으며, 뉴스

위크 최신판은 세계에서 가장 좋은 나라 15위에 우리를 올려놓았다. GDP가 세계 13위이니 틀린 순위는 아니다. 그뿐만 아니라 경제적 역동성에서 세계 3위, 교육부문에서는 세계 2위라는 평가다. 이런 분에 넘치는(?) 평가가 이번만은 아니다. 덴마크산업연합회가 발간한 "글로벌 벤치마크 리포트 2008"에서는 우리를 스위스, 아이슬란드에 이어 세계화 적응력 종합 3위에 올렸다. 지식과 능력 부문에서 1위, 성장과 발전 부문에서 2위라는 자리매김도 있었다.

이런 성장이 일국주의의 경계를 초극하는 지구시장경제체제의 확장에 기인한 바 크다는 점에서 보면 우리는 지구화 시대의 최대 수혜자 가운데 하나인 셈이다. 그러나 앞으로도 지금 같은 발전의 보폭을 유지할 수 있을 것인지에 대해서는 비관적인 견해가 지배적이다. 지구화 시대를 조타해 나가는 데 필요한 내적 성장이 형편없이 뒤져 있는 탓이다. 지구화 지수면에서 볼 때, 몸통이 웃자라 일견 우량아처럼 보이지만 정신연령이 그에 뒤따르지 못해 지진아 수준이라는 평가다. 이런 지구화 시대에 대한 인식능력으로는 지구촌 공동체를 결코 선도해 나갈 수 없다.

반도에 갇혀 살아오면서 일국주의의 경계를 뛰어넘는 자기성찰의 전기를 가져본 일이 없는 까닭이다. 오늘의 비약적 성장은 한국적 표준을 주체적, 주도적으로 지구시장 경영에 적용한 결과라기보다는 미국을 필두로 하는 편대비행에 참여하여 "날아가는 기러기 모델"에서 떨어지는 부스러기를 거두어들인 덕분이다. 지금처럼 미국형 편대비행의 유효성이 의심받는 때에는 당연히 한국형 지구관리전략을 가지고 있어야 한다. 그러나 이는 우리 스스로가 지구화 시대에 걸 맞는 인식의 지평을 갖고 있지 않으면 불가능한 일이다.

지금부터라도 일국주의의 경계를 뛰어 넘는 초국적 시야를 확보하고 거기에 부합하는 사회시스템 건설을 위해 거국적 노력을 전개해야 한다. 국가경영시스템 전체를 지구화 시대의 수요에 맞게 재점검하고 개편하는 획기적 노력을 경주해야 한다. 보다 분권적이며 개방적이고 윤리적이고 투명해서 국가의 적극적 개입이 없더라도 시민사회의 자율적 관리능력이 지구화 시대의 다원성과 다양성에 보다 잘 조응해 나갈 수 있도록 해야 한다. 폐쇄적 민족주의가 아니라 공동체 중심의 애국심을 거양하여 무국경 시대의 응집력 강화에 대처하는 전략도 필요하다. 무엇보다도 시민의식의 범지구적 전환을 위해 지구시민권 교육을 강화하는 노력이 시급한 과제다.

(「도산아카데미 소식」 237호, 2010.09.)

한국의 국정개혁

제2장
국정개혁과 거버넌스

"광장민주주의 시대"의 국정개조 : 과제와 전략

1. 박근혜 정부의 몰락과 "광장민주주의"

흔히 87년 체제의 등장으로 이 땅에 민주주의의 법적, 제도적 토대가 마련되었다고 말하지만, 1948년 대한민국 정부가 수립된 이래 언제인들 실질적인 차원에서 국민이 나라의 주인이라는 헌법 제1조의 정신이 흔들림 없이 지켜진 때가 있었는지 반문해 보고 싶다. 87년 체제의 등장은 단순히 기술관료, 부르주아지, 군관료를 축으로 하는 3자 동맹 내지는 그에 기초한 군부권위주의체제가 무너졌다는 사실을 의미하는 것이었을 뿐, 그것이 곧 바로 지배 권력의 회복 또는 세상의 실질적인 민주화를 뜻하는 것은 아니었다.

아니 권력의 현장에 남아 있던 3자 연합지배세력의 유제들이 시대 상황의 변화에 적응하면서 새로운 권력 카르텔을 형성하고, 그로 인해 대다수의 국민이 참정의 지위에서 밀려나 있었다는 것이 지금까지 우리가 살아온 한국 정치의 현주소였다. 비록 법제적, 형식적으로는 민주화 시대가 열렸지만 그 제도의 공간을 채워 넣는 실질 권력의 주도권은 이를 국가, 자본, 언론이 상호 결탁해서 구축한 새로운 형태의 지배 동맹 체제가 장악해 왔던 것이다. 자본이 고위 기술관료를 포섭하고, 자본을 매개로 언론이 중립성을 상실하면서 권력의 분립과 견제에 필요한 균형의 질서가 무너졌으며, 그 빈자리에 부패와 지배세력 간의 배타적 최혜 대우가 똬리를 틀었다.

탄핵정국의 등장과 박근혜 정부의 비극적 몰락은 바로 이런 지배권력 카르텔 내부에 자기 충돌적인 균열이 생기면서 대폭발이 일어났음을 뜻한다. 이는 국가권력의 실질적인 지배자 가운데 하나로 성장, 활동해 온 자본이 마치 국가권력을 독점한 듯 착각하는 박근혜 정부의 권력 주도세력에 대해 더 이상 기존에 유지해오던 게임의 법칙을 준수하거나, 협력적 공존 관계를 견지할 뜻이 없음을 밝히게 되는 과정이었고, 동맹관계를 외면한 채 최빈적 대우를 겁박하는 박근혜 정부에 대해 더 이상 협력적 공존 관계를 유지할 수 없다고 판단한 언론이 이에 적극적으로 반기를 들면서 공생관계가 파탄 났음을 알리는 신호였다. 이렇듯 박근혜 정부 몰락의 사건사적 전개의 동기는 3자 동맹의 경계를 벗어나는 박근혜 정부의 분별력 부족 및 무능, 탐욕과 무절제에 있었다.

그러나 이 과정의 전개를 가능케 한 실질적인 동력은 궁극적으로 정보사회의 도래에 기인한바 컸다. 한 케이블 방송이 공개한 태블릿 피시에서 사건 전개의 단초를 알리는 구체적인 정황증거들이 들어나 어떤 권력도 이를 부정하거나 은폐할 수 없었다. 이런 현상은 사실 이 사건의 진행 이전에도 이미 우리 사회의 여러 곳에서 목격되었다. 세월호 사건이 오늘날처럼 범사회적인 과제로 부상한 데에는 사건의 전개과정을 분초단위로 기록한 휴대전화영상과 통화기록, 항로추적정보 등이 정교한 상태로 남았기 때문이었다. 이는 1993년의 서해훼리호 사건이 더 많은 희생자를 냈음에도 불구하고 그에 따른 사회적인 파장이 세월호의 경우처럼 심각하지 않았던 것과 대비된다. 같은 유형의 사례는 제주도 지검장 성추문 사건, 3군 사령관 도속도로 휴게실 독점사건, 법무차관 별장 성접대 사건에서도 찾아볼 수 있다.

과거 같으면 국가가 제공하거나 규정하는 현장 정보와 다툼을 벌일 수 있는 별도의 유효수단을 지니지 못한 일반 시민들로서는 정부가 제시하는 일방적인 주장을 수용하고 따를 수밖에 없는 노릇이었다. 그러나 정보사회의 도래는 다양한 양식의 자기 주도형 정보통신기기를 보통사람들에게 제공함으로서 지금까지 일방적으로 권력적인 우위를 누려왔던 국가권력에 맞서 효율적인 대응에 나설 수 있게 만들어 주었다. 국가와 시민사회 사이에서 기존의 권력관계가 시민사회 친화적으로 재설정되기에 이른 것이다. 이런 변화는 일반시민의 자긍심과 자기 존중감도 높여 주었다. 이제 시민은 더 이상 과거처럼 수동적이고 피동적으로 반응하는 존재가 아닌 것이다.

이런 현상은 촛불시위 현장에서 여실히 나타났다. 늦가을의 강풍이나 한 겨울의 한파에도 불구하고 수백 만 명이 매주 자발적으로 운집했다. 과거 같으면 결코 상상하기 어려운 일이지만 SNS를 통한 소통과 공감폭발이 불러온 결과였다. 보다 더 놀라운 것은 이들이 높은 시민의식과 공동체 질서를 보여주었다는 점이다. 한 건의 폭력사건이나 공권력과의 물리적 충돌도 없었으며 집회 후 자발적으로 쓰레기를 줍거나 훼손된 환경을 복구하는 등 성숙한 집회 문화를 내외에 과시했다. 시위참가들이 나이 어린 초등학교 학생으로부터 노인에 이르기까지 전 세대를 아울렀으며 가족단위 참가자도 많았다. 매우 심각하고 긴장감 도는 과제를 다루면서도 놀이와 유희를 융합하는 지혜를 발휘하면서 새로운 유형의 비일상적인 국민참여 양식을 개발해 주었다. "광장민주주의"의 등장이다.

2. 3자 동맹 체제의 해체와 국정개혁의 과제

이렇듯 변화한 우리 사회의 구조와 사회문화 수준을 놓고 이제 우리가 고민해야 할 과제는 어떻게 하면 잠시 갈등관계에 빠진 국가, 자본, 언론 사이의 3자 동맹 체제를 해체하고 신장된 시민사회의 실질 권력관계를 국정운영과정에 반영함으로서 진정한 의미의 주권재민 시대를 열 것인가에 있다. "광장 민주주의"에서 분출하는 성숙된 에너지를 제도권 장치로 정착시키는 문제를 풀어나가야 한다는 뜻이다.

이를 두고 일부에서는 고도로 권력의 집중화를 불러오는 대통령제에 문제가 있는 만큼 이를 내각책임제나 적어도 이원집정부제로 바꾸는 일이 급선무라는 주장도 펴는 모양이다. 대선 이후 우리 사회의 최우선적인 과제가 권력구조 개편에 있고 이를 위해 개헌해야 한다는 이들의 관점이다. 그러나 이는 문제의 본질이 국가, 자본, 언론 사이의 3자 동맹 체제에서 비롯된다는 사실을 은폐하거나 적어도 호도하는 결과를 낳게 될 위험성을 지녔다.

제도상의 권력구조를 바꾼들 지배권력 카르텔이 깨지지 않는다면 일반 시민이 권력의 실질적인 주체로 나서기는 어려운 일이다. 권력구조를 바꾸면 당연히 개개인 수준의 권력 수혜 대상 엘리트가 바뀌거나 적어도 권력 엘리트 사이의 게임의 규칙이 변하게 될 것은 당연한 이치이다. 바로 이점에 착안해서 권력분점에 따른 자신의 지대추구 기회 확장을 기도하는 의도가 끼어들 수도 있는 일이다. 권력구조 개편을 시급한 사회 과제로 들고 나오는 과정에 룸펜 정치인의 이해타산이 끼어들 소지는 없는 것인지 조심스럽게 살펴보아야 하는 이유다.

문제의 핵심은 3자 동맹 체제가 그의 본질적 속성상 어떤 권력구조가 되었건 이를 우회하거나 뛰어넘어 비공식적인 이해결속 네트워크를 구축하고 이를 유지, 확장해 나가려 한다는 데에 있다. 권력구조 개편 시도가 단지 제도 차원에서 국가권력 구성요소 간의 수평적 분업관계를 조정하려는 것인 데 반해, 3자 동맹 체제는 국가권력의 수직적 집행과정에서 발생하는 실질적이고 그렇기 때문에 비공식적인 차원의 권력응집 현상에 해당된다. 따라서 3자 동맹 체제를 해체하기 위해서는 단순히 제도 차원의 국가권력을 수평적으로 분업화 할 것이냐의 여부가 아니라 실질적인 권력운영 과정의 수직적 결속을 차단하는 쪽에 논의의 초점을 맞추어 고민에 나서야 마땅한 일이다.

이런 관점에서 보면, 가장 근본적인 과제는 정보사회의 도래 이후 국가와 시민사회와의 관계에서 시민사회 친화적으로 새롭게 설정된 권력관계, "광장민주주의"의 에너지를 반영해서 정치적, 행정적 대리인에게 위임해 두었던 참정의 주권을 회수하고, 일반 시민이 직접 국정과정에 참여하는 정도를 높이는 일에 있음을 알 수 있다. 3자 동맹 체제의 구축이 기본적으로는 국가 중심의 거번먼트 과정에서 발생하는 정치적, 행정적 대리인의 지나친 자율권 행사에서 발생하는 현상인 만큼 국가와 시민사회 사이에서 전개되는 거버넌스 체제로 전환하여 시민의 직접적인 참여와 발언권의 정도를 높여 이를 감시, 통제하자는 것이다. 그만큼 국정운영과정의 투명성 정도가 높아지고 시민이 지향하는 일반이익을 반영하는 정도가 커지면서 결과적으로 3자 동맹 체제의 유지 가능성을 줄이게 된다.

이를 위해서는 1) 우선 국정운영과정의 직접성 정도를 높이기 위해 시민참여기본법 제정을 서둘러야 하겠다. 국가와 시민사회 사이의 수직적 권력관계를 재조정하는 일에 나서자는 것이다. 이에 따라 국정운영과정을 이스토니언 모델(Eastonian model)에 따라 투입, 전환, 산출, 환류로 구분하는 경우, 먼저 2) 투입단계인 정책입안과정에서는 전자국민창안제를 도입하여 일정 수 이상의 국민이 서면 또는 전자적 방법에 의해 법률안을 제안하는 경우에는 이를 국회가 의무적으로 심의하도록 해 보자. 3) 전환단계인 정책집행과정에서는 영국의 12주법을 벤치마킹하여 행정부가 어떤 정책을 도입하고자 하는 경우에는 최초의 입안 단계 최소 12주 전에는 관련 시민단체 내지는 전문가 집단을 필두로 하는 시민사회에 고지, 대화하도록 강제하는 조치를 채택할 수도 있다. 4) 산출 내지는 환류단계인 정책평가과정에서는 옴부즈만 제도의 도입을 확대해서 국민의 고충과 민원을 적극적으로 해결하는 장치를 고안해 볼 수 있을 것이다. 5) 이런 시민참여문제를 총괄 지원하고 촉진하기 위해 시민사회장관실을 두는 문제도 고려해 볼 만한 과제다.

기존의 국정관리체제를 운영하는 데 있어서도 시민사회 친화적으로 권력구조를 개혁할 과제들이 적지 않다. 먼저 국정운영을 책임지는 대리인의 선발과정에서 일반 시민의 의지가 보다 더 적극적으로 정교하게 반영되도록 개선할 필요가 있다. 이점은 특히 어떤 형태의 권력구조를 도입하건 문제의 핵심은 그 제도를 운영하는 이들이 얼마나 일반 시민의 이해관계에 우선적인 충성심을 견지하고자 하느냐에 있고, 이는 그들의 충원과정이 얼마나 시민 친화적이냐에 따라 좌우된다고 보기 때문이다.

그런 점에서 보면 1) 우선 행정부의 경우에는 대통령 선거과정에 결선투표제를 도입해야 하겠다. 지금까지처럼 겨우 유권자의 3분의 1 정도로부터 지지 받는 사람이 나라를 이끌게 할 수는 없는 일이다. 바로 이 지점이 3자 동맹 체제가 국가와 시민시회를 권력의 중심부에서 격리시켜 나가게 되는 출발점이 되었다고도 말할 수 있다. 2) 검찰총장과 국세청장의 선임과정을 개선하여 대통령의 임명권을 박탈하고 시민이 직접 간여하는 양식을 통해 충원하도록 하는 방안도 검토할만한 일이다. 특히 3자 동맹의 최일선 결절이라고 할 수 있는 양대 권력집행기구의 독립성과 독자성을 확보하는 일은 권력의 중립성 유지에 있어 핵심과제에 해당된다. 같은 이치로 3) 국회의원 선거제도를 개혁하여 선거과정에서 대표성 왜곡이 일어나지 않도록 원초적인 조치에 나서야 한다. 권역별 정당명부식 비례대표제를 확대 도입할 것을 제안하는 이유다. 4) 나아가 일단 국회의원에 당선되더라도 이후 유권자의 기대를 크게 저버리는 경우에는 국민이 임기 만료전이라도 리콜할 수 있게 국민소환제를 도입할 필요가 있다.

국가기구 내부의 권력집중 현상을 완화하는 방안도 검토되어야 마땅한 일이다. 1) 행정부의 경우에는 먼저 명목상의 책임총리제를 내실화하기 위해 책임총리법 제정을 통해 대통령으로부터 총리의 상대적 독자성을 확보하는 문제도 시급한 과제 가운데 하나다. 2) 검찰의 수사권과 기소권을 분리하여 각각 경찰과 검찰이 분담토록 하는 문제도 다루어야 하겠다. 3) 정당의 경우에는 일체의 당직 선임과 공직 후보자 선출과정에 당원 참여를 의무화하고 정당내부의 분권과 민주화를 위해 정당에 대한 국고보조금 지급과 정당의 민주화 정도를 연동하는 문제도 고려해 볼만한 일이다.

언론의 경우도 이를 공적 책임의 우선순위가 높은 유사 공공기구로 다루려는 인식상의 전환이 필요하다. 이는 마치 정당발전의 초기 단계에서 이를 공조직과 사조직의 중간 단계에 속하는 기구로 다루고자 했던 것과 유사한 일이다. 그런 점에서 4) 편집권과 경영권의 분리를 강제할 필요가 있다. 언론사 노조의 경영참여를 독려하는 문제도 고려해 보아야 할 과제다. 자본의 경우 경영상의 투명성 강화를 위해 5) 사외이사제도의 개선이 요구된다. 실질적이고 객관적인 관찰자가 될 수 있게 해야 한다. 무엇보다 중요한 것은 6)로비관리제도의 도입을 통해 자본이 다양한 양식으로 정부 고위관료나 정치인을 포획하는 행위를 법률로 금지하고, 통제하는 장치를 마련해야 하겠다. 로비스트 등록제를 제안한다.

3. 국정개혁과 시민참여운동의 전략

본질적인 문제는 구체제의 미세조정이나 부분개혁이 아니라 엘리트 민주주의의 한계를 초월하고자 하는 국민 참여 시대를 여는 일에 주목해야 한다는 데에 있다. 노후 민주주의의 본질은 그것 자체가 부패와 민의 왜곡의 소지를 동반하는 성질을 지녔다는 점에 유의해야 한다. 구식 민주주의가 의존하는 대리인 체제는 그 대리인이 일반 시민의 이익을 최우선적으로 추구할 것이라는 천진난만한 가정 위에 구축되었다. 그러나 실제로는 자신의 권력증대나 사적 이익 같은 지대추구를 우선하는 존재라는 인식이 이제 상식처럼 되었다. 따라서 대리인에게 국정 관리를 위임하는 한 그들이 어떤 양식으로든 일반 시민을 외면하고 그들만의 리그를 형성하게 될 가능성이 크다는 점을 재인식해야 한다. 대리인 체제 자체의 본질 개선이 요구되는 이유다.

자본과 언론이 각기 우리의 물질적 탐욕이나 정보 자산에 대한 허기를 달래는 데에 기여하는 것이 사실이기는 하지만 그것 자체가 결코 권력적으로 거세된 존재가 아니라는 인식도 필요하게 되었다. 아니 고도로 응집된 권력의 실체라는 관점에서 접근해야 한다는 교훈을 박근혜 정부의 몰락과정에서 얻었다. 따라서 이들을 통제, 관리하기 위한 제도적 장치의 도입에 적극적으로 나서야 한다. 그러나 참정의 주체인 일반 시민이 가만히 있는 한 실질 권력을 장악해 온 이들 3자 동맹 참여자들이 스스로 그런 개혁이나 개선을 위해 먼저 나설 리는 없는 일이다. 시민참여 시대를 열기 위한 시민사회 운동에 나서야 하는 이유다.

돌이켜 보면 인류문명사의 대전환이라고 할 수 있는 국민주권 시대 자체가 일반시민의 지칠 줄 모르는 투쟁의 결과 획득된 것이었다. 권력은 가만히 있는 한 그냥 주어지지 않는다. 그럼에도 불구하고 명목상 참정권이 주어진 이후 그 사실 자체에 흥분한 나머지 실질 권력으로서의 참정권 행사를 태만해 온 것이 지금까지 인류문명이 걸어 온 길이었다. 정치적, 행정적 대리인에게 국정을 위임하는 일을 당연하게 여긴 채 권력의 나태를 즐겼던 셈이다.

이제 주권재민 시대의 실질화를 위해 시민 스스로가 직접 나서야 하는 때가 되었다. 그럴 수 있는 시대상황의 조건도 갖추어져 있다. 다양한 양식의 정보통신기기가 대리인을 통하지 않고서도 시민 스스로가 권력을 동원하고 의사를 소통하며 의견을 결집할 수 있는 기술 환경을 만들어 주고 있다. "광장 민주주의"의 분출하는 에너지가 충만하다는 점도 아무 때나 만났을 수 있는 시대환경은 아니다. 시민이 자기 권력을 스스로 지키지 않을 경우 그 권력을 누가 어떻게 유린하는지를 이번 기회에 톡톡히 경험해 보기도 했다. 이제 시민 스스로가 자기 결단에 나서는 일만 남았다.

이렇게 볼 때, 이 시대를 견인해 나가야 할 NGO의 책무는 실로 무겁다. 3자 동맹이 국가와 시장 그리고 시민사회의 한 축인 언론에 의해 결성되어 온 만큼 이에 대항하여 시민참여 시대를 열기 위한 시민주도적인 노력의 에너지는 결국 시민사회의 다른 한 축인 NGO에서 나올 수밖에 없기 때문이다. 이제 NGO는 한편으로는 제도 개혁을 위한 주의주창 운동에 나서야 하고, 다른 한편으로는 시민참여의 내용을 채워 넣기 위한 생활세계 개혁에 나서야 한다. 3자 동맹의 해체 내지는 기존의 권력관계를 바꾸는 일은 단순히 제도 개혁만으로 성취되는 일이 아니며, 그런 제도에 조응하는 사회적 에너지의 내용에 따라 좌우되기 때문이다. 그런 점에서 사회운동을 견인해야 하는 NGO들이 감당해야 하는 과제는 다층적이다. 제도개선 투쟁과 함께 사회적 관행의 개선을 위해 생활세계 혁신에도 앞장서 나서야 한다. 결코 간단치 않은 일이다. 그러나 주어진 권력을 시민 스스로가 채워 넣지 않으면 그 빈자리를 다른 권력의 주체들이 채워 넣는다는 사실을 이번 일로 뼈저리게 겪은 터가 아니던가? 남겨진 대안은 없다. 지금 같이 사회변혁의 에너지가 충만한 때를 만나기도 쉬운 일이 아니다. 물이 들어왔을 때 배를 띄우자. 시민참여기본법 제정을 위한 국민운동을 제창하는 이유다. * 박재창(2017:ix-xv)를 발췌, 수정, 보완했다.

(한국 NGO학회 2017년 춘계학술대회 기조연설문, 2017.05.19.)

시민참여형 협치가 답이다

나라가 위기다. 대통령이 신뢰를 잃었으니 이대로는 국권을 통수하기 어렵게 되었다. 대통령이 자기 결정력을 갖추지 못했을 것이라는 상상만큼 끔찍한 상황은 근대 한국 정치사 이래 그 전례를 찾아보기 어렵다. 그러나 보다 더 본질적인 문제는 현재의 국정 시스템으로는 더 이상 나라를 운영하기가 어렵다는 점이다. 이는 지난 수년 동안 우리 사회가 겪어온 일련의 사태들에서 극명하게 나타나 있다. 가장 두드러진 일은 보통 사람들의 국가권력에 대한 대항 수단이 과거와는 비교도 할 수 없을 만큼 커져있다는 점이다. 국민은 이제 더 이상 산업사회에서나 보던 수동적, 소극적 존재가 아니다.

지금 나라를 송두리째 뒤흔들고 있는 최순실 게이트는 그의 태블릿 피시가 발견되기 전까지만 하더라도 현존하는 권력에 의해 항간에 떠도는 낭설 또는 허무맹랑한 "국기문란 행위"로 규정되었다. 사건 추적의 단초가 되었던 미르 재단 강제 모금이나 차은택의 "문화계 황제" 등극에 대해서도 이를 부정하고 은폐하려는 관계자의 진술에 대항할 만한 수단이 마땅치 않았다. 의혹으로만 남을 수밖에 없는 일이었다. 그러나 셀카 사진이 저장된 태블릿 피시의 등장은 사건의 진행 방향을 단숨에 바꾸어 놓았다. 이 메일의 송수신 정황이 고스란히 밝혀지면서 시세말로 빼도 박도 못하는 확정적 증거력이 제공된 것이다.

비슷한 일은 세월호 사건에서도 있었다. 사건의 규모, 구조 활동의 미숙이나 준비 부족 등에 있어 세월호 사건과 여러모로 유사했던 1970년의 남영호 침몰사건이나 1993년의 서해훼리호 침몰사건에 비해 세월호 사건에 대한 사회적 파장은 비교도 할 수 없을 만큼 컸다. 사건에 접근하는 박근혜 정부의 미숙도 일조했지만 가장 본질적인 변화는 세월호 사건의 경우 사건의 진상을 관련 관료집단의 입맛에 맞게 분칠할 수 있는 정황이 아니었다는 데에 있다. 희생자가 최후의 순간까지 사건의 전말을 휴대전화의 영상자료로 남기거나 현장 통화를 통해 생생한 기록으로 남겼기 때문이다. 정교한 현장정보가 남아 사건의 전말을 누구나 정교하게 즉각 추적하고 검증할 수 있었다.

이런 현상은 김수창 제주 고검장의 성추문 사건에서도 나타났다. 씨씨 티비, 자동차 블랙 박스, 휴대전화, 데스크 탑, 유비에스, 나아가 이들을 이어주는 이 메일, 페북, 트위터, 유투브, 등 헤아리기조차 어려운 각종 자기 주도형 정보소통 장치들이 온 세상을 촘촘히 연계하고, 기록하고, 자료를 확대 생산하는 시대다. 국가의 자기 정보에 대한 배타적 독점이 무너지면서 사실상 국가는 이제 더 이상 최고고권을 유지하기가 어렵게 되었다. 국가와 시민사회 사이에서 엄청난 권력의 이동이 이뤄진 까닭이다. 우리는 지금 그런 시대에 산다.

이런 권력의 이동 현상을 반영하는 국정관리 시스템이 고안되지 않고서는 언제고 지금과 같은 국정 운영의 위기가 돌발적으로 반복될 수밖에 없다. 이미 상당부분 자신의 권력을 잃은 국가가 마치 그런 일이 없다는 듯이 국정을 운영하려 하는 한 제도 권력과 실질 사회 권력 사이의 격차가 빚어내는 파열음이 언제고 나라의 근본을 뒤흔들게 될 것은 정한 이치나 같다. "위험사회"를 그냥 방치하고는 더 이상 공공의 삶을 영위할 수가 없게 되었다. 보다 적극적으로 국정개조에 나서야 하는 이유다.

흔히 국정개조라고 하면 대통령 연임제나 내각책임제, 조금 더 들어가는 이들이 양당제냐 다당제냐를 말하지만 이들은 모두 국가 내부의 권력관계 재편에 초점을 두는 것에 지나지 않는다. 이런 찻잔 속의 미풍만으로는 정보사회의 도래와 같은 인류문명사적인 대전환의 시대가 불러오는 광풍을 이겨낼 도리가 없다. 문제는 이미 사회관계의 제어력을 상실한 국민 대표자에게 송두리째 참정의 권한을 위임해 온 데에 있는 만큼 실질 권력관계를 반영하여 시민참여형으로 국정운영 방식을 바꿔야 한다.

최순실 게이트만 해도 그렇다. 사태가 이 지경이 되도록 권력 주변의 국민 대표자들은 어느 누구도 이를 제어하거나 공개하지 않았다. 적극적 협력자거나 암묵적 방조자였다는 점에서 한 통속이라고 해도 무리가 없다. 국정운영 전반에 시민이 참여할 수 있는 공간과 기회를 제도적으로 보장했더라면 이런 사태가 가능했을까? 사태 해결을 위해 중립내각 구성을 제안하는 이들도 있는 모양이지만 이런 식의 상상력만으로는 문제가 해결되지 않는다. 누가 내각을 구성한들 국정운영 양식을 개방형으로 바꾸지 않고 과연 넘치는 사회 권력을 조타해 나갈 수 있을까? 오늘 당장부터라도 시민참여형 협치를 시행해 나가는 것이 해답이다. 국정운영 전반에 시민이 참여하도록 하는 일은 국정책임자의 의지만 있다면 헌법개정이 전에라도 당장 시행할 수 있는 일이다.

(「미래정부」, 2016.10.31.)

100년만의 혹서와 기업국가의 등장

최근 영화 「터널」, 「부산행」, 「덕혜옹주」를 매일 한편씩 관람했다. 모두 천만관객 동원을 내다본다고 했다. 한국 영화의 르네상스 시대를 여는 수작이라는 평가가 관심을 끌었다. 그러나 정작 나를 영화관으로 내몬 것은 정말 견디기 힘들만큼 무더운 이번 여름의 날씨였다. 온종일 에어컨을 켜고 지낼 형편이 못되니 영화관에라도 가면 더위를 잠시 잊을 수 있을 것만 같았다. 예상은 적중했다. 시원한 에어컨으로 몸을 식히고 나면 비록 잠시 동안이기는 하지만 100년만의 혹서라는 무더위도 어지간히 견딜만해지는 것이었다. 아하, 이래서 돈이 좋은 거구나 이런 생각마저 들었다.

흔히 찜통더위라고 하지만 특히 금년 여름이 견디기 어려운 이유는 따로 있다. 나이가 들면서 기력이 떨어지는 탓도 있을 것이다. 그러나 정작 삶의 무게를 더하는 것은 근자의 세상 돌아가는 이치가 도무지 어느 한군데 마음 시원한 구석을 찾아보기 힘들기 때문이다. 도대체 나라가 무얼 생각하고 또 어떻게 돌아가려는 품세인지 종잡을 수가 없다. 한반도를 둘러싼 주변정세는 그 어느 때보다도 어지럽다. 서세동점의 시대에 피압박에 내몰려야 했던 과거의 기억이 또렷한 우리로서는 중국의 일대일로(一帶一路)나 미국의 동아시아 재균형 전략(Rebalancing Strategy)이 몰고 올 파장이 그냥 두렵고 불안하기 짝이 없다. 자칫 우리의 일상이 엄청난 혼돈의 나락으로 내몰리게 될지도 모른다는 걱정이 앞선다.

이럴 때일수록 나라가 중심을 잡고 보통 사람들에게 믿음을 주며 일상의 안전에 대해 확신을 심어주어야 하지만 국가의 존재감은 날로 흐려지기만 한다. 이를 부지불식간에 우리 모두가 공감하고 있었던 것일까? "국가의 부재"는 세편의 영화 모두가 다루는 주제였다. 부실공사로 터널이 무너지고 일상이 깨지지만 국민 편에 서서 안전을 지켜주는 국가는 어디에서도 찾아볼 수 없다. 좀비가 전국을 휩쓸어도 사회의 안녕과 질서를 지켜주는 공권력은 이미 제 역할을 포기한 뒤끝이었다. 일제의 침략으로 나라를 잃은 이 땅의 민초들은 수탈과 착취의 대상으로 전락한다. 그런 역사의 틈바구니에서 사라져간 국권을 상징하는 덕혜옹주가 정신 줄을 놓았을 것은 너무나도 당연한 이치이다.

한 걸음 더 들어가 보자. 이렇듯 사라져가는 국가의 기시감 뒤에는 기업이 견인하는 금권만능주의가 이 땅에 똬리를 틀었다. 「기업국가」 시대에 피사용인으로 살아가는 보통사람들이 꾸려야 하는 삶의 궤적은 고단하기 짝이 없다. 불안하고 처연한 일상의 연속이다. 터널에 갇힌 인간의 존엄을 위협하는 건 제2 터널 공사의 재개를 허가하는 국가의 공권력이 아니라 이를 뒤에서 조정하는 건설업자의 광기에 찬 배금사상이었다. 살아있을지도 모르는 남편의 구출을 포기하고 제2 터널의 발파작업에 동의해야 하는 아내의 찢어지는 심정은 이 시대의 배금주의가 우리의 일상을 어떻게 짓밟고 있는지를 여실히 보여주었다.

좀비가 등장하는 배경에는 초과 수익을 쫓아 몸부림치던 바이오산업의 무책임과 이를 눈감아주는 국가 공권력의 타락과 무기력이 너울댄다. 만난을 뚫고 안전지대로 이동하려는 이들을 감염환자로 오인하고 위험지대로 내모는 이들의 극단적인 이기주의는 이 시대가 얼마나 깊숙이 정글의 법칙에 순응하며 살아가는 지를 여실히 증명해 주었다. 대동아공영권을 주창하는 수탈경제의 배면에는 강제징용을 통해 우리 민족을 노예처럼 부리던 군수물자생산 회사와 일본제국주의의 결탁이 살아 숨 쉰다. 군산복합체에 의한 처절한 인성 파괴 현장은 국가 권력의 타락이 얼마나 무서운 일인지를 폐부에 닿도록 고발한다.

숨이 턱턱 막히는 건 단순히 이런 "국가의 부재" 때문만은 아니다. 국가가 기업과 결탁하는 조합주의적 연대의 수준을 넘어 기업이 권력의 일부를 형성하는 기업국가 시대에 들어섰다면 이미 어디에선가 이를 부정하고 거부하는 저항의 몸짓이 시작되어야 마땅한 일이다. 적어도 지금까지는 그랬다. 그러나 이 시대에는 그런 지사적인 항의의 용트림마저 찾아보기 어렵다. 무너지는 국가, 허물어진 터널의 잔해 속에서 겨우 목숨을 부지한 우리의 주인공은 구출되어 나오는 현장에서 세상을 향해 욕 싸대기를 퍼부었다. 그뿐이다. 좀비에 감염된 공권력 부재 지역을 빠져 나오면서 어린 아이는 "알로에"를 처연한 멜로디로 읊어댄다. 그뿐이다. 정신병동에서 헤어난 우리의 덕혜옹주는 낙선재에 머물다 조용히 생을 마감하고 만다. 그뿐이었다.

그뿐인 것이다. 이 찜통더위에 국가는 그냥 100년만의 혹서 탓만 할뿐 국민의 일상을 재해구호 차원에서 대응하려는 인식 자체가 없다. 전기요금 누진제를 한시적으로 개편해서 병아리 오줌방울만큼 국민 부담을 덜어주겠다고 나섰지만 이마저 여당 대표가 친박 진영에서 당선되었음을 축하하는 자리가 없었더라면 어찌되었을지 모를 일이다. 참으로 어이가 없다. 이는 터널이 무너지는 일이거나 좀비에 감염된 지역으로 내몰리는 일이며 아니면 강제결혼에 온몸을 떨어야 했던 한 여자의 일생과 다를 것이 없다. 더위에 지친 이들이 전기료가 겁나 바라보기만 하는 가정용 전기와는 달리 산업용과 사업용 전기에는 누진율을 부과하지 않는 국가를 기업국가라고 부르지 않는다면 어느 경우를 그리 불러야 하나. 너무 더워 우리 모두는 정녕 몸져누운 것인가.

(「미래정부」, 2016.08.20.)

한국의 행정학과 한국행정학회 : 회고와 전망

1. 한국 행정학 및 학회활동의 회고

1.1. 행정학에 관한 회고

학회를 책임졌던 2000년은 제3기 밀레니엄이 시작되는 첫해였던 만큼 국내외 사회과학계에서는 인류문명사적 전환기의 시대성격 진단에 대한 논의가 많았다. 정보사회의 도래와 지구화 시대의 등장은 새로운 패러다임으로 행정현상을 진단하고 처방할 것을 매우 엄중하게 요청하고 있었다. 정보소통양식의 혁명적 변화가 새로운 사회관계망을 형성하면서 국가가 사회문제 해결에 있어 제3자의 관점을 취하는 것이 과연 타당한 것인지에 대해 묻게 되었다.

행정관료가 앞으로도 전문가 우월주의를 견지하는 것이 가능한지에 대한 의문도 컸다. 국가가 초이성적 판단의 주체라는 인식도 크게 도전받기 시작했다. 산업사회의 유산인 선형체계론(linear system theory)의 소구력이 의심받고 이분법적 시각이 부정되었으며 행정 현상의 예정성이나 예측가능성에 대한 불신도 컸다. 기계론적 세계관에 대한 도전이 거세게 불고 있었다. 역동적 사회현상을 설명하기 위한 인식의 틀로는 더 이상 유용하지 않다는 것이었다. 자연스럽게 사회 환경조건의 변화와 함께 "정부실패"가 불가피하다는 인식이 확산되었으며 국가의 사회문제 해결능력에 대한 불신이 심화되었다.

이런 시대상황의 변화에 대한 인식은 칸막이의 제거나 경계 넘기 또는 융합행정에 대한 요구를 불러 왔다. "관료제의 종언"이 구체적 현실의 하나로 다가서기 시작했다. 공적 유익의 증대를 위한 협동적 노력은 정부나 국가의 경계 범위 내에서만 전개되는 것이 아니며 시민사회와의 협력적 공조체제 내지는 동반자 관계를 취할 때보다 더 효율적이라는 조망도 제시되었다. 이를 참여민주주의의 관점에서 보는 이들은 대리인 체제로부터 참정권을 회수하고자 하는 환원행정론으로의 이동에 시동을 걸기 시작한 것이라고 말할 수도 있을 것이다. 행정을 국가의 경계 범위 내부로 한정해서 다루는 정통 행정학의 접근시각만으로는 더 이상 소화하기 어려운 과제가 제기되기 시작한 것이다. 그러나 그렇다고 해서 아직은 완성된 어떤 패러다임이 등장해서 새롭게 고전적인 행정이론의 틀을 대체할 준비를 갖춘 것도 아니었다. 사실 이런 현상은 아직도 진행 중이다. 그래서 그런지 한국 행정학계의 주류는 여전히 정통 행정학의 경계 범위를 벗어나지 않았다. 사실 이는 한국 행정학계 만의 문제도 아니었고 행정학계 만의 과제도 아니었다. 전환기 사회의 불명성이 불러온 사회과학계 전반의 학문적 정체기라고 정리해 볼 수도 있을 것 같다.

이런 현상인식과 문제의식을 토대로 행정연구에 대한 수정주의 시각 내지는 비판이론의 관점을 강조하고 전파하고자 하는 것이 학회운영의 최우선적인 목표가 되었다. 고전적인 행정이론 중심의 연구 풍토에 새로운 접근시각의 중요성을 강조해 보고자 했다. 이에 따라 정통 행정학에서 크게 다루지 않던 주변적 과제들로 학술행사를 조직하게 되었다. 합리주의, 이성적 판단, 관료제, 공적 유익 증진의 국가독점주의로부터 관심의 초점을 이동하자는 것이었고 새로운 연구주제를 개발하자는 것이었다. 당연히 거버넌스(국정관리)에 대한 논의가 대종을 이루는 가운데, 여성, NGO, 환경, 문화정책, 지방분권, 정보화 등의 화두를 조명하고자 했다. 이는 일련의 기획 세미나 주제들을 일람해 보면 확연히 들어난다. "정부와 여성참여(2000년 3월 7일, 전경련회관)", "새천년을 향한 환경행정: 정책 비전과 전략(2000년 5월 12일, 세종문화회관)", "지방정부의 리더십과 문화산업정책(2000년 6월2일, 대전 스파피아 호텔)", "정부와 NGO(2000년 9월 8일, 메리어트 호텔)", "지식정부 구현을 위한 전략과 과제(2000년 11월 17일, 조선대학교)" 등이 다루어졌다. 이런 세미나의 결과물을 토대로 「정부와 NGO(2001, 법문사)」와 「정부와 여성참여(2001, 법문사)」라는 제하의 단행본을 출판한 것도 바로 이런 행정학계의 고전적인 경계범위를 넘어 새로운 지평, 새로운 화두에 대한 관심을 촉발하고자 했기 때문이다.

다른 한편으로는 바로 이런 시대상황의 변화에 조응하는 행정관리체계를 새롭게 고안하고 제시하는 과제가 우리에게 주어진 최우선적 책무 가운데 하나라고 보았다. 소구력을 잃은 행정이론과 그런 이론에 기초한 행정관리체계가 적실성을 담보하지 못한 채 관성과 타성에 젖으면서 불임행정이 일상화 하는 현상에 대해 무언가 답해야 한다고 보았다. 이에 따라 새로운 시대정신을 반영해서 행정관리체제를 재디자인하기 위한 논전의 장을 열고자 했다. "행정개혁 2년: 성과와 반성(2000년 4월 29일, 성균관대 600주년 기념관)", "Personnel Reforms of the Leading Countries in the 21st Century(2000년 5월 18일, 세종문화회관)", "국정관리의 새로운 방향과 과제(2000년 6월 23일, 삼성산청연수소)", "새천년의 행정학 패러다임(2000년 12월8일, 서울대학교 교수회관)"을 모색하는 세미나가 조직, 운영되었다. 특히 박동서 교수님을 중심으로 밀레니엄특별위원회를 조직하여 연간 콜로퀴엄을 운영하면서 연구의 성과물을 단행본으로 출간했다. 「새정부 혁신의 전략과 과제(2001, 법문사)」가 그 결과물이다. 단편적인 조언에 의존하거나 일부의 정략적 필요 또는 관련부서의 부처이기주의에 따라 흔들리는 정부의 행정개혁과정을 지켜보면서 한국 행정학계의 집단지성을 결집해서 시대 환경 변화에 부합하는 정책대안을 제시해 보고자 했다. 이는 모두가 급변하는 사회 환경에 부응하는 새로운 행정대안을 모색하려는 학회의 운영기조에 충실하고자 한 결과였다.

이런 학회의 기획 의도는 연초에 1년 전체를 관통하는 사업계획으로 구체화 하여 이를 미리 회원에게 공지하도록 했다. 처음 있는 일이었다. 학술행사의 예정성이 있어야 시간계획을 가지고 연구하거나 보다 충실하게 발표준비에 나설 수 있을 것이라고 보았다. 논제를 미리 제시해 두어야 회원들 사이에서 관련 주제에 대한 논의가 평소에도 활발히 전개될 것이라는 기대도 있었다. 학회 학술활동의 질적 수준을 높여보자는 의도도 깔려 있었다. 일년 전체의 학술사업을 기획하면서 다루는 주제들이 서로 연동되어 일관된 주제가 관통되도록 했다.

학회는 시장의 가격변동에 따라 춤추는 연구과제의 임가공업자가 아니며, 행정학 연구의 기본방향을 모색하고 선도하는 일에 앞장서야 한다는 믿음을 갖고 있었다. 연구방향의 전개에 대한 심사숙고 없이 시장 원리에만 충실했던 결과가 한순간에 시장의 성격이 변하면서 행정학을 시장 밖으로 밀어내고 있는 것은 아닌지 반성해 보아야 한다고 생각했다. 특히 행정학 연구의 새로운 패러다임을 모색해 나가려면 단순히 시장의 요구에 순응하는 것만으로는 불가능한 일이라고 보았다. 오히려 학회가 중심이 되어 행정학이 다루어야 할 핵심주제들을 앞서 발굴하고 의미를 부여하며 논찬을 향도해야 한다고 생각했다. 시장 자체를 창출하려는 의지와 노력이 있어야 한다고 보았다. 이런 점을 고려하여 정기학술대회나 기획세미나 외에 그때그때 행정수요에 따라 개최되는 특별세미나는 정말 특별한 경우가 아니면 피해야 한다고 보았다.

행정학은 응용과학이기 때문에 현실 행정과 밀접한 관련을 맺고 상호교류하며 성장해 나가야 한다는 데에 이의를 제기할 사람은 없다. 그러나 그렇다고 해서 행정학이 정부와의 관계에서 언제나 정부의 요구에 순응하고 협조해야 한다는 뜻은 아닐 것이다. 행정학이 현실 행정에 대해 무관심해야 한다는 의미는 더더구나 아니다. 과학으로서의 행정학이 행정현상에 대한 비판의식 없이 발전할 수 없으며, 과학적인 비판 없이 행정이 행정관료의 자기 성찰만으로 성장하고 새로운 사회 수요에 조응해 나간다는 것도 기대하기 힘든 일이다. 그런 점에서 지금까지의 학회 운영이 행정학과 사회의 관계에 대한 깊은 성찰이나 문제의식 없이 전개되어 왔던 것은 아닌지 반성해 보고자 했다. 현실 행정에 대해 보다 더 적극성을 가지고 지켜보며 비판적 의견을 개진하는 분위기를 조성하고자 했다. 현실 행정이 문제를 제기하고 의견을 구하기 이전에 행정학이 먼저 문제를 발굴하고 해답을 제시하자는 것이었다. 이는 현실 행정의 눈이 아니라 행정과학의 눈으로 문제를 가려내고 사회적 논전의 장으로 확산시켜 나가자는 뜻이었다. 행정학이 사회변화의 선도자 역할을 수행해야 한다는 믿음의 결과다. 이를 위해 우선 학회의 소식지인 뉴스레터를 대대적으로 개편하여 회원들의 현실 행정에 대한 진단과 발언의 장으로 가꾸고자 했다. 행정 현장의 소리를 전하는 창구로서의 역할도 수행하도록 했다. 이를 단순히 학회 관리전략의 변화라는 단편적인 차원에서 이해할 것이 아니라, 21세기의 사회적 수요에 부응하는 행정학의 진로 모색을 위한 논전의 장이 새로 열리는 것으로 이해하고 이용해 주기를 바랐다.

1.2. 행정학회 활동에 대한 회고

학회운영을 집행부 중심에서 회원 중심으로 전환하고자 했다. 학회운영에 일종의 거버넌스체제를 도입하고자 한 것이다. 학회운영의 기본전략을 수립하기 전에 전 회원을 상대로 설문조사를 실시했으며, 그 결과를 토대로 운영계획을 수립했다. 학술연구활동 강화에 대한 요구가 컸기 때문에 연간 11회의 학술연구 세미나를 기획하고 집행했다. 학술대회 때마다 논문발표 신청자가 쇄도하여 집행부로서는 특별히 연구주제를 개발해야 할 필요가 있다고 판단되는 경우를 제외하고는 거의 논문 섭외에 나서야할 필요가 없었다. 연간 330여 편의 논문이 발표되었다. 당시로서는 참으로 엄청난 참여율을 보여준 것이었다. 전국에서 골고루 참여해 참가자의 지역적 편향을 걱정할 필요도 없었다. 일 년 간 사회자, 발표자, 토론자 등으로 학술행사에 공식적으로 참여한 회원만 연인원 850여명에 이르렀다. 투표권을 가진 회원 수를 상회하는 규모였다. 전국의 많은 회원이 학술대회에 주도적으로 참가해 주셨다. 연말에는 리얼 세미나제도를 도입해 학술행사에 직접 참가하지 못하는 회원께는 인터넷을 통해 학술행사를 실시간 중계하도록 했다.

지구화 시대에 행정학이 범지구적인 접근시각을 개발하는 문제와 더불어 연구활동의 범지구적인 교류를 일상화하는 일은 필수적 과제라고 보았다. 이에 따라 모든 세미나에 국제포럼을 상설했다. 연인원 30여명의 외국인 학자들이 학회의 연구 활동에 동참했다. 일본행정학회와의 교류를 집행부 임원 중심으로부터 학술연구자 중심으로 전환했고 양국 간의 학술교류를 제도화, 공식화 했다. 미국행정학회와의 교류도 강화하여 처음으로 제62차 미국행정학회 연차 총회에서부터는 한국행정학회 독자 패널을 구성할 수 있게 했고, 여기에 참가하는 한국행정학회 대표에 대해서는 미국행정학회가 체재비를 부담하도록 했다. 또한 미래의 학술연구를 격려하고 지원한다는 생각에서 신진학자들을 선발하여 학술연구비를 지급하도록 했다. 학회가 자체 프로그램을 개발하여 회원의 권익과 학술활동의 외연을 확대하고자 한 첫 사업이 아닌가 생각된다.

학회 운영양식 면에서는 집행부의 각종 위원회를 공개하여 회원이면 누구나 참석해서 의견을 개진할 수 있게 했다. 정기학술대회 때마다 집행부의 분과별 위원회를 공개 개최했다. 일종의 합의제 의사결정을 시도한 셈이다. 이사진의 구성도 4인 이상의 회원을 둔 기관에 대해서는 최소한 1인 이상의 이사가 배출되도록 배려했다. 회원 간의 결속과 연대감을 높인다는 차원에서는 지역회원의 참여를 강화하고자 했다. 집행부 임원진에 지역회원이 대거 참여토록 함으로써 지역회원이 학회 운영과정에서 소외되는 일이 없도록 했다. 지역회원의 회비는 그중 절반을 다시 지역학회에 돌려주도록 했고, 학회의 각종 세미나도 서울중심에서 벗어나 대전, 광주, 산청과 같이 여러 지역에서 균형 있게 개최되도록 했다. 지역학회장 회의를 주선하여 지역회원들의 의견을 체계적으로 수렴하고자 했다. 그 결과 지역회원의 세미나 참여율이 급증했으며 그 중에서도 지역회원의 논문발표수가 크게 늘었다. 무엇보다도 수년 동안 학회를 떠났던 일부 지역 회원들이 재가입해 주신 점은 집행부의 이런 노력에 대한 크나 큰 격려였다. 결단을 내려주신 회원님들께 이 자리를 빌리어 다시 한 번 감사의 말씀을 올린다.

분과연구회의 활동이 학회 운영과정에서 소외되거나 분파적 영향을 미치지 않게 하면서도 활성화 하는 일도 중요한 과제였다. 이를 위해 정기학술대회 때마다 분과연구회의 독자 세션이 구성되도록 독려하고 지원했다. 그 결과 연간 30여 회의 분과연구회가 개최되었다. 연구위원회와 총무위원회에는 분과연구회의 담당 임원이 자동적으로 위원으로 참여케 해서 분과위원회의 의견을 체계적으로 수렴하고자 했다. 학술활동의 준비과정에서 사회자, 발표자, 토론자 등의 선정이 분과연구회의 논의를 거쳐 최종 결정되도록 했을 것은 물론이다.

학회사무의 효율화, 제도화에 획기적인 변화를 꾀했다. 학회 업무의 확장에 따라 집행부 이사의 수를 대폭 확대했으며, 사무국 직원의 수도 3인으로 늘렸다. 각종 사무기기가 낡거나 부족한 현실을 감안하여 대대적으로 이를 개선했다. 홈페이지를 쇄신하고 독자적인 도메인을 등록했다. 학회의 로고를 제작하여 독자 학술연구기관으로서의 정체성을 높이고자 했다. 주소록 수록정보를 처음부터 다시 수집하고 확인하여 전면 개편, 갱신했으며 전산화 했다. 무엇보다도 학회의 독립 사무실 공간을 마련하여 명실상부한 독립 연구기관으로서의 면모를 갖추도록 했다. 그 동안 학회는 자기 사무실 없이 전세살이로 전전 했었다. 2000년도 학회 사업의 수입금만으로 독자 사무실을 마련할 수 있게 되어 무척 다행스러운 일이었다.

학회운영과정에서의 자긍심과 권위를 높이고자 힘썼다. 학회를 단순히 개인의 프로젝트 수주를 위한 창구로 이용하려 한다거나, 개인의 매명을 위한 장치로 활용하려는 경향에 대해서는 이를 엄격히 차단하고 제어하고자 했다. 학회가 연구 사업을 수주하는 과정에서 회원이나 분과연구회 등과 경합하는 일은 회피하고자 했다. 비교적 많은 연구 사업을 수행했지만 정통부나 중앙인사위원회와 같이 극히 제한된 경우를 제외하고는 대부분 과거 학회 회원이나 분과연구회 등이 다루지 않았던 분야를 새로 개척해서 연구 과제를 발굴하고자 노력했다. 학회 살림을 꾸리기 위해 격에 맞지 않는 기관과 공동 주최하거나 함부로 명의를 공유하는 일은 이를 철저히 배제하고자 했다. 외부 기관과의 협조가 필요한 경우 문호를 개방해서 적극적으로 교류하도록 하되 그것이 지나쳐서 학회의 권위를 훼손시키는 일은 없어야 한다는 것이 대외교류의 최우선적인 기준이었다. 학회행사에 후원하는 외부기관들이 적지 않았으나 기관의 대표가 참석하지 않는 후원은 이를 사양했다.

학회 회원 간의 의견교환을 통해 문제를 새롭게 인식하고 대처해 나가야 할 과제 중의 하나는 교육으로서의 행정학이 당면하고 있는 어려움과 시련을 극복하는 일이었다. 대학에 일고 있는 개혁의 바람과 마치 정부가 사양사업이기 때문에 정부실패가 불가피한 것처럼 여기는 사회 분위기로 인해 행정학과에 대한 수요가 격감하고 있었다. 이런 현상은 전문대학이나 지방대학 그리고 여자대학에서 보다 더 확연히 드러났다. 행정학을 가르치는 일부 대학에만 영향을 미치는 것이 아니었다. 교육으로서의 행정학이 위기를 맞으면 대학의 행정학과에 대한 수요가 줄고 이는 또 당연히 행정학 교수에 대한 수요를 원초적으로 격감시켜 다시 대학 행정학과에 대한 수요를 낮추는 악순환의 연쇄반응을 초래한다. 직업으로서의 행정학과 교육으로서의 행정학은 상호 연계되어 있는 셈이다. 정부실패가 불러 온 작은 정부와 유연한 행정체제에 대한 요구는 직업으로서의 행정학에 대한 수요를 악화시키고 있었으며, 그 결과 학문으로서의 행정학과 대학에서의 행정학과에 대한 수요를 낮추고 있었다. 이를 심각한 과제로 인식하고 행정학 연구자들이 적극적으로 대처하지 않는다면 학문으로서의 행정학과 직역으로서의 행정학은 심각한 위기에 직면할 것이라는 점이 우려되었다. 이런 때 학회는 단순히 학문적 연찬의 장 이상의 의미를 지녀야 한다고 보았다. 학회가 회원의 권익과 직업적 안정성의 확보를 위해서도 적극적으로 노력해야 한다는 뜻이다. 이를 위해 학회 교육취업위원회의 활동을 대폭 강화했다. "행정학 교육 및 연구 Workshop(2000년 2월 16일, 숙대 수련교수회관)"을 기획한 것도 단순히 문제의식을 환기하는 데 끝나는 것이 아니라 현실적인 대안을 모색하고 실질적인 프로그램을 발굴하고자 한 결과였다. 학회의 회원조합 성격을 강화하고자 한 것이다.

오랜 역사와 전통을 가지고 성장해 온 학회가 어떤 형태로든 원심력의 소용돌이에 빠지는 일이 있어서는 안 되겠다는 것이 학회운영과정에서 일관되게 견지했던 생각이다. 보다 일체성을 높이고 단결된 의지와 결속력을 다지는 일이라면 어떤 과제도 외면할 생각이 없었다. 이는 혹시 우리가 우리 스스로의 문제에 대해 애써 모른 척하거나 알면서도 문제해결을 위해 정면으로 나서는 일을 천연해왔던 것은 아닌가 하는 점을 아쉬워했다는 의미이기도 하다. 학회의 결속과 연대력 신장의 해로 기록되기를 바라는 마음 컸다.

2. 한국의 행정학 및 학회의 전망

2.1. 한국의 행정학 전망

오늘날 한국의 행정학이 당면한 과제는 크게 보아 행정현상 연구의 시간공간과 지리공간에 대한 인식의 변화에서 비롯된다. 먼저 시간공간의 차원에서 볼 때, 기존의 행정학 이론들은 근대성의 패러다임 아래에서 구축된 것이 대부분이다. 그러나 시대가 변해 탈근대 내지는 정보화 사회, 지구화 시대에 들어서면서 국가의 행정작용을 둘러싼 사회 환경이 크게 바뀌게 되었다. 정보소통양식의 신속성, 경제성, 광역성, 협송성(narrow-casting)이 강화되면서 사회구조의 복잡성, 유동성, 역동성, 응집성, 파편성을 불러왔다. 이런 사회관계망을 구성하는 최소구성요소를 초미립자의 떨림 내지는 에너지의 파동으로 보게 되면서 근대성의 기초가 되었던 기계론적 세계관, 선형체계론, 결정론적 접근시각, 예정론, 비례성의 원칙 등은 예전 같은 소구력을 유지하기가 어렵게 되었다. 가장 대표적으로는 사회관계를 설명하거나 이해하는 데 있어 경계개념이 무너지게 되었다는 점일 것이다. 국민국가의 경계가 무너지고 범지구적인 관계망 형성이 일상화 하게 되었다. 이로 인해 일국주의의 경계 개념을 토대로 개발된 기존의 행정학 이론들로는 이렇듯 국민국가의 경계를 넘어 범지구적으로 전개되는 사회관계와 그것을 토대로 형성되는 행정현상을 설명하거나 이해하기가 쉽지 않게 되었다. 여기에 더해 국가 간 경계의 붕괴 현상이 모든 국가에 동일한 수준으로 나타나는 것도 아니다. 국민국가의 경계를 넘는 교류와 소통이 빈번해진 나라라고 하더라도 국민국가가 붕괴되거나 지구적 관계망으로 완전히 흡수된 사례는 찾아보기 어렵다. 국민국가는 여전히 중요변수로 남아 있고 또 그래야 한다는 것이 여전한 공감을 얻고 있다. 이렇듯 불연속적인 사회 환경 변화에 조응하여 새로운 이론체계의 개발에 대한 요구가 절실할 것은 당연한 노릇이다. 그러나 아직 한국은 물론이고 전 세계의 행정학계가 이런 시대환경 변화에 조응하여 일국주의의 경계를 초월하는 행정이론의 개발에는 매우 초기적인 대응에 나서고 있을 뿐이다.

이는 시대환경 변화에 따른 패러다임 전환기의 속성이거나 특별히 근대 이후에 등장한 탈근대라는 특정 시대에 내재되어 있는 구조적 특성에서 비롯되는 것일 수도 있다. 선형과 비선형, 지속성과 단속성, 집적과 분절, 원심력과 구심력, 정태성과 동태성이 혼재되어 있는 사회현상을 설명하기 위해서는 이들 모두를 포섭하면서도 각자의 특성을 반영하는 우산 이론(umbrella theory)의 개발에 대한 수요가 클 수밖에 없다. 이를 다른 측면에서 보면 과학주의, 실증주의, 합리주의, 이성적 판단의 토대인 근대성이 무너지면서 좁은 의미의 과학화를 잣대로 수립되어 온 미시적, 단기적, 관리기술적 차원의 이론들이 치열한 도전에 직면하게 되었다는 의미이기도 하다.

미국식 행정연구를 중심으로 하는 주류 행정학계의 고민이 커지는 이유다. 이를 해결하기 위해서는 근본으로 돌아가야 한다는 자성이 늘고 있다. 행정철학에 대한 수요가 클 수밖에 없다. 보다 더 정확히 말하자면 현대 행정이론의 토대가 되어 온 기능주의, 실증주의, 객관주의, 도구주의 중심의 근대 서양철학이 한계에 봉착한 만큼 이들을 초극할 수 있는 어떤 새로운 세계관에 대한 갈증이 높아지는 것이라고 말해야 옳을 것 같다. 그러나 한국의 행정학계에는 원래 행정철학에 대한 논의 자체가 크게 부족했다. 최우선적으로 보완되어야 할 과제다.

이렇듯 행정철학에 대한 수요가 커지는 이유를 보다 사회구조적인 측면에서 찾아보면 멀지 않은 미래 아니 이미 우리의 생활주변에서 근대를 지배했던 자본주의식 재생산구조, 성장지상주의에 기초한 발전전략, 물질만능주의 가치관 같은 것들이 더 이상 지속가능하지 않게 되었다는 점에 주목하게 된다. 그 동안 우리는 "과잉생산, 과잉소비, 과잉축적"의 메카니즘을 유지하면서 인간을 생산의 도구 내지는 소재 또는 소비의 대상으로 여겨 왔다. 그러나 인간이 더 이상 미래를 예견하거나 지속적으로 생산을 주관할 수 없게 된다면 팽창지향적인 삶의 의미, 즐거움, 존재의 가치 따위를 처음부터 다시 생각해 보지 않을 수 없게 된다. 만약 이에 대한 대안으로 "축소지향의 삶"을 추구하고 가치 있는 인생, 행복한 일상을 모색하고자 한다면 이를 위한 국가의 역할은 무엇인가가 자연스러운 과제로 등장하게 된다. 지금까지와는 전혀 다른 차원의 행정이론을 필요로 한다는 뜻일 것이다. 경쟁과 이기주의의 세계를 벗어나 헌신과 이타주의의 시대를 열어야 한다면 인간에 대한 보다 근본적인 인식의 틀을 바꾸는 노력이 있어야 한다. 삶을 관조하는 틀의 성격 자체를 바꾸어야 한다고 판단하는 경우에는 지성에 기초하는 철학이 아니라 영성(spirituality)이나 본능에 대한 연구수요를 키울 수도 있는 일일 것이다.

행정철학에 대한 수요의 증대는 또한, 미시적 접근과 거시적 접근을 연동하는 작업에 대한 수요가 매우 거세게 일고 있다는 의미이기도 하다. 철학적 프레임을 통해 미시행정현상을 재해석하고 설명하는 일에 대한 수요가 커지면서 이 양자를 연결하는 작업에 대한 요청이 높아질 것은 당연한 이치이다. 단편적 지식이나 평면적 사실에 대한 보고가 아니라 보다 더 입체적인 이론의 틀이 필요하게 되는 것이다. 이런 종류의 학문적인 수요가 이제야 제기되는 것은 아니다. 지금까지 행정학계는 실로 오랜 동안 이런 과제에 대한 연구노력이 부족하다는 지적을 받아왔다. 다만 양자를 연결하는 보다 더 호소력 있는 이론의 틀이나 방법론의 개발에 사실상 실패해 왔을 뿐이다. 이는 행정학계만의 숙제도 아니다. 정도의 차이가 있기는 하지만 사실상 사회과학계 전반이 비슷한 어려움을 겪어왔다고 해도 과언이 아니다. 그러나 이제 탈근대로 들어서면서 새로운 이론의 틀 내지는 철학적 준거에 대한 수요가 커지고 있는 만큼 이들과 미시행정현상 사이를 연결하는 과제를 새롭게 조명해야 한다는 점을 지적해 보고자 한다. 이점에서 공공행정은 미시행정을 관리하는 일이 아니라 미시행정과 거시적인 사회구조 사이를 연결하고 형성하는 일로 관심의 주된 초점을 이동해야 하는 일에 직면하게 된다.

다른 한편, 이렇듯 서구문명 중심의 근대성이 한계에 도달했다는 인식은 서구의 행정이론을 직수입하거나 토착화라는 이름 아래 이론 모방을 통해 한국의 행정현상을 설명하거나 처방하고자 했던 이들에게 새로운 도전과 각성의 전기가 되고 있다. 위기는 위험이자 기회라는 말도 있지만 근대성의 종말이 서구 행정이론의 정당성 위기를 동반하는 만큼 차제에 한국적 표준으로서의 행정이론을 개발해야 한다는 주장이 제기되고 있다. 서구사회 자체가 현재 자신이 의존하고 있는 행정이론체계로는 더 이상 자신의 문제를 설명하거나 처방할 수 없게 된 만큼 이를 모방, 가공해서 우리 문제를 이해하거나 해결한다는 것이 더 이상 유용하지 않다는 판단과 함께 급변하는 사회 환경 속에서는 누구라도 자기주도형 이론화 작업에 나설 수밖에 없다는 인식이 한국행정학의 한국화를 주문하고 있다. 외부로부터 주어지는 프레임, 이미 구시대의 유산이 되어 버린 이론으로는 급변하는 현상을 즉각적으로 정치하게 소구하기 어렵다는 판단의 결과다. 여기에 보다 더 민족주의적인 자기중심성을 강조하는 경우에는 한국행정학의 세계화 내지는 글로벌 표준화 문제를 제기하게 된다. 당연한 일이다. 한국적인 행정이론을 개발해서 이를 세계적인 표준으로 삼고 특히 제3세계에 수출함으로서 행정프레임의 범지구적인 한국화 내지는 패권적인 세계화를 꾀하자는 것이다. 한국이라는 학술적 지리공간에 대한 재인식이 요구된다는 얘기다.

그러나 한국행정학의 한국화 논의가 미국 내지는 서구중심성에 내재되어 있는 가치편향성 내지는 보편성 결여에 대한 대항 전략의 하나라고 한다면, 한국행정학의 한국화는 존재구속적으로 한국 중심성을 벗어나기 어려울 것이기 때문에 또 다른 형태의 가치편향적이고 보편성 부족에 시달리는 이론체계 개발을 주문하게 되는 것은 아닌지 주의 깊게 관찰해 볼 일이다. 연구의 대상이나 방법론이 어디에서 비롯되는 것이 건 문제는 이론의 적실성, 보편성, 일반성을 확보하자는 데에 있는 것이고, 이는 결국 이론의 정교성 정도를 높이자는 것에 다름 아닌 일일 것이기 때문이다. 그러나 그렇다고 해서 한국행정학의 한국화 논의가 무용하다는 의미는 물론 아니다. 아니 미국식 행정학이나 서구문화중심의 행정연구가 지니는 과학성 내지는 과학적 편향성과 그에 따른 적실성 부족 내지는 국지성에 대한 도전은 지금보다 훨씬 더 치열하게 전개되어야 할 것이다. 그런 점에서 환경론적, 역사문화적, 맥락적 연구의 비교론적 접근에 대한 주문은 아무리 강조해도 지나치지 않는다. 예컨대 미국식 민주주의의 환경 속에서는 관료제의 민주화 문제가 핵심적 과제에 해당된다. 그러나 중국식 집단주의체제하에서는 관료제의 실적주의가 보다 더 중요한 변수로 간주되는 차이를 수용할 수 있어야 할 것이기 때문이다.

이런 점에서 보면 한국행정학의 한국화 논의는 미국식 행정이론의 과학성 부족 내지는 과학성 중심으로 편향 되어 있는 현상을 보완하자는 것일 뿐만 아니라 그들이 다루지 않거나 외면한 과제를 상대로 연구의 대상영역을 개발하고 확장하자는 것에 다름 아닌 일이기도 하다. 한국적 특수성의 관점에서 볼 때, 남북분단이 국정관리과정에 미치는 영향에 대한 검증이나 이론화 작업 내지는 통일한국의 국정관리체제에 대한 연구는 우리에게 있어 매우 시급한 과제이자 불가역적인 숙제이기도 하다. 민주정체에 대한 노출 정도가 상이하고 그에 따라 성찰적 자기주도력이 상이한 남북한의 주민들을 모두 통섭하는 단일 정부의 형태는 어떤 것이어야 하는가도 심각하게 고민해 보아야 할 과제 가운데 하나다. 동북아시아가 지구의 중심축으로 이동하기 시작했다는 점에 주목할 경우, 그 과정에서 우리의 행정체계가 감당해야 할 과제는 무엇인지를 보다 심도 깊게 논증하는 일도 우리에게 주어진 책무 가운데 하나다. 이 문제에 대응하는 과정에서 우리는 매우 유리한 입장에 놓여 있다고도 할 수 있다. 후발국과 선진국의 중간지대에서 양자의 고통과 비전을 모두 공유할 수 있는 위치에 놓여 있기 때문이다. 동북아시아가 이념적 대결과 긴장으로부터 세력 간 갈등과 연대의 각축장으로 변모하고 있다는 점에서는 지역평화와 공존을 촉진, 조장하는 국정관리양식이나 과제는 무엇인지를 천착하는 일도 결코 외면할 수 없는 화두일 것이다. 이점은 특히 지구시민권 사상과 연계해서 고민해 보아야 할 과제다.

이런 연구대상영역의 확장이라는 관점에서 볼 때, 거버넌스에 대한 논의는 매우 시의적절하고 또 중요한 과제 가운데 하나다. 이는 공행정의 도메인 확장에 관한 문제이며 행정학의 정체성에 관한 논의를 촉발하는 과제이기도 하다. 행정학의 연구대상영역을 행정부에서 정부 전체로 이제는 다시 공공성을 추구하는 사회적 관계망 내지는 그런 네트워크의 형성과정으로 연결, 확장하고자 하기 때문이다. 정부와 NGO 간의 상호작용 내지는 협력적 공조체제의 등장은 국가와 시민사회를 구분하는 경계가 무너지고 양자 간의 교류 및 소통 내지는 네트워크가 공행정과정을 대체하게 되었다는 의미다. 그만큼 보다 더 역동적이며 다원적이고 복잡한 행정과정을 포괄할 수 있게 되었다. 그러나 공행정의 포괄범위가 시민사회로까지 넓어지면서 행정학의 정체성은 또 다시 도전에 직면하는 위기를 맞고 있다. 도대체 행정학이 다루지 않는 것이 무엇이며 행정학만이 다루는 과제는 무엇이냐는 태생적 한계에 대한 질문이 새로운 차원에서 제기되고 있다. 그러나 이런 행정학의 정체성이나 학문적 경계의 불명성에 대한 질문은 탈근대의 네트워크 사회에서는 오히려 타당하고 불가피한 현상으로도 여겨진다. 경계 넘기가 사회적 특성 가운데 하나인 탈근대의 사회관계망 하에서는 행정학뿐만 아니라 어떤 분과과학도 비슷한 도전에 직면할 수밖에 없는 일일 것이기 때문이다.

다른 한편에서 보면, 거버넌스는 이제 막 보편성의 토대를 넓혀가기 시작한 이론의 틀이라고 할 수 있다. 비록 거버넌스에 대한 수요와 관심이 크지만 아직 관료제에 의한 계서적, 절차적, 패쇄적 행정운용양식이 거버넌스 체제로 완전히 대체된 단계에 있는 것은 아니다. 보다 정확히 말하자면 적어도 관념화 수준에서는 아직 양자가 병립적 공존상태에 있다고 해도 과언이 아니다. 거버넌스는 아직 규범적 지표로서의 의의가 크며 현실진단의 틀로서는 스스로 한계를 지니는 분석도구라는 의미다. 그러나 그럼에도 불구하고 거버넌스의 관점에서 한국의 행정과정을 분석하는 실증적 연구가 부족하다는 점은 앞으로 시정되어야 할 과제다. 사실자료의 축적 없이 이론의 정교화는 진행되기 어려운 일이다. 더 나아가 거버넌스가 주로 정부와 시민사회 및 시장의 관계라고 하는 정통행정과정의 외연에 주목하는 이론의 틀이라는 점에서 그런 외연 관계의 정립이 관료제 내부 또는 행정관리과정이라는 행정의 내포 관계에는 어떤 변화를 동반하는 것인지에 대한 사실조사와 이론의 정교화 작업에도 주목해야 하겠다.

이런 맥락에서 볼 때, 보다 더 강조되어야 할 과제는 정부내부의 행정관리과정을 혁신적으로 재편하고 그의 역량을 강화하는 일일 것이다. 거버넌스가 지향하는 신뢰와 협력의 네트워크는 좋은 메타포이고 또 피할 수 없는 탈근대의 특질이기는 하지만 "실력 없는 정부"가 정부 외연의 관계성에 따라 끌려 다니기만 한다고 할 때, 국민의 삶은 고단해질 수밖에 없고 이는 거버넌스가 추구하는 궁극적 목적 가치도 아닐 것이다. 많은 사실적 경험이 이를 증명하고 있다. 따라서 "리더십이나 주도성"이 전제된 네트워크를 필요로 하고 이를 위해 정부는 비록 투박한 것 일지라도 미래지향적인 방향성에 대한 분석과 예측에 나설 수 있는 '실력'을 갖추어야 한다. 이 경우 실력 있는 정부란 거버넌스 체제가 필요로 하는 운영시스템과 역량을 구비한 정부일 텐데, 이를 위해서는 분석력과 예측력을 강화하기 위한 행정관리차원의 혁신이 필요하게 된다. 어떻게 하면 지식정보사회에 걸 맞는 분석역량을 비축할 것인가, 이를 위해 인사, 조직, 재무, 정보체계는 어떤 준비를 해야 하는가, 공무원은 어떻게 선발하고 교육 훈련시킬 것인가, 조직과 재무는 어떤 변화를 필요로 하는가, 미래예측 능력은 또 어떻게 해야 확보가능한가 등의 과제를 짚어보아야 한다. 보다 중요한 것은 바로 이런 변화와 혁신을 일상적으로 이끌어내기 위한 기관능력은 어떻게 담보하고 확장할 것인가의 과제다. 사회변화와 공진하는 국정관리체제의 지속가능성을 담보해야 하는 문제다. 이런 과제들과 연관하여 행정학 교과과정의 적절성 여부 및 개편방향도 함께 고민해 보아야 마땅할 것이다.

거버넌스가 주로 정부과정의 투입 내지는 전환단계에 주목하는 경향이 있다는 점에서 보면 환류 및 평가단계에 대한 연구를 보다 더 강화할 필요도 있다. 전환기 사회의 국가가 사회구조의 급변성과 복잡성으로 인해 더 이상 초이성적인 판단의 주체가 될 수 없다거나 무결점의 행정작용을 약속할 수 없게 되었다면, 이제 정부의 실패와 함께 국가의 행정작용에 따르는 국민고충과 민원의 유발은 외면할 수 없는 일상이 되었다고 보아야 한다. 당연히 행정 사후의 민원 구제, 부언하면 행정과정의 환류 및 평가단계에 보다 더 주목해야 하고 연구의 중심축을 지금보다는 훨씬 더 그쪽으로 이동해야 한다. 옴부즈만, 갈등관리, 규제개혁, 등에 대한 연구를 보다 더 강조해야 하는 이유다. 이는 이런 고충처리 문제를 행정과정의 부차적, 임시적, 가외적 과제가 아니라 항상적, 본질적, 일상적 과제로 파악하려는 행정학 연구과정의 의식교정이 필요하다는 의미로도 해석되어야 한다.

다른 한편, 거버넌스가 다양한 참여자 간의 역동적 협력관계를 전제로 한다는 점에서 보면 행정현상에 대한 정치학적 접근의 필요성을 절감하게 된다. 역동적 협력과정이 권력투쟁적 성격을 동반할 것은 당연한 이치이기 때문이다. 시민사회의 역동성이 정부의 행정과정으로 연동되는 것이라는 점에서 보면 사회학적 접근의 중요성에도 눈 떠야 한다. 사회 전체를 통섭적으로 조망하는 설명력이 필요할 것이기 때문이다. 그러나 아직 우리의 행정학계에는 행정현상을 정치학적 관점이나 사회학적 안목과 차원에서 접근하는 이들이 많지 않다. 아니 행정학의 종합학문적 성격과 탈근대의 시대정신이 요구하는 경계 넘기가 일상화 하고 있음에도 불구하고 학문적 순혈주의는 아직도 강고한 상태에 있다. 이런 점을 감안하여 의회, 법원, 시민사회 등을 행정학의 연구대상 범위로 확장하는 노력이 보다 더 강화되어야 할 것 같다. 의회행정, 사법행정, 비영리단체관리 등에 대한 연구의 확산은 단순히 행정학 연구대상영역의 확장이라는 의미 이상의 것을 동반할 것으로 기대되기 때문이다.

그런 점에서 비교행정연구의 부활도 눈여겨볼 과제다. 사실상 행정학은 자신의 학문적 정체성이 위기에 처할 때마다 비교행정연구를 전가의 보도처럼 휘둘러 왔다. 단순히 국가 간 비교나 문화 간 비교 수준을 넘어 근대와 탈근대라고 하는 시대 환경 간의 비교 노력이 절실히 요구된다고 하겠다.

2.2. 행정학회의 전망

행정학 같은 종합학문의 경우 격변하는 사회구조의 전환기에는 실로 새롭고 다양한 과제를 적극적으로 수용해야 한다는 주문이

쏟아지기 마련이고 또한 원심력에 의한 분파주의의 위험성도 커지게 된다. 이에 따라 학회 주변 분과과학과의 협력적 공조체제를 강화하는 일에 주목할 필요가 있다. 다른 주변 학문 전공자의 회원 가입을 적극적으로 유도하고 주변학회와의 공동 기획세미나 개최를 구상해 볼 수도 있을 같다. 같은 이유로 학회가 일종의 연수프로그램을 기획해 볼 수도 있을 것이다. 급변하는 사회 환경의 변화에 따른 주변학문의 변화 추세를 보다 적극적으로 회원들에게 전달하고 공유하는 노력이 필요할 것이기 때문이다. 대표적으로는 철학 전공학자들과의 협업관계 구축을 생각해 볼 수 있다.

지구화 시대의 학문적 요구에 조응하기 위해서는 외국학자나 학회와의 교류를 일상화 하는 일이 필요하다. 지금보다는 더 적극적으로 외국 학자의 회원 가입을 독려하고 외국 학회와의 공동 세미나를 기획하고 운영하는 일에 주목할 필요가 있다. 이는 온.오프라인 모두에서 추진 가능할 것으로 생각된다. 같은 맥락에서 학술연구의 성과물을 외국에 알리는 일에 학회가 보다 더 고심해야 한다. 행정학 관련 교과서를 영문으로 발간하여 지구촌 시장을 대상으로 판매하고 수익금으로 학회 펀드를 마련하는 사업도 고안해 볼 수 있는 일이다. KOICA나 기획재정부, 보건복지부, 등의 대외원조사업에 학회가 공동사업자로 참여하여 제3세계에 대한 기술원조를 실시하고 이를 통해 학문적 성찰의 대상과 내용을 보다 풍요롭게 가꾸는 일도 생각해 볼 수 있다.

거버넌스 시대의 도래는 행정학이 행정부뿐만 아니라 시민사회 특히 NGO에 대한 경험과 성찰을 늘려야 한다는 수요를 확대 동반하기 마련이다. 다양한 NGO와의 네트워크를 구축하고 지원하는 일은 학회의 공적기여를 위해서도 필요한 일이다. 이미 회원 개인 차원에서 적극적인 활동이 전개되고 있으나 보다 이를 체계화 하거나 촉진, 조장할 필요가 있다. 공익과 사익의 경계가 무너지는 미래 사회에서는 학회가 단순히 학문의 연찬장 이상의 역할을 수행하도록 요청받게 될 가능성이 커져 있다. 다양한 양식의 공익지원 사업을 확대, 개발하거나 대학 간 네트워크를 통한 분야별 전공 교육을 지원하는 방안도 구상해 볼 수 있을 것 같다.

이렇듯 분야별 경계 넘기가 활성화 하는 시대에는 분야별 단속과 포괄을 동시에 수용하는 학회의 역할이 강조되기 마련이다. 이런 일에 대한 전문성을 높여야 한다는 과제가 제기될 수도 있다. 그런 의미에서 학회를 비롯한 연구기관 운영을 새로운 직역으로 삼고 이에 대한 연구지원활동이나 교육훈련과정을 개발하는 일도 가능할 것 같다. 지식정보사회의 도래는 이제 연구활동 자체를 사업으로 삼는 시대의 도래를 예고하고 있는 것이 아닐까? 다양한 양식의 공익지원활동은 이미 시장의 영역에서도 새로운 수익창출 사업의 하나로 발돋움 하고 있다.

중장기적으로는 학회가 자체 기금 확장하는 일에도 주목해야 한다. 기관으로서의 학회가 지속가능성을 유지하려면 재정 자립이 가장 큰 숙제 가운데 하나다. 반면에 학회활동의 예정성이나 투명성 확보는 기관운영의 내부민주주의 확립에 있어 필수적 과제 가운데 하나다. 기관운영 내용을 홈페이지에 공시하고 학회운영 및 관리 과정에 대한 실시간 정보접근권을 회원에게 보장하는 문제도 생각해 보아야 한다. 연간 운영 예산이 수십억원을 상회하면서 이에 대한 요구는 그만큼 더 커지게 되었다.

(「한국 행정학과 한국행정학회의 발전: 역대 회장의 회고와 전망」 기고문, 2015.12.08.)

겉도는 도로명 주소(住所) 어찌할 것인가

도로명 주소를 도입한 지 1년 반 가까이 지났다. 그러나 새 주소는 아직도 우리의 일상에 정착하지 못한 채 겉돌고 있다. 워낙 오랫동안 지번 주소에 익숙해진 탓이라지만 앞으로도 개선의 소지가 커 보이지 않는다.

먼저, 도로명 주소는 우리의 공간 지각(空間知覺) 양식과 배치되기 때문이다. 정부는 도로명 주소가 서구 선진국에서 그 유용성이 검증됐다고 하지만, 서구와 우리는 공간 지각 양식이 서로 다르다. 비유하자면 서구인은 주로 개별 나무에 주목한 후 점차 숲으로 인식의 지평을 넓혀 나간다. 반면에 우리는 숲을 먼저 살핀 이후에 개별 나무로 인식의 초점을 이동한다. 우리가 사물 간의 관계나 배경에 주목한다면, 서구인은 개별 존재 자체에 치중하는 까닭이다. 카

메라로 치면 우리가 상위 공간에서 하위 공간으로 이동하는 줌인(zoom-in) 전략을 통해 피사체에 접근한다면, 서구인은 그 반대인 줌아웃(zoom-out) 전략에 익숙하다.

도로상의 건물을 특정해 길 찾기에 나서는 도로명 주소는 바로 이 줌아웃 전략에 기초한다. 그래서 서구의 도로명 주소는 좁은 공간에서 넓은 공간을 향해 순차적으로 정리돼 있다. 지번·도로명·도시명·국명 순서다. 그러나 우리의 도로명 주소는 역순으로 돼 있다. 줌아웃을 지향하는 도로명 주소에 줌인 전략을 도입한 것이다. 이런 자기 충돌적인 공간 지각 양식으로는 주소지 특정 과정이 순탄할 리 없다. 줌아웃 전략을 취했더라도 그것 자체가 우리의 공간 지각 양식과 상합하지 않는다는 점은 이미 밝힌 바 있다.

또한, 현행 도로명은 공간 지각 수요를 염두에 두고 구성돼 있지 않다. 도로의 길이에 따라 '○○대로' '○○로' '○○길'로 나누었을 뿐이다. 이름 없는 도로가 많았던 탓에 대부분 새 이름을 부여하기도 했다. 이런 연유로 도로의 공간적 위치를 가늠하기가 쉽지 않다. 서구에서는 도로명을 A로, B로, C로나 1길, 2길, 3길로 명명해 도로의 순차성을 통해 그의 상대적 위치를 가늠하도록 돕기도 한다. 대체로 남북으로 가로지르는 길은 애비뉴(avenue), 동서로 난 길은 스트리트(street)로 명명하는 것도 같은 이유다.

한편, 지번 주소가 농업사회의 산물이라면 도로명 주소는 산업사회의 소산이다. 지번 주소는 자연 취락 생성과 궤를 같이한다. 반면에 도로명 주소는 산업화와 함께 도시화가 진행되면서 고안됐다. 지번 주소가 점(點) 중심이라면, 도로명 주소는 선(線) 중심인 이유다. 점 중심의 주소는 1차원적인 만큼 주변과의 체계적인 연계가 없어 도시화율이 90% 이상인 우리의 경우 적지 않은 문제점을 드러냈다. 반면에 선 중심의 주소는 2차원적인 만큼 선형 체계(線型體系)를 함축한다. 어떤 지점에서 다음 지점으로 이동하는 과정에서 예정성, 점증성, 측정 가능성을 키운다. 따라서 계획도시에서의 유용성이 매우 크다. 문제는 우리의 경우 대다수 도시가 산을 끼고 발달해 선형 체계의 이런 유용성이 반감된다는 데 있다.

더 본질적인 문제는, 우리가 이미 정보사회에 들어섰다는 데 있다. 오늘날 길 찾는다고 주소 하나 달랑 들고 나서는 경우는 거의 없다. 내비게이션에 의존하거나 웹사이트에 들어가 '길 찾기'로 주소지를 특정한다. 선 따라 이동하는 2차원이 아니라, 하늘에서 내려다보는 3차원 공간 지각 시대다. 요리를 순차적으로 내놓는 서양식 선형 체계가 아니라 한꺼번에 내놓고 위에서 내려다보며 그때그때 필요한 음식을 취하는 우리식 밥상 문화, 즉 총합적(holistic) 공간 포착 시대다. 이 경우 1차원적인 주소냐 2차원적인 주소냐는 더 이상 의미가 없다.

3차원적인 공간 지각 시대에는 어떤 주소건 그것을 가상공간에 띄우는 일이 더 중요하다. 길 찾기의 용이성이나 행정 관리상의 편의성을 좌우하는 결정 변수는 주소 체계의 구성원리가 아니라, 가상공간에 주소를 얼마나 신속하고 경제적이며 또 평등하게 입력하고 검색할 수 있느냐에 달려 있다. 이 점에서 볼 때 현행 도로명 주소는 너무 길다. 이용의 효율성 면에서 치명적인 결함이다. 주소의 한계효용을 높이려면 주소 체계를 바꿀 게 아니라 주소의 활용법 개선에 주목했어야 했다. 문제 해결의 패러다임 전환이 필요했던 것이다. 시대 성격 변화의 진단 없이 대뜸 거금을 들여 주소 체계를 교체한 정부 당국이 안타깝다. 새 주소를 이대로 계속 사용할 것인지를 심각하게 고민해 봐야 한다.

(「문화일보」, 2015.05.19.)

공직사회의 5중고(重苦)

"죽을 맛이다." 요즘 중앙 관서 공무원의 속내를 한마디로 말하면 이렇다.

첫째, 세월호 사건이 터지면서 관(官)피아가 온 세상 만악의 근원처럼 됐다. 고위 공직자가 퇴직 후 정부 출연 공공기관이나 유관 기업에 재취업하기 일쑤고 그것도 한두 번이 아닌 경우가 많아 이모작이니 삼모작이니 하는 말이 괜한 힐난은 아니었다. 퇴직 공무원이 재취업해 친정을 상대로 사실상 로비스트로 활동하는 폐습은 사라져야 마땅한 적폐임이 틀림없다. 그렇지만 공직(公職)사회 전체를 부정의 온상이나 패거리 집단처럼 매도하는 데 대해서는 서운하기 짝이 없을 것이다. 사법부의 전관예우가 여전한데 왜 우리만 문제 삼느냐는 생각도 했을 법하다. 정치권 퇴물들이 낙하산을 타고

줄줄이 내려와 자신들이 가던 자리에 앉는 것을 보고는 기가 막혔을 것 같기도 하다.

둘째, 보다 더 직접적인 고통은 유관 기관 재취업 금지 기간이 3년으로 늘면서 고위직 조기 퇴직이 현저히 줄었다는 점이다. 후배를 위한 용퇴(勇退)가 줄자 승진의 연쇄 고리가 끊겼다. 공무원에게 인사 적체만큼 숨 막히는 일은 따로 없다.

셋째, 세종시로 중앙 부처가 이사한 후 대다수 중앙 부처 공무원은 샛별 보고 집을 나선다. KTX 오송역에서 세종시로 가는 수백 대의 통근 버스를 지켜보면 '기네스북'에라도 오를 듯 장관이다. 서울을 왕복하는 출퇴근자의 경우 하루 4시간 이상을 길 위에 쏟는다. 참으로 긴 하루다. 행정 능률은 고사하고 사는 것 자체가 악몽이라는 생각도 들 것이다. 장차관 같은 고위 공직자는 서울에서 열리는 여러 회의로 일주일 내내 길 위에 떠 있다. 국회라도 열릴 때는 말할 나위도 없다. 정책(政策)결정권자가 자리를 비우니 도무지 일이 추진되지 않는다. 올바른 공직자라면 '이건 아니다'는 생각이 절로 들 것이다.

넷째, 엎친 데 덮친다고 공무원연금 개혁 논의가 결정타를 날렸다. 대우 좋다는 사기업을 마다하고 공직을 택할 때는 나라를 위한다는 소명 의식 외에도 퇴직 후 최소한의 생활은 보장된다는 위안이 있었다. 고령화사회로 접어들면서 안정된 연금에 대한 기대는 훨씬 더 컸다. 그러나 공무원연금을 장차 국민연금 수준으로 하향 조정하려 한다니 앞이 다 캄캄할 것이다. 이제라도 진로를 바꿔야 하나 하는 생각도 들지만, 자영업이 무너지고 일자리 찾기가 바늘

귀 꿰기만큼 어렵다는 고실업 시대다. 일에 집중하기 어려울 만큼 잡념이 많을 수밖에 없다.

다섯째, 전력을 다해 정책을 고안해도 정치권 한마디에 추풍낙엽이니 일할 맛이 날 리도 없다. 건강보험, 연말정산, 자동차세 인상 등이 대표적 사례다. 자존심과 자부심이 함께 무너지는 느낌일 것이다. 더 심각한 것은 정책에 대한 국민 순응도가 옛날 같지 않다는 점이다. 정보사회로 들어서면서 관료사회가 누려온 정보 독과점은 더는 유지되기 어렵다. 정보의 유동성이 커지면서 관료의 전문성 우위도 무너졌다. 금세기에는 기업이 호황 산업이라면 국가는 사양 사업이라는 주장이 괜한 말은 아닌 것 같다.

5중고(重苦)에 시달리는 공무원에게 하나 더 마음의 짐을 지워야겠다. 국고를 허투루 쓰는 도덕적 해이가 너무 심하다는 비난에 귀 기울여야 한다. 이탈리아 수입 소가죽 의자를 고집했다는 어느 국책 연구소장 얘기를 꺼낼 것도 없다. 국정 운영 과정에서 낭비는 없는지 살펴야 한다. 공직사회의 내핍이 이 시점에 매우 중요한 이유는 따로 있다. 사회복지 확대와 증세(增稅) 사이에서 우리 사회가 지금 곤경에 빠졌다. 국가 재정 부족이 가장 큰 원인이다. 그러니 국가가 먼저 대대적인 재정 지출 감축운동에 나서야 한다. 저비용·고효율 행정을 펼쳐야 한다. 그것이 문제 해결의 첫 단추다.

우리부터 허리띠를 졸라매겠습니다. 고통을 좀 분담해 주십시오. 이런 자세라야 복지사업 축소든 증세든 국민 설득에 성공할 수 있다. 이제라도 공직사회가 검소하게 나라를 운영하겠다는 자정운동에 나서야 하는 이유다. 지금 공직사회가 무슨 신명이 남았다고 그런 일에 나서겠느냐고 한다면 할 말이 없다. 그러나 사즉생(死卽生)이라는 말도 있지 않은가. 지금이야말로 나라를 위해 공직사회가 대안을 내놔야 할 때다. 올해가 방만한 국정 운영에서 벗어나는 원년이 될 수만 있다면 실추된 공직자의 사회적 신뢰를 회복하는 전기가 될 수도 있다.

(「문화일보」, 2015.02.17.)

朴정부 '집권 이데올로기'를 묻는다

어느 정부든 집권 이데올로기가 필요한 이유는 자명하다. 최우선적인 당면 과제와 그에 대한 전략이 무엇인지를 보다 체계적이면서도 간명하게 전달하는 힘을 지녔기 때문이다. 그런 의미에서 집권 이데올로기는 집권 세력이 인식하는 시대정신의 내피(內皮)이자 국정 기조의 겉옷이기도 하다. 국민과의 관계에서는 가장 효과적인 소통 수단이며 한 정권의 성패를 가늠하는 척도다. 정보사회처럼 사회적 분절이 심해지는 곳에서는 파편적 구성 요소들을 아우르는 연결망이나 우산살 같은 역할을 수행하기도 한다. 통합적 질서 창출의 뼈대인 셈이다.

그럼에도 집권 3년 차에 접어드는 박근혜정부에서는 아직 집권 이데올로기가 무엇인지 명확하지 않다. 박정부가 소통 부족이라고 지적받는 여러 이유 가운데 하나다. 흔히 대통령에게 더 많은 사람과 만나라고 하지만 그것만으로 소통의 갈증이 해소되지는 않는다. 무엇을 말하느냐가 중요하고, 얼마나 많은 사람이 공감하느냐가 관건이다. 그런 점에서 가치관의 공유만큼 절실하고 또 효과적인 소통 방법은 따로 없다.

정부가 어떤 방향으로 나라를 이끌 것인지를 보여주는 지시등 같은 것을 개발해서 누가 어디에서 보든 제 할 일이 무엇인지를 스스로 깨달을 수 있게 해야 한다. 필요에 따라서는 공직자에게 집권 이데올로기를 학습시켜야 하는 이유다. 그러나 과문(寡聞)인지 몰라도 일선 공무원들이 이 정부 임기 동안 자신이 달성하려는 정책 과제를 스스로 깨우치고 통달해서 그것의 실현을 위해 투신하려는 의욕에 넘친다는 말을 아직 들어본 적이 없다.

지금이라도 집권 이데올로기를 개발해야 하는 이유다. 대통령의 신년 기자회견을 통해 집권 이유를 추정해 보면 창조경제와 국정 혁신으로 압축된다. 그러나 정부가 이를 집권 이데올로기 수준에서 접근하지도 않고 집권 이데올로기로 다룰 만큼 정련(精錬)돼 있지도 않다. 창조경제는 창조성이라는 시대 상황에 적합한 화두에 착안했지만, 경제 분야에만 한정하고 있다. 국정 혁신은 기존 질서의 교체 의도를 담았지만, 창조경제만큼 적극적이거나 근원적으로 접근하지 않는다. 세상이 지향하는 방향이 아니라 세상을 바꾸기 위한 도구의 변화에 주목한다는 점에서도 한계를 지녔다.

창조경제의 원류라 할 수 있는 조지프 슘페터에 따르면 견인력을 높이기 위해 마차를 끄는 말의 필수를 늘리는 건 혁신이 아니다. 마차 대신 기차를 개발할 때 창조적 혁신이 된다. 기존의 패러다임에 대한 창조적 파괴 없이 창조적 혁신이란 있을 수 없다는 것이다. 창조경제가 정보통신기술(ICT)과 융합을 시도하는 것은 그래서 매우 자연스럽다. 문화를 예술로서가 아니라 경제적 관점에서 접근하는 것도 같다. 그러나 기존의 관행이나 질서에 대한 파괴적 혁신이 경제 부문에만 요청되는 건 아니다.

'창조행정'도 가능하다. 의료복지 재정을 개선하기 위해 의료수가를 조정하거나 보험 대상 질환 범위를 축소하는 것은 결코 창조적 파괴라고 할 수 없다. 기존의 패러다임 아래에서 문제 해결을 모색하기 때문이다. 그러나 가상 진료가 가능한 휴대전화 앱을 개발해 의료복지 서비스 전달 체계를 바꾸는 것은 창조적 혁신이다. 정치 부문에서도 같다. 기존의 대의 민주주의나 다수결 민주주의를 운영하는 과정에서 야기되는 과제를 개선하는 것만으로는 지구촌 시대의 정보사회가 일으키는 참정권 행사의 실질적인 퇴보를 막을 길이 없다. 기존의 패러다임을 넘어 준(準)직접 민주주의나 거버넌스로의 전환을 고민해야 하는 이유다.

이렇듯 창조를 국정 전반이 지향해야 할 사회 총체적 목적가치로 삼아볼 수는 없는 일일까? 김현구 전 성균관대 교수는 창조성을 근대성을 대체하는 문명사적 전환기의 새로운 인식 틀 내지는 가치 패러다임으로 볼 수도 있겠다는 견해를 편다. 근대사회의 내재적 모순이 자기 괴멸적 한계에 봉착한 후기근대에서는 기존의 체제 내부에서 이뤄지는 미봉적 땜질만으로는 문제 해결이 쉽지 않다. 서구 사회도 자기모순에 빠진 만큼 지금까지처럼 서구를 모방하는 전략만으로 사회 문제 해결에 이를 수도 없다. 창조적 파괴를 통해 한국적 표준을 개발해야 하는 이유다. '창조국가'의 구현을 집권 이데올로기로 삼아 볼 수는 없는 일일까?

(「문화일보」, 2015.01.20.)

지금도 국제시장은 진행되고 있다

꺼이꺼이 흐느껴 울었다. 영화를 보다가 복받치는 설움에 목 놓아 울만큼 공명하는 힘이 컸다. 영화 국제시장을 관람하고 나서는 이들이 멍한 가슴을 쓸어내리며 젖은 손수건으로 연신 눈가를 훔치는 이유는 자명하다. 가장이라는 이름만으로 지워진 숙명을 맨몸으로 담아내며 말없이 스러져간 이 땅의 수많은 아버지들에 대한 이야기이기 때문이다. 휘몰아치는 현대사의 굴곡 속에서 무너지는 일상을 부여잡고 우리의 아버지들이 기어코 지켜내고자 했던 것은 가족이었다. 모든 것을 희생해서라도 가정을 지키려는 가장들의 본능적인 몸부림에 초점이 맞추어졌기에 이 영화는 호소력이 크고 또 사회적인 파장도 적지 않다.

그러나 이 영화가 많은 이의 심금을 울리는 보다 더 근본적인 이유는 지금도 "국제시장"은 계속되고 있기 때문일 것이다. 영화의 말미에 주인공 덕수는 허공 속에서 만나는 아버지께 토하듯 독백한다. "아버지, 내 진짜 힘들었거든 예!" 이렇듯 고달팠던 덕수의 시대는 저물어간다. 그러나 온갖 갑질이 난무하는 시장의 정글은 아직도 끝나지 않았다. 오늘도 세상을 향해 대문을 나서는 아버지들의 일상은 여전히 힘들고 애처롭다. 아니 오히려 덕수의 시대보다 훨씬 더 강팍하고 위협적일지도 모른다.

무슨 영문인지도 모른 채 분단과 전쟁이 시작되고 운동장에서 여동생과 뜀박질하며 놀던 어린 덕수의 일상은 여지없이 무너졌다. 이후 지금까지도 우리의 깨진 일상은 회복되지 않았다. 한반도를 둘러싼 열강의 각축은 여전하다. 단순한 이념의 대결에서 보다 더 냉혹하고 동물적인 패권적 경쟁체제로 전환했을 뿐이다. 이념적 공명이나 군사적 혈맹에 덧대어 경제적 의존관계가 심화되면서 우리의 선택지가 오히려 더 좁아지고 있다는 점이 변화라면 변화다. 열강 사이의 긴장과 다툼이 심해지면서 언젠가 또 남부여대하고 미지의 홍남부두에서 오돌오돌 떨어야할지도 모른다는 두려움이 우리의 일상에 검은 자락을 드리웠다. 우리는 왜 우리가 언제나 열강의 종속변수로 떨어야 하는지를 아직 알지 못한다.

두려움 속에서 독일의 탄광이나 베트남의 전쟁터로 내몰려야 했던 이유는 단 한가지였다. 청년으로 성장한 덕수에게 국내에는 취업할 곳이 마땅치 않았다. 오늘의 우리는 청년실업률이 연일 고점을 갱신하는 시대에 살고 있다. 비정규직이 양산되면서 겨우 직장을 얻은 이들도 평균 2년 7개월이면 직장을 잃거나 이직하는 사회다. 미래가 불안한 젊은이들이 결혼을 미루고 가장되기를 외면한다. 세계 최고의 저출산 국가가 되었다. 더 이상 물러설 곳이 없으니 이제 국가가 나서달라는 적색등을 켠지 오래지만 시장의 눈으로 사회복지를 들여다보는 관행은 여전하다.

이는 모두 정치권이 풀어야할 숙제지만 아버지들의 일상으로부터 우리의 정치는 너무나도 멀리 떨어져 있다. 권력노름만으로도 정치권은 이미 숨이 턱에 차 있다. 권력을 시장의 눈으로 바라보는 일도 달라진 것이 없다. 비박과 친박, 친노와 비노, 진보와 보수, 심지어 찌라시와 공식문서 사이의 다툼만으로도 하루가 너무 짧다. 그런 까닭에 우리의 아버지들은 무슨 영문인지도 모른 채 다가오는 일상을 그저 숙명처럼 여기며 산다. 이는 덕수 시대의 아버지들도 같았다. 지금이라도 시장의 야만에서 벗어나려면 삶의 일상을 그냥 숙명처럼 받아드리는 관성에서 헤어나야 한다. 그냥 열심히 사는 것만으로는 부족하고 내 인생이 왜 이리도 고달픈 것인지를 제대로 바라볼 줄 알아야 한다. 우리의 아버지들이 지금처럼 자신을 내몰고 있는 구조의 위력을 절감하지 못한다면 앞으로도 달라질 것은 없다.

문제는 숙명이 아니라 사회구조에 있으며 사회구조는 우리 스스로가 나서서 고치려들지 않는다면 아무도 우리 편에 서서 일하지 않는다는 인식이 선행되어야 하겠다. 열심히 일하기만 하면 되던 꿀벌의 시대는 갔다. 가끔은 머리 들어 세상을 돌아보고 어디로 향해야 하는지를 점검하고 판단하는 조타수가 되어야 한다. 지금도 국제시장이 진행되고 있다는 사실의 의미를 되새겨 보아야 한다.

내 일상이 왜 이리도 고달픈지를 스스로에게 물어야 한다. 국제시장에서 벗어나려면 남이 열어준 길이 아니라 내가 길을 열어야 한다. 새로운 모습의 아버지가 되어 다시 태어나야 하고 다시 나서야만 한다.

(「미래정부」, 2015.01.06.)

성년 국민권익위의 시대적 사명

종합적인 국민 고충 처리 기구가 처음 문을 연 것은 1994년의 국민고충처리위원회였다. 이를 기산하면 국민권익위원회는 올해로 출범 20주년이 된다. 사람으로 치면 성년(成年)이다. 우리나라의 국민 고충 처리 기구는 그동안 사실상의 정부 종합민원센터 범주를 벗어나지 못하는 데서 출발, 이제는 스스로를 국가 옴부즈만으로 칭하는 정도에까지 이르렀다. 적잖은 변화와 발전을 거듭한 셈이다. 그러나 기관 역사에 걸맞게 역할과 위상을 구축하면서 사회의 수요에 잘 대응해 왔는지에 대해선 아직 후한 점수를 주기가 쉽지 않다.

가야 할 길이 멀고 해야 할 일도 산적해 있다. 먼저 주목할 일은 국가 옴부즈만에 대한 수요가 폭증하고 있다는 점이다. 오늘날 우리 사회에는 규제 개혁을 주창하는 목소리가 높다. 그만큼 행정 민원과 국민 고충이 크다는 얘기다. 단순히 왜곡된 정책이나 규제를 수정하거나 푼다고 해서 당장 개개인의 고충이나 민원이 줄거나 해소되는 것도 아니다. 특히 '관(官)피아' 같은 음성적 사다리를 타고 특정 이익집단의 배타적 이익을 보장하려는 국정 포획 현상이 만연해 있다면 두말할 나위 없다. 규제든 규제 개혁이든 정부가 자기도 모르는 사이에 이미 왜곡돼 있는 잣대로 사회관계를 규율하려 하는 경우 건강한 개인의 자유와 권리가 균형 있게 보호되기는 어렵다.

더욱이 세상은 이미 소중화(demassifying) 시대 또는 분절화된 구조의 사회로 접어들었다. 정보사회의 도래 이후 사회관계의 급변성·다양성·광역성이 강화되면서 획일적인 잣대로 집단이익을 결집하거나 조율하기는 참으로 어렵게 됐다. 공익(公益) 자체를 포착하기 어려울 만큼 공통의 이해관계 형성이 쉽지 않은 탓이다. 이런 상황에서는 공익이라는 이름으로 획일적인 잣대를 들이대는 정부에 대해 실로 다양한 이해관계를 추구하는 국민 개개인으로서는 불만과 고충이 커지지 않을 수 없다. 이 경우 국가는 더 이상 자신을 초이성적 판단의 주체로도, 무결점의 사려 깊은 의사결정자로도 자임할 수 없게 된다.

이런 모순의 시대, 정부가 국민으로부터 유리되면서 타자화 하는 사회에서는 국민 고충이나 민원의 발생을 더 이상 임시적·병리적·예외적 현상으로 봐선 안 된다. 이 시대의 본질이며 늘 있는 일이라고 인식하며 접근해야 한다. 국민 고충이나 민원의 해소 문제를 정부 운영의 핵심 과제 내지는 본질적인 책무 가운데 하나로 다뤄야 한다. 국가 기능에 대한 인식의 재조정이 필요하다는 뜻이다. 국가 옴부즈만으로서의 국민권익위원회를 국정 운영의 중심축으로 간주하려는 시각 교정이 절실하다. 이런 시대 상황의 변화를 널리 알리고 국가 옴부즈만 역할의 중요성을 설파, 확장하는 책무는 일차적으로 국민권익위원회에 있다. 무엇보다도 먼저 자신이 이런 엄중한 시대적 소명을 얼마나 처절하게 절감하고 있는지를 스스로 점검하고 성찰하는 노력이 선행돼야 한다.

국가 개조에 대한 사회적인 요구가 높고, 이를 위해 정부 조직을 개편한다는 소식도 들린다. 그러나 보다 더 본질적인 국가 개조를 원한다면 이렇듯 시대 상황의 재인식, 국정 운영 철학의 교정, 정부 운영 중심축의 이동과 같이 국정 운영 양식에 근본적인 변화를 줘야 한다. 지금까지의 국정 운영이 주로 투입이나 전환 과정에 주목하는 것이었다면, 이제 그 과정의 완결성을 담보하기가 어려운 만큼 정부의 실패를 당연시하고 보다 더 환류 과정에 주목하는 쪽으로 국정 운영의 중심축을 이동하자는 것이다. 국정 운영 과정의 모순이 심한 시대인 만큼 그런 모순을 뛰어넘을 만큼 공감 능력이 뛰어난 국가 기구의 활성화가 보다 더 시급하다. 옴부즈만을 새롭게 주목해야 하는 이유다.

(「문화일보」, 2014.07.04.).

규제개혁의 한계와 과제

규제개혁이 이 시대의 최대 화두 가운데 하나가 되었다. 최근의 역대 정부가 모두 규제개혁을 주창했지만 성공하지 못했다. 누적된 규제가 임계범위를 넘었다는 판단이 정부로 하여금 규제개혁을 국정 전면에 두게 했을 것이다. 행정규제를 두고 흔히 관료의 횡포라거나 국회의 의원입법이 남발된 결과라고 하지만 가만히 들여다보면 도입 당시로서는 나름대로 이유가 있었던 것임을 알 수 있다. 사실 규제는 새로운 사회관계의 기준율을 제시하는 만큼 국민을 수익자와 손실자로 가르는 성질을 지녔다. 같은 이치로 규제를 푸는 일도 국민의 이해관계를 재조정하게 된다. 그만큼 정치적 휘발성이 큰 과제다. 그럼에도 불구하고 규제개혁에 나서야 하는 이유는 정보사회 이후 사회관계의 변화 속도가 매우 빨라지게 되었기 때문이다.

모든 법제화 작업의 치명적인 결함은 현재의 사회권력관계 위에서 마련되면서도 미래의 사회관계를 규율해야 한다는 데에 있다. 급변하는 정보사회에서는 어느 누구도 미래의 사회관계를 예정할 수 없는 만큼 거의 모든 법률적 제재는 필연적으로 사회적 수요와 치차를 맞추어나가기가 어렵게 된다. 규제개혁을 상시화 해야 하는 이유다. 오늘 규제개혁에 성공하더라도 바로 내일 새로운 규제수요가 창출되거나 재규제의 필요성이 제기될 수도 있다는 의미다. 정부가 사회관계 변화에 매우 민첩하게 반응해야 한다는 얘기인데 이럴 경우 법률의 권위와 사회적 안정성을 잃게 된다. 규제개혁의 딜레마다. 이를 극복하는 방안 가운데 하나는 규제의 주체를 분권화하여 보다 현장성 있는 대응이 가능하게 하는 일이다. 처음부터 규제가 현장 밀착적으로 이루어질 경우 현실과의 격차나 괴리를 줄일 수 있을 뿐만 아니라 사회관계의 변화에도 보다 민첩하게 조응할 수 있을 것이기 때문이다.

그러나 급변하는 사회에서는 아무리 규제 중추를 분산하고 사회요구와 합치하지 않는 규제를 신속히 포착해서 개혁해 나간다고 하더라도 필연적으로 국민고충과 민원 유발을 피해 나갈 수가 없다. 역동적인 사회관계를 경직적인 법률과 제도로 대응하는 데에는 스스로 한계가 있을 수밖에 없는 일이기 때문이다. 바로 이점에서 국가가 초이성적 판단의 주체로서 언제나 무결점의 행정조율에 나설 것이라는 근대행정의 가정적 전제는 이를 과감히 부정하고 포기할 줄

알아야 한다. 이제 국가의 행정작용은 필연적으로 문제를 동반하지 않을 수 없으며 그런 만큼 국민고충과 민원이 상시적으로 유발된다고 보아야 한다. 규제개혁 같은 사전적이고 집단적 성격의 대응도 중요하지만 사후적이고 개별적인 사안의 구제도 매우 중요하게 되었다. 아니 고충을 겪고 있는 민원인의 입장에서 보면 후자의 전략이 보다 더 신속하고 개별 수요에 조응하는 맞춤형 전략이 된다.

국가 옴부즈만 제도를 혁신적으로 강화해야 하는 이유다. 오늘날 범지구적으로 옴부즈만 제도가 급속히 확산되는 데에는 다 그럴만한 이유가 있었던 것이다. 우리도 예외는 아니어서 국민고충처리위원회에 이어 국민권익위원회를 설치 운영하고 있지만 단순한 행정민원 종합처리 수준을 넘지 못하고 있다. 아직 국가 옴부즈만으로서의 개념 정립에까지 이르렀다고는 보기 어렵다. 현재보다는 훨씬 더 강력한 사안별 조정권을 부여하여 보다 적극적으로 관료주의의 병폐를 신속히 시정하면서도 국가 행정작용의 안정성을 유지하는 전략적 대응에 나설 수 있도록 해야 한다. 그런 점에서 국민권익위원회의 국민고충처리 부분을 독립기관화 하는 것은 물론이고 현재의 국무총리 소속에서 대통령 소속으로 기관의 지위를 바꾸어 보다 강력한 민원해결에 나서도록 해야 한다. 대통령의 권한이 추가적으로 강화된다는 점이 우려된다면 국회 소속의 독립기구화 하는 방안도 검토해 볼 수 있다. 정부의 실패가 일상화 하는 시대에는 새로운 관점에서 정부운영양식 자체를 재디자인 하려는 의지가 필요한 법이다.

(「미래정부」, 2014.05.04.)

거버넌스 시대의 국정개조

나눔의 시대다. 헌신이나 연대 또는 우정이나 박애만을 말하려는 것이 아니다. 물론 모순의 시대이니만큼 승복하지 않는 패자가 도처에 널려 있다. 당연히 이들을 보듬는 일이야말로 최우선적인 시대의 과제 가운데 하나다. 그러나 그보다 훨씬 더 절박한 것은 어느 누구도 더 이상 독점할 수 없고 독점해서도 안 되는 시대로 들어섰다는 점이다. 나누어야 한다. 심지어 헌신이나 박애마저도 독점하는 경우 우정을 잃는다. 감동을 상실하기 십상이다. 이런 주문은 그 대상이 정치권력이건 또는 경제권력이건 더 나아가 다른 그 무엇이건 가리지를 않는다. 불가피하게 분권할 수밖에 없다는 메시지다. 모순의 심연이 깊은 만큼 위험을 나누자는 뜻이기도 하다. 그러나 분권이 단순히 분할을 뜻하는 것이라고 한다면 당연히 해체의 길로 들어서고 만다. 권력을 나눈다는 것은 그 나눈 권력을 들고 은둔하거나 퇴장하라는 뜻이 아니다. 오히려 다시 연대하거나 협력하여 새로운 응전에 나서야 한다는 점을 전제로 하는 주문이자 양해일 뿐이다. 혼자서 하지 말고 여럿이 같이 하자는 것이다. 혼돈의 시대이니 만큼 모두 손잡고 의논하며 주섬주섬 나갈 때 실패의 확률이 그나마 적을 것이라는 매우 간곡한 우려와 두려움에 찬 격려의 목소리다.

18대 대선 진용이 짜지면서 이 시대의 분기점이 무엇일까 생각해 보게 되었다. 18대 대선 이전과 이후를 가르는 가치 준거는 나눔이라고 생각되었다. 산업사회는 모든 것을 한 곳에 모으는 과정이었다. 많은 것, 높은 것이 위세를 떨었다. 가장 많은 것 또는 가장 높은 것으로 말하려는 영웅은 이제 더 이상 호소력이 없게 되었다. 모으는 과정의 부도덕과 모은 이후의 무기력이 불러온 결과다. 하나의 잣대로 세상을 지휘하던 시대는 지나가고 말았다. 펄럭이는 깃발 가운데 찢겨지지 않은 것이 없으며 더럽혀지지 않은 것이 없다. 어느 누구도 깃발만 바라보며 행군하다 넘어지고 싶어 하지는 않는다. 아예 깃대에는 눈길조차 주려 하지 않는 이가 부쩍 늘었다. 각자도생의 길을 열어야 한다고 다짐하는 이들이 한둘이 아니다. 이념의 시대가 저문 탓이다. 더 이상 영웅을 찾을 수 없게 되었다는 사실은 무지랭이 보통사람에게 있어 두려움이지만 축복이다. 비로소 진정한 의미의 공화주의 세례를 받아보게 되었기 때문이다. 남에게 내주었던 내 자리를 돌려받는다는 것은 그런 의욕만으로도 가슴 벅찬 일이다. 소리 없는 혁명의 진행기에 들어선 셈이다. 누가 대통령이 되건 나눔의 철학 없이는 한발자국도 앞으로 나가지 못할 것이다. 누구도 압도적인 세력을 장악하지 못하는 탓이다. 전환기의 특성이다.

시대의 전환기에 방관하고 누워 있을 수만은 없다는 생각에 글을 쓰기로 마음먹게 되었다. 나눔의 시대를 사는 이들이 그 나누어진 조각들을 들고 함께 어울려 살아야 하는 이유는 무엇이며, 어떻게 하면 함께 살아갈 수 있는 것인지.... 새롭게 시작하는 국정운영의 길은 험난하고 예사스럽지 않을 것이라는 생각에 이르렀다. 고장난 국정운영의 디자인을 통째로 내다 버릴 수는 없는 일이라고 하더라도 우선 급한 데로 새로운 작동원리를 모색하고 거기에 맞추어 국정운영 양식의 일부라도 손보는 일에 마음을 보태어 보기로 한 것이다. 국가의 실패가 큰 만큼 국가의 권력을 참정의 주체인 국민들에게 나누어 주고 국민과 함께 국정을 운영하는 거버넌스 시대를 열자는 생각이다. 국가와 시민이 동반자가 되어 국정을 조타해 나간다는 것은 새로운 도전인 만큼 국정운영의 현장이 생각과는 다를 수도 있을 것이다. 그러나 결국 이 길 외에 다른 대안이 현재로서는 없다는 생각을 지녔다. 대선과정에 시대정신이 실종되어 있다는 세간의 지적도 있었다. 혼돈의 시대이니만큼 어느 누구도 선뜻 새로운 패러다임을 제시하기는 쉽지 않은 일이다. 그러나 그런 만큼 오히려 시대정신에 대한 논쟁은 좀 가열되어도 좋을 것 같다.

그렇다고 해서 어떤 체계적인 프레임을 가지고 집필을 시작한 것은 아니다. 기존에 다루던 주제였던 만큼 단편적으로 구상하거나 발표했던 것들을 모으고 부족한 부분을 보완해서 전체로서의 조화를 이루고자 했다. 부족하거나 미진한 부분이 많을 것이라고 생각된다. 당연히 여기서 제시되는 대안들이 개혁수요의 모든 것에 대한 응답도 아니고 유일한 전략이거나 대안인 것도 아니다. 관심을 가지고 지켜보는 부문에 따라 얼마든지 추가적인 문제제기가 가능하고 또 시급한 개혁과제가 산재해 있으리라고 믿는다. 실제 꼭 다루어야 한다고 생각되지만 시간적인 제약으로 다루지 못한 주제도 적지 않았다. 다만 거버넌스 시대의 도래가 불가피하고 거버넌스를 운영하기 위해서는 국정운영의 양식 가운데 일부를 개선하는 일은 불가피하다는 의견에 생각을 보태고 싶었을 뿐이다.

정말로 거버넌스의 관점에서 국정을 재편하고 운영한다면 엄청나게 새로운 시대의 문을 여는 것이 된다. 새 시대를 마지하게 될 모든 이들에게 미리 축하의 말씀을 드려두고 싶다. 우리 모두가 꿈꾸던 길이다.

(「거버넌스 시대의 국정개조」 서문, 2012.10.27.)

스마트 융합시대의 서비스 성공모델

오늘의 이 모임은 매우 뜻깊은 자리다. 융합의 시대가 무엇인지를 실증적으로 보여주고 있기 때문이다. 산업사회의 이분법적 인식만으로는 더 이상 오늘날의 사회를 이해하거나 견인할 수 없다는 깨달음은 진작부터 있었다. 그러나 실제로 이분법적으로 갈라진 것들 사이의 융합을 시도하는 일이 아직은 시대의 대세를 이루었다고 말하기 어렵다. 패러다임 전환에 대한 절박한 수요가 있음에도 불구하고 대안 패러다임을 구하려는 실천적인 노력은 아직 그리 많지 않다.

이런 가운데 오늘의 이 자리는 매우 다양한 차원에서 융합을 선도하고 있다. 새로운 패러다임 모색에 나선 것이라고 평가 받아야 옳을 일이다. 서로 다른 전자적 프로토콜이나 기술 간의 융합은 물론이고, 전자적 서비스와 전통적인 조직관리를 결합하는 일이 시도되고 있다. 대학, 연구소, 학회가 함께 협력적 연대에 나서고 있으며, 학계와 실무계가 만나 경계 넘기의 전범이 무엇인지를 보여주려 한다.

융합이 값진 시도로 평가되는 이유는 단순히 물리적 혼합이나 화학적 결합을 통해 새로운 모드를 제안하기 때문만은 아니다. 그보다는 훨씬 더 원초적인 것으로서 가치융합을 불러오게 될 것이라는 기대가 있기 때문이다. 오늘의 이 자리가 바로 그런 가치융합의 출발점이 되기를 기원한다. 새로운 눈으로 세상을 다시 볼 수 있게 되기를 고대한다. 모순의 시대를 극복하려면 새로운 눈으로 세상을 볼 수 있어야 하고, 새로운 눈으로 세상을 보려면 새로운 정신, 새로운 가치관이 있어야 가능한 일이다.

여러분의 새로운 가치관이 새로운 세상을 열 수 있다. 세상이 불공평하다거나 억울하다면 흔히 지도자의 부도덕이나 규칙의 불공정성을 말하거나 나무라는 것이 보통이다. 그러나 다시 생각해 보면 우리의 눈이 또는 그들의 눈이 새로운 세상에 아직 적응하지 못했거나 과거에 머물러 있기 때문인 것은 아닌가 생각해 볼 필요가 있다. 시대가 변했는데 과거의 눈으로 세상을 보는 데에서 적지 않은 문제가 생겨나고 있다.

제2차 세계대전이 끝나고도 27년이나 지나서 괌의 정글에서 땅굴을 파고 홀로 생존투쟁을 계속하던 일본인 병사 요코이는 일본이 패전하고 전쟁은 끝났다는 소식을 접하게 된다. 그때서야 일본으로 귀국한다. 그가 귀국하는 비행장에서 한 말은 죽지 않고 돌아

와서 죄송하다는 것이었다. 전쟁이 끝났다는 사실을 몰랐던 그는 27년 이전의 일본, 대동아공영권을 지향하며 결사항전하던 시대의 가치관 속에서 여전히 살고 있었던 것이다.

우리도 결코 다르지 않을 수 있다. 달라지는 세상에 대응하는 새로운 가치관을 개발하고 적응해 나가려고 하지 않는다면 이 도도한 시대의 흐름 속에서 여전히 괌의 정글 속에 남아 생존투쟁하는 제2, 제3의 요코이가 되지 말라는 법이 없다.

여러분이 오늘 시도하는 일들은 새로운 시대에 적합한 사회 관계를 창출하려는 몸부림의 하나다. 후기근대의 기술적 요구에 부응하는 새로운 질서, 사회 관계를 창출하려는 노력 가운데 하나다. 여러분의 이런 노력들이 어우러져 종당에는 새로운 가치관을 빚어낼 수 있게 될 것이라고 믿는다. 여러분이야 말로 이 시대의 최일선에서 시대정신을 발굴하려고 몸 받쳐 일하는 전사들이라고 생각한다.

매우 뜻깊은 주제를 선정하고 그에 대한 연구를 지원, 조장했으며 더 나아가 그 결과물로 세미나를 준비하기까지 크고 작은 일에 수고를 아끼지 않으신 한성대, 한국지역정보학회, 한국미래정부연구회 회원 여러분과 임원진께 충심으로 감사의 말씀을 올린다. 축하의 성원도 함께 전하고자 한다.

(「스마트 융합시대의 서비스 성공모델 및 사례 세미나」 축사, 2012.06.30.).

행정과 정치의 통섭 : 거버넌스에 대한 단상(斷想)

해외여행 중에 연락을 받았다. 행정과 정치의 관계에 대해 아무거나 한 편 쓰라는 것이었다. 제기한 문제의식은 행정학이 너무 정치적 관점에 대해 무관심하다는 데 있었다. 대리인을 통한 간접민주주의의 한계에 대한 반성과 함께 직접민주주의 요소를 보완해야 한다는 참여민주의, 담론민주주의, 결사체민주주의 등에 대한 수요가 큰 만큼 행정학이 관리론의 한계에서 벗어나 정치적 관점을 확장해야 한다는 것은 시대적 당위에 속한다. 그러니 정치에 대한 행정학계의 관심을 제고하는 것이면 무엇이든 좋다는 편집자의 주문도 괜한 말은 아닌 것 같았다.

처음 제안을 받았을 때는 매우 호소력이 높은 주제 같았으나 다시 생각해보니 행정학이 정치적 관점을 외면하는 것은 행정학자의 태만에 그 주요원인을 두는 것은 아닌 것 같았다. 무엇보다도 행정과 정치가 일원론과 이원론을 거듭하면서 항구적인 양자 간의 관계설정에 실패하기 때문은 아닌가 하는 생각이 들었다. 그리고 그 실패의 근인은 행정과 정치의 본성 내지는 개념규정 작업 자체의 실패에 있는 것이라는 상상도 하게 되었다.

요즈음 거버넌스가 사회과학계의 유행어가 되어 있지만, 행정과 정치의 관계 또는 행정과 정치 각자가 내포하고 있는 과제를 거버넌스 만큼 고스란히 승계한 경우도 흔치 않을 것이다. 그렇기 때문에 거버넌스는 당위적이고 규범적인 차원에서라면 몰라도 경험적 실체를 논하는 차원에 이르면 매우 불명하며 혼란스럽고 또 때로는 곤혹스럽기까지도 한 개념이다.

거버넌스를 이해하는 접근시각에는 실로 다양한 관점이 혼재 되어 있지만 가장 대표적인 것 가운데 하나는 국가와 시민사회 또는 정부와 시민 사이의 협력적 공조체제, 또는 이를 위한 참여, 담론, 소통, 등을 포괄하는 개념이다. 그러나 정작 그런 참여나 담론 내지는 협력을 통해 달성하고자 하는 목적가치 또는 궁극적인 지향점이 무엇인지에 대해서는 잘 말하지 않는다. 아니 그런 궁극적인 가치에 도달하기 전까지의 구체적인 상호작용 경로에 대해서도 입을 다물기는 마찬가지이다.

정부와 시민 사이의 협력이나 공조가 거버넌스의 핵심적 과제임에도 불구하고 그에 대한 분석적 설명을 찾아보기 어렵다는 뜻이다. 그러나 정부가 행정과정을 그리고 시민이 정치과정을 함축하는 것이라고 한다면, 거버넌스는 행정학의 오랜 숙제인 행정과 정치의 관계를 행정부와 입법부 사이에서가 아니라 그로부터 문맥을 달리하여 정부와 시민 사이에서 재인식하고자 한 것에 다름 아닐 것이다.

그런데 사회현상에 대한 논의는 그 논의의 초점을 어디에 맞추느냐에 따라 또는 분석 단위를 어떻게 설정하느냐에 따라 대체로 세 가지 유형으로 구분해 볼 수 있다. 가장 기본적인 것으로는 환경 내지는 그의 역사적 총체로 인식 되는 맥락적 조건에 초점을 맞추는 경우다. 다음으로는 그런 환경적 조건 하에서 활동하거나 상호작용하는 활동자의 궤적을 추적하는 일이다. 그런 활동자를 조정 또는 통제하는 의식 내지는 가정적 전제로 초점을 좁혀 인식론적 차원의 과제를 다루는 경우가 다른 하나다.

그런데 행정학에서 행정과 정치의 관계에 대한 논의가 가장 먼저 시작된 것은 바로 이 환경 차원에서였다. 행정과 정치의 환경적 토대인 헌정질서에 주목함으로서 행정부와 입법부가 서로 분립적 관계에 있다고 본 것이다. 아니 바로 그런 분립적 관계가 규범적 당위라고 보았다. 미국 행정학이 정치행정이원론을 통해 양자 간의 관계를 격리시켜 보게 된 시발점이다. 그러나 이는 미국적 편향성을 말하는 것에 다름 아니다.

미국과 같이 권력분립론에 따라 행정부와 입법부가 각기 견제와 균형의 관계를 유지하도록 되어 있는 헌정질서 하에서는, 행정부와 입법부가 각기 분립적 관계를 구축하는 것이 당연하고 또 바람직한 일일 것이다. 그러나 권력응집론에 따라 행정부와 입법부가 분립되지 않는 영국식 내각책임제 하에서라면 같은 제도론적인 접근 전략의 한계에 빠지는 것이기는 하지만 결코 정치행정이론적인 접근시각을 들고 나오기는 쉽지 않았을 것이다.

행정과 정치가 일체형을 이루거나 최소한 상호작용한다는 인식은 내각책임제 헌정질서 하에서라면 너무나도 당연한 귀결이자 당위이다. 대통령중심제와 내각책임제는 이렇듯 행정부와 입법부 간의 관계에 대한 규범론적인 입장에서 서로 다르다. 그러나 행정학의 단초를 열었던 초기 정치행정이원론자들은 바로 이런 헌정질서의 구조적 차이에 대한 인식이 없었던 것 같다. 행정이 이루어지는 환경 내지는 맥락적 조건에 따라 행정과 정치의 관계 설정이 달라진다는 인식이 결여되었던 것이다.

이는 거버넌스에 관한 논의에서도 같다. 거버넌스가 이루어지는 환경적 토대로서의 헌정질서가 어떤 권력구조를 채택하느냐에 따라 정부와 시민 사이의 상호작용양식이 영향을 받을 것은 자명한 이치이다. 그러나 이점에 대한 배려를 미국 행정학계의 거버넌스에 대한 논의에서는 찾아보기 쉽지 않다. 또 다른 형태의 미국적 편향성인 셈이다. 시민의 정치적 투입창구를 정당과 그의 발현체인 의회가 독점 또는 과점하도록 하는 헌정질서에 대한 근본적인 반성이나 고민 없이 정부와 시민을 직접 연결시키고자 하는 거버넌스는 통상 대의과정을 우회한다는 점에서 대의과정과 대안적 관계 내지는 대척적 관계를 형성하는 것으로 이해된다. 기관차원의 권력분립론과 그의 연장선상에 있는 셈이다. 그러나 권력융합론의 시각에서 접근한다면 거버넌스와 대의과정은 적대적 관계가 아니라 보완적 관계 내지는 보충적 관계로 이해되어야 마땅한 일이다. 그러니까 거버넌스를 대의과정의 전단계 내지는 그의 일부로 인식할 수도 있다는 말이다.

이런 맥락적 조건 내지는 환경의 차이에 대한 인식의 결여와 함께 기관중심의 제도론적 접근시각이 불러온 규범론적인 설명의 한계에 대한 반성은 행정과 정치의 관계에 대한 논의의 초점을 정부 내부 기관 간의 권력관계가 아니라 정부와 시민 간의 관계로 문맥을 달리하면서 정부과정에 참여하는 활동자 개인에 맞추도록 했다. 분석의 초점을 기관차원의 공식적 관계로부터 활동자 개개인의 행태로 옮긴 것이다. 바로 이런 활동자 중심의 행태론은 제도론적 접근시각의 한계를 행정부와 입법부 간의 경계를 넘는 것으로 극복하면서 양자 간의 상호작용 내지는 상호의존적 관계에 주목하는 출발점이 되었다.

그러나 이때의 상호작용 내지는 참여와 담론 그리고 그 결과로서의 협력적 공조체제 구축은 경험적 실체의 서술이라기보다는 규범적 당위의 성격이 크다. 과연 행정과 정치 사이의 담론과 협력이 가능한 것인지에 대한 근본적인 문제의식이 없으며 또한 이를 실증하고 있는 것으로 판단되지도 않기 때문이다. 이는 기실 불가피한 귀결이기도 하다. 왜냐하면 행정과 정치는 서로 공유하는 부분이 있는 것도 사실이지만 또 다른 한편에서 보면 상호대립적인 요소도 안고 있어 서로 융합하기 어려운 측면이 있기 때문이다. 이점은 거버넌스를 행정관리적인 측면에서 접근하는 이들이 "책임성 있는 관리시스템"으로 여기는 데 반해 정치과정론적인 측면에서 접근하는 이들은 다양한 이해관계자들을 포괄하는 "정치의 한 양식"으로 이해하는 데서도 드러난다. 이렇듯 행정과 정치가 서로 융합하기 어려운 요소는 여러 차원에 혼재되어 있다.

첫째, 거버넌스가 말하는 정부와 시민 사이의 참여와 담론 내지는 협력적 공조는 기실 정부라는 행정과정의 공식성과 시민이라는 정치과정의 비공식성 간의 소통과 융합에 관한 차원을 함축한다. 당연히 공식성과 비공식성 내지는 제도와 행태 사이의 소통과 융합을 시사하는 것이지만 과연 어떻게 공식성과 비공식성이 대화하고 화해하며 상호이해에 이르게 되는 것인지를 설명하기가 쉽지 않다. 공식성과 비공식성은 서로 다른 차원의 것이기 때문에 상호 단절과 격차를 내포할 수밖에 없으며 그렇기 때문에 이들 사이의 민주적 소통은 처음부터 성립하기 어려운 요소를 동반한다.

이는 마치 근대와 후기근대의 대화와 통섭을 강요하는 것처럼 들리기도 한다. 후기근대가 근대의 현주소에 내포되어 있는 모순과 갈등에 대한 비판과 부정에서 시작된 미래지향적이고 현재진행적인 성질의 현상이라고 한다면, 거기에는 지속성과 단절성의 양면이 공존할 것이다. 그런데 근대 정부가 타자에 대한 자기책임을 강조하면서 구조와 체제를 중심으로 일반적이고 보편적인 안내지침을 제시하고 일관성과 예정성, 책임과 권한 따위를 명료하게 규정하려는 것인 데 반해, 후기근대가 강조하는 시민사회는 더 이상 타자에 의해 윤리적 지침이 만들어지는 것을 부정하면서 구성원 각자의 자유와 자기결정권, 자신에 대한 책임을 강조하고 나아가 유동성, 역동성, 불명성, 불안전성을 동반하는 것이기 때문이다.

둘째는 정부 내지는 행정이 경제적 합리성, 과학적 합리성, 관료제적 합리성을 지향하는 데 반해 시민사회 내지는 정치과정은 사회구성원 전체의 총만족도를 극대화 하고자 한다는 점에서 정치적 합리성을 추구하기 마련이다. 행정이 과학적 합리성을 지향하고 정치가 정치적 합리성을 지향하는 한 이들 사이의 소통을 통한 가치 융합은 기대하기 어려운 과제일 것이다. 만일 양자 간의 융합이나 결속이 가능하다면 그렇게 해서 만들어지는 궁극적 가치의 실체는 과연 무엇일까? 거버넌스가 행정과 정치의 협력적 공조를 통해 달성하고자 하는 규범적 당위의 실체는 무엇인지가 불명한 것은 행정학의 그에 대한 관심의 결여에 따른 결과가 아니라 과제 자체의 본질적 결함 가운데 하나일 것이라는 의미다.

셋째, 이는 행정이 일원주의를 그리고 정치가 다원주의를 지향하고, 그렇기 때문에 양자 간의 충돌은 불가피하다는 인식과도 연동된다. 행정은 그의 속성상 생산성 내지는 수단적 합리성이라고 하는 단일적 가치를 추구하도록 되어 있다. 모든 사회적 다양성이나 이견을 일원주의적 질서로 순치하거나 다듬는 데에 정부의 행정과정은 일차적 목표를 둔다. 바로 이점이 행정으로 하여금 관리론의 함정에 빠지게 하는 이유이기도 하다. 그러나 시민사회의 다원주의적 가치관은 바로 이런 일원주의를 거부한다.

정치는 원래 복잡하고 다양한 사회관계를 전제한다. 다원성은 좋은 것이라는 가치지향성도 지녔다. 따라서 가치관 간의 충돌은 당연하고 자연스러운 일이라고 본다. 그렇기 때문에 사회공동체 구성원이 모두 어떤 가치관을 중심으로 상합하거나 일치해야 할 이유는 없다. 어떤 가치가 다른 가치보다 우월하거나 우선한다고도 보지 않는다. 이는 가치불가측론이나 비교불가론과도 연동된다.

따라서 정치는 어떤 일원주의적 가치관으로 사회 전체를 재단하거나 통일하자는 것이 아니며 데이비드 이스튼(David Easton)류의 저술에서 보는 바와 같이 자원의 최종적이고 지속적이며 권위적인 배분을 뜻하는 것도 아니다. 따라서 어떤 사회공동체 내부에 만장일치가 있다면 이는 정치의 종말을 뜻하는 의미로 해석된다. 정치란 어떤 가치에 대한 근본적인 수용이나 합의를 뜻하는 것이 아니며 단순히 서로의 공존을 위해 최소한의 공유를 잠정적으로 합의하는 것에 지나지 않는다.

반면에 행정의 원형은 이미 합의가 이루어진 어떤 목적달성의 수단적 합리성을 지향한다. 따라서 다른 가치와의 공존이 불가능하고 상위 가치와 하위 가치 간의 구분이 없으며 오로지 합리주의라는 궁극적 해답 내지는 완전한 형태의 정의만을 추구하게 된다. 이런 일원주의적 사고는 행정이 지향하는 실용주의로 하여금 행정과정의 도덕적 선택권을 박탈하는 결과가 되며, 가치선택상의 고민이나 갈등이 없어 수단적 합리성이 도덕적 판단을 대신하게 된다.

이럴 경우 모든 판단의 근거로는 오로지 방법론적인 정당성만이 남게 되며, 가치판단의 문제가 기술적 과제 내지는 수단상의 문제로 전환된다. 따라서 정의는 자비를 잃고 실존의 세계에는 야만적 현실만이 남게 된다. 이는 계서제의 원리가 개인 간의 자유를 허용하는 과정으로서가 아니라 결정론적으로 어떤 결과를 지향하는 일원적인 누적과정으로 이해된다는 점에서 일종의 집적체제로 간주되어야 한다는 의미이기도 하다. 인간행태에 대한 추정적 판단이 가능하다고 본다는 점에서는 인과관계를 폐쇄론적 관점에서 인식하는 것이기도 하다. 따라서 행정이 추구하는 공식성, 과학적 합리성, 일원주의와 정치가 지향하는 비공식성, 정치적 합리성, 다원주의는 양자 간의 담론이나 협력 과정에서 당연히 갈등과 모순을 불러오기 마련이며, 바로 이런 대립적 현상을 해소하기 위한 방편으로 고안된 것 가운데 하나가 관찰의 초점을 활동자 개인 차원에서 그보다는 한 단계 더 낮은 차원으로 이동하고자 하는 전략으로 여겨진다. 거버넌스가 성찰적 사고나 그를 통한 가치융합 내지는 준정치(sub-politics: 하위정치)의 개념을 도입하고자 한 이유인 것이다.

그러나 준정치는 행정의 공식성과 정치의 비공식성, 과학적 합리성과 정치적 합리성, 일원주의와 다원주의가 상호작용하는 과정의 접경지대에 예정 또는 내포되어 있는 치차조절 실패나 구조적 모순을 호도하거나 은폐하기 위해 고안된 임시방편처럼 보인다. 공식성이 끝나고 비공식성이 시작하는 곳에서 과학적 합리성과 정치적 합리성이 중첩하거나 일원주의가 다원주의를 내포적으로 수용하는 새로운 경계영역 내지는 완충지대를 설정하자는 것으로 해석되지만, 그것 자체가 무엇인지를 결정론적으로 규정하지는 못하고 있기 때문이다. 이점에서 준정치는 그의 대개념이라고 해야 할 거버넌스 자체와 크게 다를 것이 없다. 일종의 동의반복적 자기모순에 빠지는 셈이다.

그리고 그런 접경지대에서의 접점이 서로 격리되는 것을 막기 위한 장치로는 성찰적 시민(reflexive citizen)의 개념이 고안, 제시되고 있다. 전압이 서로 다른 전기를 연결시키고 전류가 흐르도록 하기 위해서는 변압기가 필요한 것처럼 적극적 시민의 성찰이라는 변압과정을 통해 행정과 정치를 연결시켜보고자 한 것이다. 구조나 행태의 차원에서 해결하지 못한 과제를 인식론 차원의 새로운 디자인을 통해 해결하고자 한 것이다. 그러나 성찰적 시민의 개념도 그러한 전환과정이 구체적으로 어떤 경로를 취하게 되는지에 대해서는 함구한다. 인간의 성찰적 사유가 가치융합을 가능케 할 것이라는 기대이지만 그 가치융합에 이르는 과정에 대한 분석적 조명이 결여되어 있기는 마찬가지인 것이다. 따라서 성찰적 시민이란 참여나 담론 내지는 협력적 공조와 같이 가시적이고 행태론적인 서술이 행정과 정치 간의 상호작용을 분석적으로 설명하지 못한 부분을 성찰이라고 하는 비가시적이고 내포적인 개념으로 도장한 것에 지나지 않는 셈이다.

다만 그런 변압과정을 설명하기 위한 틀로 제시된 것 가운데 하나에는 프레이밍 이론(framing theory)이 있다. 행정과 정치가 소통하고 상호 의존적 관계를 구축하기 위해서는 양자를 연결시켜주는 기본 디자인이 전제되어 있어야 한다고 보고, 이를 프레임 교환이라는 개념을 통해 설명하고자 한 것이다. 분석적인 접근을 시도한 것이기는 하지만 그리고 프레임을 통해 상호교호적 관계라는 현실을 재구성하는 데 성공하는 것이 사실이기는 하지만, 그 결과 행정과 정치가 궁극적으로 빚어내는 그 어떤 것의 실체가 무엇인지에 대해서는 설명하지 않는다는 한계를 지녔다. 행정과 정치의 상호작용 내지는 협력에 대한 과정이나 절차에 대해서는 설명이 가능할지 몰라도 그 절차에 따라 성취되거나 지향하는 궁극적인 실체가 무엇인지에 대해서는 함구하고 있는 것이다.

결국 거버넌스는 행정부와 입법부의 관계 속에서 파악하지 못한 행정과 정치의 융합과 통섭의 문제를 정부와 시민 사이의 관계 설정을 통해 재규정해 보고자 한 것이지만, 행정과 정치의 구조적 모순 내지는 갈등적 경계를 초극하지는 못한다는 한계를 지녔다. 이를 극복하기 위한 대안으로 준정치론, 성찰적 시민론, 가치융합론, 프레이밍 이론 등이 보조적으로 등장하고 있지만 이들도 그런 한계를 뛰어넘지 못하기는 마찬가지인 것 같다. 거버넌스는 전통적인 국정운영양식에 대한 대안적 방편으로 제시되었지만 전통적 국정관리양식에 내포되어 있는 행정과 정치를 통섭적으로 융합하는 문제는 여전히 미래의 과제로 남겨두고 있는 셈이다.

행정학이 행정과 정치의 관계와 관련하여 환경, 활동자의 행태 내지는 과정, 인식의 틀에 이르기까지 다양한 접근전략을 고안하거나 도입해 왔으나 이들은 모두 이전의 접근전략에 내포되어 있는 문제를 극복하기 보다는 다만 논의의 차원을 달리하거나 전환함으로서 문제의 소재지를 호도해 왔을 뿐이라는 뼈아픈 자기반성과도 만나게 된다. 이점에서 볼 때 거버넌스 또는 가치융합 시대의 행정과 정치는 그것 자체의 개념을 재규정해야 하는 것은 아닐까? 이런 사회과학적 개념의 재구성 작업은 후기근대의 특성이자 요구이기도 한 일이다. 그만큼 행정학이 응용과학으로서 당면한 과제는 여전히 넘치고 또 지속적이라는 자기 수요 측정에도 이르게 된다.

(「한국행정학회 소식지」, 2010. Winter.).

국민권익구제제도로서의 옴부즈만

1. 서론

옴부즈만의 발흥이 실로 괄목할 만하다. 지리적으로는 범지구적으로 확산되고, 활동영역에 있어서는 공적 부문에서 사적 부문으로까지 퍼져나가고 있다. 옴부즈만 제도는 원래 스웨덴에서 시작되었지만, 이제는 더 이상 스웨덴만의 고유한 제도가 아니다. 2007년 현재 전 세계 125개 UN 회원국 가운데 3분의 2 이상이 옴부즈만을 설치하고 있고 103개 옴부즈만이 세계옴부즈만협회(International Ombudsman Institute) 가맹 회원이 되어 있다(International Ombudsman Institute, 2007). 일단 옴부즈만 제도를 도입한 나라 가운데 이를 폐지한 나라는 아직 없으며(정순교, 2005:19), 지금도 계속 채택하는 나라가 증가하는 추세에 있다.

그 뿐만이 아니다. 옴부즈만은 또 자신의 본래 모습을 적지 않게 변모시켜 왔다. 지금의 스웨덴 옴부즈만이 다른 나라 옴부즈만보다 오히려 더 독특한 점을 많이 가지고 있다는 사실은 매우 특기할 만한 일이다. 그것은 스웨덴식 옴부즈만 제도보다는 덴마크식 옴부즈만 제도를 각 나라의 법체계와 정치, 문화 환경에 맞게 다소 변형시켜 받아들이고 발전시켜 왔기 때문이다. 그러나 그 가운데에서도 가장 두드러진 변화는 국민의 기본권 보장이나 권리 구제에 주목하던 옴브즈만이 이제는 다양한 유형의 갈등 조정과 기관혁신 분야에도 강조점을 두기 시작했다는 점이다.

이렇듯 옴부즈만이 그의 양적 규모를 확장하고 기능적 비중을 강화하는 현상은 한국에 있어서도 예외가 아니다. '경제자유구역의지정및운영에관한법률'이 '외국인 투자 옴부즈만'을 설치하고 있고, '산업집적활성화및공장설립에관한법률'이 '공장설립 옴부즈만'을 규정하게 되었다. 법무부의 교정시민 옴부즈만이나 관세청의 관세 옴부즈만 같이 정부부처가 자체규정을 통해 설치한 사례도 적지 않다. 자치단체 가운데는 부천시가 조례로 옴부즈만을 설치, 운영하고 있으며, 서울시가 청렴계약 옴부즈만을 운영하고 있다. 2008년 2월 이명박 정부가 출범하면서 국민고충처리위원회, 국가청렴위원회, 국무총리행정심판위원회를 통합 개편한 국민권익위원회는 가장 대표적인 국가옴부즈만에 해당된다. 국가인권위원회, 소비자보호위원회, 사학분쟁조정위원회, 공정거래위원회, 정보통신위원회, 등도 그의 기능상 옴부즈만에 해당된다.

이렇게 현대정부가 국민권익구제제도의 활성화에 유의하는 데에는 실로 다양한 요인이 작용한 탓이겠지만, 그 가운데에서도 정치권의 무력함과 사법과정의 폐쇄성에 대한 절망감이 크게 영향을 미쳤을 것이라는 점은 쉽게 상상해 볼 수 있다. 그러니까 정부의 대국민 책임성 확보 장치들이 제 역할을 다하지 못한다는 현실인식이 이를 대체하거나 보완할 특단의 대책이 필요하다는 판단에 이르게 했고, 그 결과가 국민과 직접대화하고 의사소통하는 거버넌스의 확립이 필요하다는 생각에 이르도록 했을 것이다. 그리고 그런 장치의 하나로 국민권익구제제도의 중요성을 재인식하게 되었을 것으로 판단된다.

무엇보다도 대부분의 거버넌스 관련 논의들이 정부의 정책과정 가운데 투입자원 확보에 치중하거나 거기에서 조금 더 나간다고 하더라도 전환단계에서의 시민참여 문제를 다루는 반면, 환류단계에 대해서는 상대적으로 소홀했다는 점을 환기해 볼 때, 국민권익구제제도로서의 옴부즈만은 매우 시의적절한 제도적 장치인 셈이다. 옴부즈만으로서의 국민권인위원회는 정부정책과정의 환류단계에 주목하는 거버넌스의 한 양식이라고 하겠다.[1]

이런 문제의식과 현실인식을 토대로 현대사회가 왜 국민권익구제제도를 필요로 하는지를 옴부즈만의 발흥 원인에 대한 체계적인 추적을 통해 규명해 보자는 데 이 글은 우선적인 목적을 두고 있다.

1) 김상묵 외(2004)는 정책과정을 의제설정, 정책형성, 정책집행, 정책평가의 4단계로 나누고 옴부즈만을 이 가운데 정책평가 단계에서 이루어지는 능동적 시민참여의 한 양식이라고 평가한 바 있다.

2. 행정국가의 구조적 모순과 한계

한 사회의 갈등적 대립관계를 중립적 관점에서 조정하고 통합 관리하기 위해서는 국가의 사회적 관계에 대한 개입이 불가피하다는 인식은 근대 산업사회의 도래와 함께 행정국가의 등장을 정당화하는 주요 요인이 되었다. 그런데 이런 행정국가는 산업사회적 생산양식에 기초한 사회 관계를 조응하는 데 있어 가장 효율적인 국가구성의 원리를 관료제에서 찾고자 했다. 소품종 대량생산체제가 요구하는 기술적 합리성(technical rationality)을 확보하기 위해서는 관료제가 가장 이상적이라고 본 것이다. 그러나 관료제는 그의 외부와의 관계를 다룬 이론의 틀이나 내부와의 관계에서 나타나는 운영실제에 있어 모두 치명적인 결함을 지녔다.

먼저 관료제 외부와의 관계 그러니까 시민과의 관계를 설정한 논리의 틀을 점검해 볼 때, 관료제는 기본적으로 시민을 참정의 주체로 존중하는 것이 아니라 일방적 향도나 관리의 대상으로 삼는다. 이런 시각상의 장애는 관료제가 그의 본질적인 특성을 계서제의 원리와 전문성의 원리에 두는 데에서부터 비롯된다. 계서제는 조직목표의 달성을 위한 수단의 합리성 제고를 위해 지식과 정보를 조직의 상위 계층에 집중시키고자 한다. 그런 만큼 의사결정의 중추인 상위 계서로 올라갈수록 전문지식이나 정보의 축적 정도가 높고, 하위 계서로 내려갈수록 반대의 현상이 자리 잡게 된다. 이런 전문성 정도의 계서는 권위의 계서를 뜻하고 권위의 계서는 다시 명령과 복종의 연쇄 고리를 형성하는 근거이기도 하다. 이를 사회

체계 전체로 확장해 보면, 사회관계의 상층부를 구성하는 정부에는 지식과 정보가 집중되는 데 반해, 그런 정부에 의해 관리되는 시민사회에는 필요 정보나 지식이 상대적으로 결핍되어 있다고 보게 된다. 이런 인식의 틀 속에서는 아무리 민주정부라고 하더라도 시민이 선거 때 한번 투표권을 행사하는 것 외에는 사실상 국정운영 과정에의 참여를 정당화하기가 어렵게 된다(Jorgensen, 1994:220).

따라서 국정운영을 위해서는 참정의 대리인이 필요하다는 논리를 필요로 하게 되는 데, 이는 전문성의 원리에 의해 보다 더 강화된다. 전문성의 원리에 의하면 현대사회의 정책과제는 고도기술화, 복잡화, 다원화하는 만큼 전문가적인 식견이나 지식이 아니고서는 이에 적절히 조응해 나갈 수 없다. 그러므로 시민을 대리한 전문가가 그의 전문가적인 식견과 판단에 따라 국정을 운영하는 것이 불가피하게 된다. 그리고 전문가가 전문가적인 식견이나 윤리의식에 따라 정책판단에 나서기 위해서는 그의 자율적 의사결정권을 보장해 주어야 한다. 전문가에 의한 자율정부(autonomous government)가 행정국가의 요체인 셈이다. 이런 자율정부는 전문가 자신의 도덕률이나 동료 간의 집단압력(peer group pressure)에 의해 유지된다. 이 경우 비전문가인 시민은 공적기구가 정한 전문가적인 판단이나 규율에 따라 피동적으로 반응하거나 관리되는 존재다. 민주적 참정의 주체로서가 아니라 신민(subject)으로 다루어지는 것이다.

이런 구조 하에서는 행정기구나 관료가 시민에 대해 우월적 지위를 가지면서 실질적으로 시민의 통제권 밖에서 활동하는 결과를 낳게 된다. 그 결과 아무리 관료제의 원리에 따라 질서정연하게 운영된다고 하더라도 행정국가의 운영 결과는 필연적으로 시민의 선호나 판단 내지는 의지를 외면하게 된다. 이로 인해 다양한 양식의 행정실패가 유발될 것은 물론이다. 행정행위가 시민이 생각하는 의미의 정의에 부합하지 않거나, 입법의도를 외면하고, 재량권을 남용하며, 시민에 대한 예의범절을 지키지 않고 거친 행동양식을 보이거나 위엄을 떨고 권위를 남용하는가 하면, 억압하고, 감시하며, 불공정한 정책을 입안하고, 특정정당을 편들거나, 법률을 지키지 않는 일들이 빈발하게 된다(Ghottehrer & Hostina, 1998:12).

보다 더 중요한 것은 관료제가 지향하는 목적가치가 능률성 내지는 과학적 합리성(scientific rationality)의 실현에 있다면 시민이 지향하는 목적가치는 민주성 내지는 정치적 합리성(political rationality)의 충족에 있다는 점이다. 관료제가 지향하는 바는 투자비용 대비 산출효과의 극대화를 통해 수단의 적실성 내지는 타당성 정도를 높이자는 것이다. 그러나 시민은 시민 각자가 누리는 만족도 총합의 극대화를 지향하기 마련이다. 그러니까 기본적으로 지향하는 바가 서로 다르다. 관료제가 수단적 차원의 가치에 유의하는 것이라고 한다면 시민은 궁극적인 목적가치의 충족에 주목한다. 이와 관련한 능률성과 민주성은 서로 다른 성격의 것이어서 우연히 공유하는 영역이 있을 수는 있지만 기본적으로는 서로 다른 영역에서 구현되는 가치와 질서를 추구한다.

그러나 관료제에 기초하는 웨버리언 모델(Weberian Model)은 이들 양자의 융합이 당연하고 또 가능한 것으로 상정해 왔다. 그렇기 때문에 정치적 대리인을 통해 결집된 시민의 일반의지가 입법부의 법률제정이나 정책정향을 통해 행정부에 전달되고 이를 받아 행정관료가 행정을 집행하는 가운데 정치적 합리성과 과학적 합리성이 융합되고 또 구현된다고 보았다. 그러나 이때 정치적 합리성과 과학적 합리성이 어떤 매개변수를 통해 어떤 양식으로 융합되는지에 대해서는 아직 구체적으로 밝혀진 것이 없다. 다만 사이몬(Simon, 1976)이 합리적 의사결정의 전제로서 사실전제와 가치전제를 제시하기는 했으나 여전히 사실전제와 가치전제가 어떤 양식에 의해 조정 또는 융합되는 것인지에 대해서는 구체적으로 논의된 것이 없다.[2)]

이는 당연한 귀결로서, 본디 정치적 합리성과 과학적 합리성을 융합한다는 일은 웨버리언 모델이 정초하고 있고 또 그 자신을 정당화 하는 규범적이고 당위적인 논거이기는 하지만, 정치적 합리성과 과학적 합리성이 지향하는 목적가치가 서로 다른 이상 이들을 융합하여 제3의 가치를 창출한다는 일은 처음부터 구현하기 어려운 과제이다. 설혹 제3의 가치가 창출된다고 하더라도 과연 그 제3의 가치가 무엇인지에 대해서는 여전히 모호하다. 그러나 웨버리언 모델은 바로 이런 자체 논리에 내재되어 있는 규범적 당위와 현실적 경험의 세계를 엄격히 구분하지 못했으며, 그 결과 현대 행정국가의 구성 원리와 운영양식에 있어 매우 근본적인 오류를 배태하게 되었다.

2) 사이몬은 자신의 이런 합리적 의사결정 모형을 수정하면서 만족 모형을 제시하고 있으나 여전히 어떻게 가치와 사실을 조합하여 만족 상태에 이르게 되는 것인지에 대해서는 밝히지 않았다.

행정국가가 아무리 성공적으로 운영된다고 하더라도 그가 시민의 정치적 요구에 조응하기에는 본질적인 한계가 있을 수밖에 없다는 뜻이다. 아니 행정국가의 관료제 운영이 성공적일수록 그만큼 더 과학적 합리성의 구현에 충실할 것임으로 오히려 정치적 합리성의 구현 그러니까 시민의 일상적인 선호나 소망이 반영될 가능성은 줄어들게 된다(de Castro, 1997:1). 역으로 행정국가가 정치적 합리성 증대에 유의한다면 적어도 이론적으로는 더 이상 행정국가일 수가 없다. 행정국가는 그의 존립근거를 관료제의 원리에 두기 때문이다. 따라서 행정국가는 필연적으로 민원발생의 소지를 안고 출범하는 셈이다.

또한 행정국가는 대내적으로 관료제가 능률성 확보에 있어 가장 이상적인 조직구성의 양식이라고 보고 이를 정당화 해 왔다. 그렇지만, 그의 운영 실제를 살펴보면 행정과정의 합목적성 달성에 역기능적인 요소를 동반하는 것이기도 하여서 비능률적인 결과를 불러오기도 한다. 이른바 관료제의 병리현상이 다양한 형태의 행정실패를 유발하기 때문이다. 관료로 하여금 전문가적인 판단과 식견에 따라 행정 과제를 다루도록 하기 위해서는 자율적 의사결정권을 인정해 주어야 하는데 이런 재량권이 오히려 관료로 하여금 사적, 부가적 가치를 추구하도록 허용하는 빌미가 된다거나, 그 결과 행정과정의 자의성, 불합리성, 불공정성, 차별성, 오류, 과실, 실수 등을 빈발하게 된다. 계서를 통한 상급자의 통제나 법규중심주의는 형식주의, 무사안일주의, 해태, 무력성, 몰인격성 등을 가져오고, 문서중심주의는 번문욕례와 함께 행정의 지체를 낳으며, 절차중심주의는 행정의 경직성, 획일성, 개별적 사례에 대한 외면 등을 불러 온다(Ghottehrer & Hostina, 1998:12).[3)]

그러니까 관료제에 기초한 현대 행정은 일반시민을 거칠게 다루거나, 참정의 주체로 인식하고 처우하려는 의도를 갖지 못하거나, 합리적인 질문에 대해 답변을 거부하거나, 권리관련 질의에 대해 정보 제공을 태만하거나, 의도적으로 왜곡하거나 부적절한 조언을 제공하거나, 유용한 조언의 제공을 외면하거나 피치자에게 불편한 결과를 가져 올 것이 예견되는 요소를 배제하거나, 적절한 보상을 회피하거나 비례보상의 원칙을 외면하거나, 인종, 성별 등을 비롯한 여러 요인으로 인해 편견을 보이거나, 소청권을 상실할 위기에 있는 사람에게 그 사실을 고지하지 않거나, 소청권에 대해 적절히 설명하기를 거부하거나, 결함 있는 절차에 의존하거나, 적절한 절차가 준수되고 있는지의 여부를 확인해야 하는 관리의무를 태만하거나, 평등성의 원리에 따라 직무를 수행해야 한다는 지침을 외면하거나, 편향성을 보이거나, 편향성을 유발하게 될 것이 예견되는 법규의 준수에 지나치게 집착하는 등으로 인해(Cabinet Office, 1995:12), 민원의 발생을 본래적인 속성 가운데 하나로 삼는다.

그런데 제2차 세계대전 이후 등장하기 시작한 복지국가와 발전국가는 정부의 규모를 증대하고 개입범위를 확대했으며 권한의 확장을 가져왔다(정순교, 2005:3-7). 행정국가적 현상의 심화와 더불어

---

3) 영국의 하원의원인 크로스맨이 정리한 크로스맨 목록(Crossman Catalogue)에 의하면 편견, 해태, 주의 태만, 지체, 무능력, 어리석음, 의도적인 왜곡, 비열, 자의적 결정 등이 행정실패 유발의 주요 요인으로 지적되고 있다(Cabinet Office, 1995:12).

관료제의 역할 강화를 가져온 것이다. 여기에 더해 행정행위의 종합적 성격이 강화되고 입법부에 의한 위임입법의 범위까지 확장되면서 관료제의 기능적 비대화는 사실상 시민의 통제권 밖으로까지 가속화 되었다. 증대된 관료의 권한과 함께 행정권의 오남용으로부터 시민을 보호해야 할 필요성이 현격히 증가하게 되었으며, 시민의 법적 지위를 보호하기 위해 추가적인 장치를 개발해야 한다는 공감대가 폭넓게 형성되기 시작했을 것은 당연한 이치다(Ghottehrer & Hostina, 1998:11).

3. 대항 관료제로서의 옴브즈만

행정권의 오남용을 방지하고 민주주의의 철학적 원리를 구현하기 위한 고전적인 공적 장치로는 입법부에 의한 대 행정부 통제기능과 사법부에 의한 권리구제 기능이 제도화 되어 있다. 그렇지만 대의구조와 사법적 심사의 무력화 현상은 이미 여러 곳에서 목격되고 있다(de Castro, 1997:1). 더 이상 국가로 하여금 국민의 요구에 부응하고 책임성의 원리에 따라 운영되도록 통제하고 조장하는 기능을 수행하지 못하는 것이다.

먼저, 대의기구가 시민의 의사를 결집한다고 하나 이는 거의 불가능한 것으로 여겨진다. 오늘날 한 선거구에서 수십만 명의 유권자가 한 명의 대표자를 뽑는 것이 보통이다. 그런데 이론적으로는 바로 이 한 명의 대표자가 수십만 명의 유권자가 지니고 있는 실로 다양하고 복잡한 의견을 결집해서 입법과정에 투입한다는 것이다. 그렇지만 오늘날과 같이 급변하는 사회에서는 이런 유권자들의 의사를 확인하거나 수집할 수 있는 시간적 여유가 없으며, 그렇게 다양한 유권자들이 모든 정보를 수집해서 합리적으로 해석하고 판단해서 자신의 정책적 의지나 선호를 정립한다는 보장도 없다. 일단 정립된 의사가 상당기간 지속된다는 일도 더 이상은 가정하기가 어렵게 되었다. 무엇보다도 국민 대표자인 국회의원이나 지방의회의원 같은 선출직 공무원이 실제로 유권자 개개인의 의사를 직접 확인하려고 노력하지도 않는다. 이른바 정보의 비대칭으로 인해 국민의 여론을 순비례적으로 정책과정에 투입한다는 일은 이미 불가능한 것으로 평가되고 있다(de Castro, 1997:2).

더욱이 이렇게 해서 구성된 대의기구가 다수결의 원리에 의존하는 한 소수자의 의사가 외면되는 일은 불가피하고, 그런 만큼 소수자 의견이 대의과정에서 소외되는 일도 불가피하게 되어 있다. 따라서 개인의 자유와 그가 소속되어 있는 사회공동체가 추구하는 이해관계 사이에서 갈등적 관계가 발생할 가능성은 얼마든지 있다(국민고충처리위원회, 2004:27). 입법부는 조정과 타협을 기관운영의 기본원리로 삼고 있는 데, 정치사회적 비중이 높은 과제일수록 이해집단간의 갈등과 대립의 골이 깊기 마련이며 그렇기 때문에 조정과 타협을 이루어내기가 쉽지 않다. 그 결과 갈등조정에 대한 사회적인 수요가 클수록 입법과정의 우선순위에서 밀려나 방치되거나 외면당하기 쉽고, 그렇기 때문에 입법부의 사회 갈등 관리자로서의 기능은 반감될 수밖에 없다(박재창, 2003:178).

무엇보다도 정치적 대리인으로서의 국회의원이 선의성에 기초해 활동할 것이라는 가정적 전제가 지나치게 비현실적이라는 점도 지적되어 마땅하다. 정치적 대리인은 행정적 대리인인 관료와 마찬가지로 자신의 사적, 부가적 가치를 우선적으로 추구하기 마련이며, 그렇기 때문에 대의과정이 시민의 일반의지를 반영할 것이라는 믿음은 규범적 논의와 경험적 사실을 혼돈한 데에서 오는 대표적인 오류 가운데 하나다.

입법부의 기능적 동반자인 정당이 더 이상 제 기능을 수행하기 어렵게 되었다는 점도 문제다. 정당은 그 동안 그의 구조적 특성인 순차적, 점진적 갈등조정의 원리에 따라 운영되어 왔다. 어떤 이해충돌 관계가 발생하는 경우 이를 우선 현장 지근거리의 지역 수준에서 조율하고 그 결과를 다시 상위 지역공동체에서 조율하며 미진한 부분에 대해서는 도 단위 내지는 전국 단위에서 조율하는 조정과 타협의 연쇄 고리를 통해 관리해 온 것이다. 이는 정당의 정책조율 과정에서 확연히 드러난다. 그러나 정보사회가 도래하면서 바로 이런 조정과 타협에 필요한 시간적, 공간적 여백이 증발하게 되었다. 그 결과 이들이 개입할 수 있는 소지가 현격히 축소되는 결과를 낳았다. 이로 인해 대립적 이해관계가 일단 성립되는 경우에는 서로의 입장을 조율하기 위한 기회가 원초적으로 박탈되는 가운데 정해진 입장과 견해만이 병치되는 현상이 일상화 하고 있다.

사법적 재결의 경우도 사정은 결코 다르지 않다. 법원이 행정과정에 미치는 영향력은 최소한의 것에 지나지 않는다(Nachmias & Rosenbloom, 1980:56). 대의기구에 의한 통제가 무력화 하면서 사법적 재결에 의한 권리구제 요구가 폭증하게 되었고 그 결과 과중한 업무가 사법적 심사과정에 부가되었으며, 이로 인해 민원의 처리가 지체되고 있다(Anderson, 1997:6). 그렇지 않아도 사법적 재결이 사후적 통제에 지나지 않는다는 평가를 듣는 마당에 업무의 처리가 지체되면서 자기소임을 다하지 못하게 된 것이다. 행정의 왜곡이 장기간 방치되는 결과를 낳고 있다. 사법적 판단을 받아보려면 많은 비용이 들어 사실상 일반시민의 권리구제 수단으로서는 접근성이 결여되는 결과를 가져오고 있다는 점도 문제다. 사법적 대리인이라고 하면 가장 객관적이고 중립적인 입장에서 평결을 내려줄 것으로 기대했지만 사법적 대리인의 경우도 정치적 대리인이나 행정적 대리인과 마찬가지로 자신의 부가적 가치 추구를 최우선적인 과제로 삼는다는 점도 사법부에 의한 대 행정부 통제가 무력화 하게 되는 또 다른 차원의 이유다. 무엇보다도 국가권력이나 고위공직자의 정치적 압력으로부터 자유로운 가운데 사법적 판단에 나선다는 것에 대한 사회적인 신뢰가 부족하다는 점이 일반시민으로 하여금 사법부에 대한 평결이나 권리구제를 외면하게 되는 또 다른 원인 가운데 하나다.

정치적 대리인 체제나 사법적 대리인 체제를 통해 행정적 대리인 체제의 모순을 시정하거나 예방하려는 시도는 이렇게 처음부터 구조적 모순을 안고 출범한 셈이다. 그러나 그렇다고 해서 행정적 대리인 체제의 요체인 관료제를 동원하는 경우에는 동의반복적 자기모순에 빠지게 된다. 관료제의 구조적 한계를 극복하기 위해 구조적 한계를 지니고 있는 관료제에 의존하려는 것이 되기 때문이다.

실제로 관료제적인 행정민원처리기관으로 당해 행정기관에 의한 재심제도, 행정소청, 행정재판, 고위행정관료를 통한 비공식적인 조정 등 다양한 방식과 통로가 개척되었지만 모두가 부적절한 것으로 확인되었다(Matsunaga, 1999:2). 이는 오늘날 우리가 정부실패를 당연시 하는 시대정신 하에 살고 있다는 사실에 의해 확인된다.

따라서 행정적 대리인 체제, 정치적 대리인 체제, 사법적 대리인 체제 모두의 운영양식으로부터 자유로운 제3의 대안을 모색하게 될 것은 너무나도 당연한 일이다. 그런데 이 모든 장치들이 관료제의 내재적 한계와 모순을 시정하고자 하는 것이라는 점에서 볼 때, 제3의 대안 모색은 결국 대항 관료제(counter bureaucracy)를 구하고자 하는 것이라고 하겠다. 관료제를 총체적으로 치환하는 새로운 패러다임을 모색하자는 것이 아니라 오히려 그의 대척점에서 관료제의 한계를 보충적으로 해결함으로서 관료제의 변증법적 대안이라고 할 수 있는 수평적 조직이 지니는 한계에 대해서도 유의하자는 것이다. 부언하면 수직적 조직구조에 내재되어 있는 한계에 대한 치유책은 결코 이를 수평적 조직으로 치환하는 데에서 발견되는 것이 아니라는 인식의 결과물인 것이다. 수평적 조직은 수직적 조직의 한계를 단순히 다른 양태로 전환한 것일 뿐 결코 궁극적인 문제해결의 전략이 아니라는 것이다. 이런 문제의식과 현실인식을 토대로 고안된 것이 바로 옴부즈만 제도다(Des Rosiers, 2003:3). 그러므로 옴부즈만은 그의 본질을 관료제의 역기능적인 속성을 초극하고자 하는 데 두고자 하는 것이기는 하지만 그렇다고 해서 관료제의 순기능적인 속성까지도 모두 이를 외면하거나 소거하자는 것은 아니다.

4. 결론

그렇기 때문에 관료제가 지향하는 공식적인 절차나 법규에 의존해서 어떤 문제를 해결하는 양식에서 벗어나고자 하지만 그렇다고 해서 순전히 당사자 간의 선의에 기대자는 것도 아니다. 중재를 통해 비공식적인 협의와 화해를 촉진하고 그 결과 조정에 이르기를 선호한다. 국가 이성의 절대성이나 무결점성을 부정하지만 그렇다고 해서 무조건적으로 세론에 따르자는 입장을 견지하는 것도 아니다. 국가의 행정작용도 초이성적 판단의 결과가 아닐 수 있으며 그렇기 때문에 당연히 오류를 범할 수 있고(Belson, 1997:2), 그런 만큼 제3자의 관점에 의해 보완되어야 마땅하다는 견해다. 전문가적인 식견이 몰입하기 쉬운 할거주의적 관점의 위험성을 경고하면서 그렇다고 해서 오로지 전체론적이고 통일적인 관점에서만 접근하자는 것도 아니다. 무엇보다도 기왕의 행정작용을 새로운 행정작용을 통해 대체하거나 번복하자는 것이 아니며 다만 그의 문제점을 수정하거나 보충하자는 것이다.

보다 더 중요한 것은 정부와 시민 가운데 어느 한편을 지지하거나 지원하려는 것이 아니라는 점에 있다. 원래 행정관료가 시민과의 관계에서 일방적이고 우월적인 지위를 누려왔고, 그 점이 행정민원을 유발하는 주요요인 가운데 하나가 되었다는 사실을 감안해서 오히려 양자 간의 균형적 관계 정립에 유의하고자 한다. 정부와 시민 사이에서 일종의 균형자(balancer) 역할을 자임하려는 것이며 고위 행정관료의 억압적 권위나 맞상대에서 오는 긴장감에서 벗어나 상호 존중적이고 쌍방향적인 의사소통이 가능하도록 양자 간의 관계를 수평적으로 재구성하는 데 있어 그 촉진자 역할을 수행하자는 것이다. 그리하여 양자 간의 의사소통과 정보교환을 혁신적으로 촉진하고 그 결과 양자 간의 오해나 이해의 부족에서 오는 갈등과 불편을 해소하자는 것이기도 하다(Chambers, 2001:2).

이점은 특히 정보사회가 도래하면서 사회의 정보유통구조에 혁명적인 변화가 나타나게 되고, 그 결과 정부와 시민사회간의 지식이나 정보의 격차가 급속히 줄어들게 되었다는 사실에 의해 보다 더 정당화 되고 있다. 행정국가가 상정한 것과 같이 정부가 전문성을 독점하던 시대는 더 이상 유지되기 어렵게 된 것이다. 이로 인해 정부에 의한 정책결정의 독점권이 무너지고 정부와 시민이 공동으로 기획하고 집행하는 공생적 관계를 형성하지 않으면 안 되는 시대에 들어섰다. 언필칭 포스트 모더니즘의 시대는 정부와 시민이 국정운영의 동반자적 지위를 공유해야 하며, 그 결과 시민은 이제 공공재의 생산자이면서 동시에 소비자인 프로슈머(prosumer)의 지위에 서게 되었다. 시민은 더 이상 정부에 의해 일방적으로 관리되는 수동적 존재가 아니며 평등한 지위에서 서로의 의견을 교환하는 가운데 정책의 공동제안자가 되어야 하는 것이다.

그러나 정작 이런 협력적 민주주의(collaborative democracy) 하에서 정부와 시민이 어떤 양식으로 상호작용하는 것이 가장 이상적인가 또는 가버넌스 체제의 도입취지에 가장 부합하는가 하는 문제에 대해서는 아직 진지한 논의가 없다. 이런 문제의식의 결여가 가버넌스체제의 도입 필요성을 절감하면서도 정책과정의 운영실제에 있어서는 여전히 행정국가 시대의 관행이나 관성에 따라 행동하도록 강요하는 결과를 낳고 있으며, 그렇기 때문에 불필요한 행정민원과 국민고충을 양산하고 있다. 이런 관점에서 보면 정부와 시민이 동등한 지위에서 행정과정에 참여하지 않는 데에서 오는 행정민원은 당연히 양자 간의 동등 참여나 공동 숙의를 통해 해결해야 마땅하며, 그렇기 때문에 그럴 수 있는 여건과 환경을 조성하는 일이 필요하게 된다. 이런 관점에서 새롭게 부각되는 것이 바로 옴부즈만이기도 한 것이다. * 박재창(2010a:505-516)을 발췌, 수정, 보완했다.

(「서울시 중등교원 교육연수원」강연문, 2010.08.06.).

한국 정부 60년의 회고와 전망

1. 한국 행정의 지속성과 단절성

지난 60년간의 행정운영양식을 조감해 보면, 정부의 기본 속성 가운데 하나인 국가 권력의 기반이 정부의 일방주의적 강제력으로부터 사회공동체의 합의로 점진적인 이동을 거듭해 왔음을 알 수 있다. 그러나 기본적으로는 국가의 강제력에 의존하는 것이었다. 이는 우리 사회가 87년 체제의 등장을 기점으로 국가 권력의 일방주의 시대를 접고 점차 시민사회의 요구와 절충하거나 대화하는 쌍방주의 시대를 열고는 있지만 근본적으로는 국가권력에 의한 일방주의가 그의 본질임을 시사한다.

한국 행정의 또 다른 속성으로는 수사로서의 능률성지상주의와

"면적(面的) 국가(강명구, 2007)" 현상을 들 수 있다. 돌이켜 보면 한국의 행정과정은 봉건관료제의 인습에서 채 벗어나기도 전에 식민행정의 희생양이 되면서 국가권력의 도구로 안주해야 했다. 시민사회가 형성되기도 전에 국가권력의 생성과 팽창이 거듭되었던 만큼 이는 필연적이거나 적어도 불가피한 일이었다. 그러나 그런 가운데에서도 국가중심주의가 불균형 발전전략을 낳고 그에 따라 사회경제적 공간이 확장되면서 시민사회가 발양하고, 그 결과 행정과 시민 사이의 관계를 재설정하는 사회구조의 변환을 가져왔다는 사실은 매우 고무적이면서도 또 역설적이다.

이 과정에서 국가의 의사 또는 국가를 사칭하는 개인의 사적 이익을 일방적으로 대행해야 했던 행정은 시민으로부터의 수용성 정도가 매우 낮을 수밖에 없다. 그런 만큼 국가행정작용의 집행력 내지는 관철력 정도가 상대적으로 매우 취약한 상태다. 행정운영의 실제에 있어 결코 능률적이라고 할 수 없지만, 국가는 능률성이라는 명목가치를 통해 스스로의 행정작용을 정당화 하고자 했다. 이런 국가행정작용의 허구성에도 불구하고 이에 효과적으로 대항할 만한 사회적 견인세력이 따로 있는 것도 아니었기 때문에 행정권력의 간여범위는 매우 광범위하고 또 포괄적이다. 서구의 근대행정을 종종 그의 효율성에 빗대어 "송곳 행정"이라고 칭하는 데 반해, 우리의 경우 "면적 국가"라고 부르게 되는 이유다.

2. 근대행정 탐색기의 혼돈

1945년 해방을 맞이한 우리 사회는 정부운영과 관련하여 일종의 복합혼란에 빠졌다. 일제청산이 채 끝나기도 전에 자유민주주의체제를 도입하기는 했지만 그에 따른 정치적 수사와 행정적 실제 사이에는 너무나도 큰 간극이 있었기 때문이다. 권력의 사유를 극복한다거나 공적 간여로서의 행정을 개념화 하지도 못한 상태에서 권력으로서의 집행권만 날로 비대해 진다고 할 때 그것 자체로서의 모순이 심각할 것은 당연한 이치다.

이런 모순은 식민통치를 승계한 미군정이 세계시장의 확보를 위한 자본주의체제의 확산과 공산주의의 남진차단을 전략적 목표로 삼는 입헌독재정권이었다는 데 기인하는 바 컸다. 미군정은 우리의 민족주의적 요구보다는 미국식 자유기업체제의 확산 같은 점령지 주둔 군인정권의 이익 확보에 급급했다. 그렇기 때문에 민족주의 세력의 부식이 용이할 것이라고 판단되는 의회나 정당보다는 미군정의 기능적 능률성 확보에 유리할 것으로 평가되는 관료기반을 편애할 수밖에 없었다. 실제로 미군정은 의회민주주의가 가장 우수하고 가치 있는 정치체제라는 논거 위에서 일제 청산의 이념적 근거를 마련했으면서도, 이들이 소개한 한국 최초의 서구식 대의기관은 결코 민주적이라고 볼 수 없는 것이었다.

미군정청이 단독으로 성안하고 구성한 입법의원은 구성원의 과반수를 관선의원으로 채우는 것이었으며 기능면에서도 미군정장관의 동의권, 거부권, 최고결제권에 귀속되는 기관이었다. 미군정은 우리 사회의 민주화가 자본주의체제를 약화시키는 것은 물론이고 반공국가 건설에도 이롭지 않다고 본 것이다. 따라서 공산세력이 손쉽게 부식하거나 공산세력에 의해 이용될 소지가 높은 의회보다는 법치질서의 유지나 반사회적 요소의 제거에 유리한 정책집행기관(군부, 경찰, 행정관료 등)의 강화에 진력하고자 했다. 미국의 이런 입장은 냉전체제가 지속되면서 미국의 일관된 대한 정책 기조가 되었다.

국내적으로는, 제1공화국이 이승만 개인이 독립운동과정에서 얻은 전통적 카리스마에 의존하는 가부장적 권위주의 정권이었다는 데에 기인하는 바 컸다. 이런 리더십은 건국초기의 사회적 혼란기에 사회주의 세력의 확산을 효과적으로 차단하는 기초가 되었지만 발췌개헌, 사사오입개헌, 3.15 부정선거 등에서 보는 바와 같이 권력의 사인화를 가져왔다. 국민국가 건설이나 일제청산 등과 같이 현란한 수사 속에 등장했지만 정작 최초의 민주정권이 보여준 것은 국가를 의제한 사적 권력의 집행도구로 작동하는 행정 그 이상도 이하도 아니었던 것이다.

3. 군부 권위주의 체제의 구조적 모순

1957년을 고비로 미국의 대한(對韓) 원조정책이 유상 원조정책으로 전환하면서, 최소 자립경제에 대한 사회적 요구가 비등하게 되었다. 그러나 이를 추진하기 위한 사회·경제적 여건은 일제에 의한 식

민착취와 6·25의 참화로 인해 한정적일 수밖에 없었다. 따라서 제한된 물적·인적 자원의 효율적 동원과 특정부문에 대한 국력의 집중만이 유일한 개발정책 대안으로 생각되었다. 능률성 제일주의와 불균형 발전정책의 타당성을 의심할 여지가 없었다. 이런 경제적 합리성의 추구는 20세기를 풍미한 과학기술주의에 의해서도 그의 정당성을 배가했다. 그런데 행정부는 경제적 합리성의 극대화에 규범적 목표를 두는 기관이므로 경제적 합리성의 극대화를 행동률로 하는 발전정책의 성공적 수행을 위해서는 행정부 중심의 의사결정체제를 강화해야 한다고 보았다.

5·16 군사쿠데타를 시발로 국정운영에 참여한 군관료 중심의 발전엘리트들이 발전주의가 시사하는 능률성과 과학기술문명의 합리성에 매료되어 정치는 부패, 수뢰, 편향, 비능률 등으로 인식하면서도 관료제는 능률성, 경제성, 근대성 등으로 이해했을 것은 당연한 이치다. 또 다른 차원의 행정부 편애가 시작되었던 것이다. 일반적으로 의회가 상충되는 지역이익이나 특수이익을 반영하는 곳이기 때문에 빈번하게 정치적 교착상태를 유발한다는 생각과 의회의 의사결정구조는 복잡성, 다원성, 집단성을 특징으로 하기 때문에 비능률적 이라는 생각도 발전 엘리트들로 하여금 행정부를 선호하게 하는 또 다른 이유였다.

이런 행정부 편애주의는 국회와 행정부 간의 불균형 성장만을 결과한 것이 아니라 그런 불균형 성장 자체를 합리화하는 이데올로기를 동반했다. 발전정책의 성공적인 수행을 위해서라면 정부기관 사이의 불균형 성장이 필수조건이거나 적어도 불가피한 일이라고 보았다. 발전정책의 집행과정에서 야기되는 사회변동의 심화와 갈등적 요구의 확대에 보다 효과적으로 대처하기 위해서는 정부기관들 간의 견제와 균형으로 인한 행정권력의 누수현상을 피해야 한다는 논리가 이런 사고의 기초가 되었다. 자연히 3권간의 권력적 불균형을 정당화하고, 이미 권력적으로 열등한 국회의 열세를 당연시 했다.

4. 사적 권위주의 체제의 이중성

군부 권위주의체제의 이런 구조적 모순은 통상 민중부문의 정치적 참여 욕구를 대행해 온 민주화 세력과의 타협적 결탁을 통해 출구를 찾았다. 대통령 직선제로의 헌법 개정을 가져온 것이다. 시민권적 저항세력은 6월 항쟁을 통해 정치적 민주화에 대한 시민적 요구의 실체를 증명해낸 상황이었기 때문에 매우 유리한 입장에 있었다. 그러나 점차 거세지기 시작한 지역감정과 민주화 견인 세력 내부의 권력적 균열로 인해 선거에는 패배하고 말았다. 그 결과 군부 권위주의 정권의 연장체인 노태우 정부가 권력을 승계했다.

선거를 통해 절차적 정당성을 확보했다는 점에서 과거의 권위주의 정부와 구별되지만 정권의 탄생이 구 정권에 의해 이양되었다는 점에서는 이후의 민주주의 공고화 과정에 심각한 지체를 불러왔다. 행정을 국가권력의 도구적 관점에서 보고 시민과의 유리를 당연시 했다는 점에서도 같았다. 당연히 행정집행권의 불안정을 가져왔고,

이런 불안정성을 물리적 강제력을 통해 해결하려는 노력이 한계에 이르렀다고 생각되는 상황 속에서 3당 통합이 이루어졌다. 3당 통합은 권력에 대한 지지세력과 반대세력간의 대결구도를 지역적 갈등과 대립으로 치환하려는 시도였다.

이렇듯 3당 통합을 통해 등장한 김영삼의 문민정부는 행정운영 경험이 없었던 저항세력이 집권한 데에서 오는 국정운영상의 준비 부족과 능력 저하로 인해 구체제의 유제 극복과 신질서 창출의 과제를 성공적으로 이루지 못했다. 무엇보다도 개혁을 주창하며 도입한 신자유주의는 국가개입의 정당성 기반을 훼손하면서 외환위기를 낳았고, 이는 결과적으로 시민권력의 집권능력에 대해 심각한 의문을 제기하는 계기가 되었다. 이 과정에서 드러난 권력의 사유화 현상과 그에 따른 부패는 이런 평가를 더욱 더 부채질했다.

이런 가운데 김대중의 국민의 정부가 탄생했다. 국민의 정부는 민주 대 반민주라는 대결구도가 권위주의체제의 퇴조로 희석되었을 뿐만 아니라 민주정권의 무능력에 대한 반동이 적극적인 권력 평가에 대한 기준설정을 어렵게 하는 상황 하에서 등장했다. 민주화 이행기의 권력적 소강상태를 지역연합이라는 지역주의가 대체한 결과다. 자민련과 국민회의가 지역주의를 토대로 연합하여 공동정부를 탄생시켰던 것이다. 바로 이점이 소수당 정부의 권력적 취약점으로 작용하면서 정권의 불안정을 재촉했다.

특히 작은 정부를 표방하면서 신자유주의를 제창하는 과정에서 권력의 모순은 더 심화되었다. 기실 신자유주의는 한국 행정이 지속적으로 언명해 온 수사로서의 능률성지상주의가 지니는 또 다른 이름에 다름 아니다. 정부 조직이나 기능의 축소, 공기업의 민영화, 성과주의 도입, 개방형 임용제 채택, 책임운영기관제의 실시 등에서 보는 바와 같이 신공공관리론에 입각한 경영행정론에 따라 정부혁신을 시도했지만 이는 모두가 시민사회의 공동체주의적 가치관이나 윤리의식이 전제되지 않고서는 성공하기 어려운 과제였다. 그렇기 때문에 작은 정부를 제창했으면서도 권력의 사유화를 통한 행정권의 집중은 오히려 강화되는 결과를 낳았다. 민주적 가치를 강조하며 등장했지만 정작 행정의 민주화나 시민참여의 확대는 진행되지 않았으며 다만 수사로서의 시장주의 내지는 국가개입의 축소가 강조되었을 뿐이다.

5. 탈권위주의체제의 한계

노무현의 참여정부는 권력 엘리트 중심의 가족주의 행정에 대한 저항을 공적 간여 내지는 공동체주의적 질서 구축에 대한 약속을 통해 견인함으로서 등장했다. 기성의 가치관 내지 권력구조에 대한 사회적 비주류의 도전 결과다. 따라서 매우 취약한 권력 기반 위에서 출범했다. 이런 취약성을 보완하기 위해 출범 초기부터 NGO를 국정운영의 동반자로 끌어들였다. NGO 활동가 간의 인간적 유대와 결속력 특히 진보적 성향의 시민사회단체 지도자들이 엮어내는 네트워크와 연대력, 무엇보다도 정책개발능력 및 사회 침투력을 활용하고자 했다.

이는 단순한 정치적 동원이라기보다는 NGO에 의한 권력 분점의 한 양식을 취했다. 그 결과 참여정부는 헌정사상 최초로 부분적으로나마 NGO가 기관 차원에서 권력에 참여(institutional involvement)한 경우가 되었다. 참여정부는 정부의 고위정책결정권자와 NGO 활동가 간에 일종의 정책적 호혜 관계를 축으로 구성되는 매우 느슨한 형태의 조합주의적 연대체 였던 것이다.

이런 조합주의적 요소가 가시적으로 드러난 것 가운데 하나가 인사정책이었다. 흔히 코드 인사, 회전문 인사, 보은 인사라는 평가를 받았던 참여정부형 엽관주의 인사행정을 통해 과거 NGO 영역에서 활동했던 이들이 대거 행정부에 진출할 수 있었다. 이로 인해 과거 한국의 주류사회 출신이 대종을 이루던 기술관료 집단에 비주류 세력이 뿌리 내리는 전기가 되었다. 그러나 이는 행정실무 수행력이 상대적으로 취약해지는 결과를 낳았다.

참여정부는 행정개혁을 통해 행정절차나 구조개편을 추진하기도 했다. 그러나 이는 궁극적으로 행정과정의 능률성을 강화하자는 것이었으며, 정부의 문제 해결자 역할을 강화하자는 것에 지나지 않았다. 신공공관리론적인 접근전략을 채택했다는 점에서 전정부와 크게 다를 것이 없었다. 말로는 협력적 거버넌스 체제의 도입을 강조하면서도 정부혁신의 실제에 있어 그에 필요한 정부 기능의 성격변화, 즉 문제 해결자나 결정자로부터 조장자나 촉진자로 전환하거나, 능률성보다는 민주성을 진작하려는 노력--부서간 경계의 극복이나 보다 개방적이고 수평적인 조직관리 체제의 확립--은 부실했다.

그러나 참여정부가 협력적 거버넌스 체제 구축에 유리한 정책 활동을 전혀 등한시 했던 것은 아니다. 참여정부는 분권정책을 중요한 정책과제로 내세워 자신의 집권 이데올로기 수준에서 추진했다. 지역경제의 활성화나 중앙권력의 지방분산 내지는 국토의 균형발전 같은 실체적 차원의 분권 문제를 국정운영의 최우선적 과제 가운데 하나로 설정했다. 그러나 지역공동체 형성을 위한 적극적인 노력을 병행하지 않았기 때문에 제도 활용의 적극성 정도는 저급한 수준에 머물렀다. 참여정부의 분권정책은 "외화내빈"이었던 셈이다.

6. 한국 행정의 과제와 진로

한국 행정이 국가권력의 도구적 장치로부터 탈피하지 않는 한 그의 이중성, 모순성, 갈등성이 극복되기 어려울 것은 자명한 이치다. 한국 행정의 진행과정에서 시민의 지위는 국민 내지는 공민으로부터 민중으로, 민중에서 수사로서의 시민 내지는 행정의 동반자적 지위로 점진적인 변화를 겪어 왔지만, 여전히 행정과정의 주변변수로 머물러 있는 이유가 바로 이런 데에 있다. 한국 행정의 이런 전근대성 가운데에서도 가장 뿌리 깊은 것은 아무래도 그의 일국주의적 성향에 있을 것이다. 한국사회가 매우 오랫동안 반도에 갇혀 지내는 가운데 외부 세계와의 단절을 일상화 해 온 까닭이다. 그러나 지구화 시대에 부응하기 위해서는 바로 이 폐쇄주의적 시각을 교정하는 일이 가장 시급하고 본질적인 과제다. 지구적 시각과 네트워크를 한국 행정에 도입하여 구조와 행태를 교정하는 일은 이 시대 우리 사회가 당면한 최우선적 과제 가운데 하나다.

바로 이런 지구화 시대의 도래가 지방분권의 실시를 보다 강력히 요청한다는 사실에 대해서도 눈떠야 한다. 수사로서의 지방분권이나 일국 내부의 민주주의 촉진을 위한 차원에서가 아니라 지구적 네트워크에 대한 보다 실질적인 참여를 거양하려면 지방분권이 필수적 과제라는 인식이 보다 더 확산되어야 한다. 이를 위해서는 지역공동체 형성이 급선무이다. 지역공동체의 형성은 지역의 사회자본 축적 없이 기대하기 어려운 일이며, 이를 위해서는 단순히 정치적 유연성이나 경제적 공간성을 확장하는 것만으로는 부족하다. 여기에서 더 나아가 사회적 신뢰와 네트워크를 구축하는 일과 함께 "경계를 넘는" 유연한 사고가 추가되어야 한다. 무엇보다도 행정관료의 가치관 교정이 매우 시급하고 또 결정적인 변수다.

바로 이점에서 한국 행정이 민족주의적 쇼비니즘을 초월해야 한다는 점은 또 다른 차원의 과제다. 이는 흔히 국가중심주의가 정당성을 배가하던 전통적인 불균형 발전전략의 시대에는 그의 유용성이 적지 않았던 것도 사실이다. 그러나 오늘날과 같이 국민국가의 경계를 초월하는 세계공동체주의의 시대에는 한시라도 빨리 벗어나지 않으면 안 되는 가치관의 하나다. 한 나라를 경영하는 행정이 아니라 지구 전체를 경영하는 행정운영상의 새로운 안목을 개척하지 않고서는 오늘날의 시대를 살아가기 어렵게 되었다.

보다 더 중요한 것은 국가중심주의적인 공공성 개념의 시대를 마감하고 공동체주의적인 공공성의 시대를 여는 일일 것이다. 그렇지 않고서는 행정권력의 사유화나 그에 따른 행정권력의 오남용을 벗어나기 어려우며 지구화 시대의 기능적 국가 경계 개념 시대를 향도하기도 어려울 것이기 때문이다. 그러나 공동체주의적인 공공성 개념은 그냥 국가가 부여하거나 승인하는 것으로 체화하는 성질의 것이 아니며 시민 스스로가 투쟁하고 개척하는 가운데 축적되고 확장되는 성질을 지녔다. 행정과정에 대한 시민참여를 조장, 선도해야 하는 이유가 바로 이런 데에 있다. * 박재창 (2008)을 발췌, 수정, 보완했다. (「고대교우」29(2), 2010.봄.).

한국의 거버넌스

행정학계에서는 흔히 행정학 교과서를 다시 써야한다는 말을 자주 듣게 된다. 이는 연구자의 패러다임 전환이 행정현상 분석에 있어 전반적으로 확산되지 않고, 분야별 지체가 거듭된다는 지적에 다름 아니다. 전(前)이론의 숙명을 지니고 태어나는 모든 이론은 새로운 이론에 의해 대체되기 마련이지만, 유독 행정학에서는 기존 이론의 교체되는 속도가 매우 더디게 진행되어 왔다. 이는 사회관계가 급변한다는 정보화 사회의 도래 이후에도 같았다.

전통행정학이 의존해 온 「관료제의 종말」이 사실이라면, 그에 따라 행정학 전반에 걸쳐 관리론의 일대 수정이 뒤따랐어야 했다. 관료제와 반관료제 사이에서 대안을 찾지 못해 "작은 정부의 시대"를 연 것이라고 한다면, 작아진 정부와 커지는 시민 사이에서 벗어지는 행정작용은 또 얼마나, 어떻게 과거의 전통행정과 다른지를 단순히 정부와 시민 사이에서뿐만 아니라 정부 내부의 업무처리 과정에서도 확인했어야 했다.

이런 새로운 패러다임의 확산 지체로 인해 이론과 실제, 과학과 기예, 목표와 전략 사이에서 벌어지는 괴리가 응용과학으로서의 행정학이 지니는 효용성을 반감한지는 이미 오래 되었다. 행정학이 아무 것도 가르쳐 주지 않는다는 공직자, 개혁적 대안을 제안해 보려고 해도 적실성 높은 이론의 틀을 찾아보기 어렵다는 사회운동가, 무엇보다도 이미 철지난 이론을 들고 애써 태연함을 가장해야 하는 행정학 교·강사에게 있어 이런 행정학의 분야별 지체 현상은 참으로 곤혹스러운 일이 아닐 수 없다.

이는 기본적으로 행정과정의 핵심적인 좌표(locus)가 급진적인 이동과 변화를 거듭하고 있음에도 불구하고 주류 행정학의 주된 연구초점은 여전히 행정국가 내부의 관리기술적인 범주를 맴도는 데에서 비롯된다. 우리 행정학계의 바로 이런 현실을 염두에 두고 행정학의 주된 연구 초점을 이동함으로써 연구대상 범위를 확장하는 것은 물론이고 시대 환경의 변화에 따른 행정학의 적실성 정도를 높여야 할 때다.

이런 인식의 지평을 여는 이론의 하나로 거버넌스 개념이 국내에 소개 된지는 꽤 오래 되었다. 그러나 이를 토대로 행정과정 전반을 보다 체계적으로 점검해 보려는 노력은 그리 흔치 않았다. 거버넌스와 관련된 논의는 그런 접근시각 자체의 정당성 여부에 초점을 맞추는 것이 대부분이었으며, 이를 토대로 우리의 국정관리현상을 다차원에 걸쳐 입체적으로 조망해 보려는 작업은 그리 많지 않았다. 「한국의 거버넌스」를 종합적으로 검토해 보아야 하는 이유다.

그런데 거버넌스는 1990년대를 기점으로 정부 실패에 대한 반성과 시민사회의 성장에 대한 인식이 확산되면서 공공문제 해결에 대한 상향적 내지는 수평적 접근에 대한 수요가 폭증하자, 그에 대한 조응방식의 하나로 등장했다. 정부의 행정작용을 거번먼트(government)가 아니라 거버닝(governing)의 역동적 관점에서 이해하자는 것이다. 우리의 경우 이를 지칭하기 위해 '국정관리,' '국정운영,' '지배구조,' '협치(協治),' '공치(共治),' '망치(網治)' 등 실로 다양한 용어가 제안되었으나 새로운 개념에 내포되어 있는 의미를 정교하게 전달하는 용어로는 모두가 마땅치 않았다.

이런 가운데 거버넌스를 다시 '굿거버넌스(good governance)'와 '뉴거버넌스(new governance)'로 개념상 분화해 보려는 시도가 등장하면서 용어에 대한 인식상의 혼란은 가중되었다. 거버넌스가 상대적으로 중립적 개념이라면 굿거버넌스(good governance)와 뉴거버넌스(new governance)는 특정가치 -- 예컨대 민주주의, 시민사회, '작은 정부,' 효율성 등 -- 를 포함하기 때문에 가치지향적이라는 것이 일반적인 평가다(김선혁 외, 2006). 그러나 그 핵심가치가 무엇이냐에 대해서는 아직도 논쟁이 진행 중이다.

이런 점들을 고려하여 여기에서는 거버넌스가 이들 다양한 용어들이 함축하거나 부수적으로 동반하는 여러 의미들을 모두 포괄하는 가장 타당성 높은 용어라고 보고, 이를 통해 다양한 민간 주체들이 '참여'와 파트너십(partnership)을 통해 정부와 상호작용함으로서 국정운영의 방향을 조타해 나가는 현상 일체를 총칭하고자 한다. 이는 행정학계의 경우 거버넌스를 이미 폭넓게 채택해 쓰고 있다는 현실을 반영한 결과이기도 하다.

그런데 거버넌스를 국가-시장-시민사회 가운데 국가와 시민사회 사이의 대리인과 주인 간의 과제로 좁혀 이해하는 경우, 거기에는 당연히 행정적 대리인과 시민 간의 관계 외에도 정치적 대리인과 시민 간의 관계도 포함되어야 마땅한 일이다. 그러나 대부분의 거버넌스에 대한 논의는 행정적 대리인과 시민 간의 관계만을 다룰 뿐 정치적 대리인과 시민 간의 관계에 대해서는 이를 소홀히 취급해 왔다. 이는 마치 행정학이 분과과학으로 독립하는 과정에서 공적 유익의 증대를 위한 정부의 협동적 노력을 행정이라고 규정하면서도 그럴 경우 당연히 포함해야 할 입법부에 대한 연구를 등한시 했던 현상과 유사하다.

행정학의 행정부 편애 현상은 행정학 교과서의 편향성이 빚은 결과였다. 행정학 연구의 초창기에 발간된 대표적인 교과서로는 화이트(White, 1926)의 「행정연구입문(Introduction to the Study of Public Administration)」과 윌라비(Willoughby, 1927)의 「행정의 원리(Principles of Public Administration)」가 있었는데, 전자가 행정부만을 다룬 것인 데 반해 후자는 입법부까지를 연구대상으로 삼았다. 전자가 광범위하게 교과서로 채택되는 데 반해, 후자는 그렇지 않았던 것이 행정학 연구대상을 행정부로 한정하게 되는 한 원인이었다(Abbott, 1974:49). 이점을 고려해 볼 때 행정적 대리인과 시민 간의 관계는 물론이고 정치적 대리인과 시민과의 관계에 대해서도 함께 다루어야 마땅한 일이다.

무엇보다도 중요한 것은 전통적인 행정작용이 주로 행정부 중심의 노젓기(rowing) 형태로 나타나는 '일 처리' 작업을 일컫는 것인데 반해, 거버넌스가 정부와 시민이 함께 어우러져 국정방향을 조타하는 것이라고 한다면, 바로 그런 국정운영과정에서는 당연히 '일 처리'의 양식도 함께 바뀌어야 할 것이고, 그렇기 때문에 거버넌스 하에서의 행정관리과정을 재규정하는 작업이 전개되었어야 마땅하다는 점이다. 거버넌스에 대한 논의는 주로 거시적 관점에서 접근하는 것이 보통이며 미시적 관점에서 이를 다루려는 노력은 상대적으로 미진했다. 이의 시정이 필요할 것은 물론이다.

또한 거버넌스가 국가의 경계를 넘어 시민과 공동기획, 공동생산하는 협력과 공생의 얼개라고 한다면, 이런 경계 넘기의 시대에는 단순히 한 나라의 시민사회뿐만 아니라 그 나라의 경계를 넘어 작동하는 지구차원의 여러 변수와 함께 그들 모두의 관계를 지배하는 가치체계 내지는 목표값 같은 것도 함께 영향을 미칠 것이다. 거버넌스에 대한 논의는 한 나라의 내적 변수 외에도 일국주의의 경계를 넘어 작동하는 외적 변수 내지는 지구시민사회에 대해서도 함께 유의해야 마땅한 일이다. 전통 행정 또는 행정학과의 관계에서 볼 때 가장 혁명적으로 연구관점의 변화를 요구하는 것 가운데 하나다.

거버넌스는 또 정책과정을 투입, 전환, 산출, 환류의 단계로 구분하는 경우 주로 투입단계에 주목한다는 편향성을 보여 왔다. 앞서 지적한 데로 투입단계의 협업양식이 바뀌는 경우 당연히 전환과정에도 영향을 미칠 것이고, 무엇보다도 환류과정에 변화를 초래하게 될 것은 자명한 이치다. 환류는 투입과 마찬가지로 시민사회를 토대로 이루어지는 또 다른 차원의 정책전환과정이기 때문이다. 환류가 투입의 또 다른 이름이라고 한다면 거버넌스에 대한 연구가 환류단계에도 비중을 두어야 할 것은 당연한 일이다.

이런 점을 고려하여 여기에서는 거버넌스가 행정학에서 차지하는 학문적 좌표를 규명한 후, 이를 토대로 거버넌스의 논리적 토대와 구조를 검토하고자 한다. 거버넌스에 대한 개념적 틀을 지구시민사회에까지 확장해서 이해하고자 할 것은 물론이다. 한국사회에서의 국가와 시민사회 간의 관계를 규명하기 위해서는 우선 그런 관계가 형성되는 환경에 대한 이해가 필요하다고 보고, 한국 정부의 구조적 특성을 소개하고자 한다. 나아가 행정적 대리인과 시민사이의 관계는 물론이고 정치적 대리인과 시민사이의 관계에 대해서도 이를 다루고자 한다. 환류단계의 거버넌스로는 옴부즈만을 살펴보고자 한다.

(「한국의 거버넌스」 서문, 2010.원단.)

한국의 국정개혁

제3장
정치발전과 민주시민교육

문재인 정부출범 60일의 초상

잘한다. "광장민주주의"가 끌어낸 정권교체라서 일까? 솔직히 새 정부 출범을 불안감 속에 지켜보는 이가 적지 않았다. 그러나 공수교대가 바뀐 오늘의 야당 지도층이 신음을 토하듯 고백한 것처럼 국민친화적인 리더십에 목말랐던 국민들에게 연일 감동의 물줄기를 뿜어내기 바쁘다. 시원하다. 예상 밖이라는 평가다. 그러나 다시 생각해 보면 문재인 정부의 성공적인 출범은 예정되어 있는 것이나 다름없었다.

먼저, 헌정사 이래 최초로 "대통령을 연습해 본" 대통령인 까닭이다. 단순히 국정참여 경력이 있는 정도가 아니다. 대통령 비서실장으로 근무하면서 국정 조타실 운영의 실무연습 기회를 가졌다. 대통령 비서실장이 대통령 되기는 처음이란 뜻이다. 누구도 대통령이 되보고 대통령하는 이는 없었다. 그러나 문재인 대통령의 경우는 다르다. 간접 경험이지만 직접 경험 못지않은 기회를 가진 바 있다. 가본 길을 가는 것이니 처음 새 길 찾아 떠나는 이들과 다를 것은 당연한 이치다.

노무현 정부의 출범과 함께 긴장관계를 형성했던 언론의 입장에서도 살아있는 권력과의 긴장이 얼마나 힘겨운 노릇인지를 체험, 학습했음직한 일이다. 특히 문재인 정부를 제2기 노무현 정부로 여기는 이들의 머릿속에는 노무현정부로부터 체득한 학습효과의 교훈이 어른거리지 않을 수 없을 것이다. 긴장보다는 공존, 공존이 아니더라도 적어도 반목하지는 말아야겠다는 인식이 선행할 수 있는 법이다. 적어도 비적대적인 프레임의 언론을 유산처럼 넘겨받았음직한 일이다.

박근혜 정부의 비극적 몰락이 극적일수록 그에 따른 반사 효과가 클 것도 물론이다. 박근혜 대통령 하던 식의 반대로만 해라 환호하는 박수가 쏟아질 것이다. 이는 새 정부 출범 전부터 누구나 한번씩 거들던 말 가운데 하나다. 직전 정부가 너무나도 상식 밖의 국정운영양식에 빠졌던 탓에 반면교사의 가치 또는 흑백의 대비 효과가 클 수밖에 없다. 어둠이 깊을수록 새벽하늘이 밝다고 하지 않는가.

같은 까닭으로 반대당의 정통성이 지금처럼 취약한 때는 일직이 없었다. 아무리 제1 야당이 정부 비판에 나서도 도무지 씨알머리가 먹히지를 않는다. 이는 앞으로도 상당기간 그럴 수밖에 없다. 보수정치의 본산이 재창당 수준의 혁명적 변화에 나서거나 아니면 역사의 뒤안길로 사라져야 할 형편에 몰렸다. 대안 없는 국정 현장을 지켜보면서 현실 권력이라도 잘해주기를 희원할 것은 정한 이치나 같다. 사실상 경쟁자 없는 독주시대의 문을 열게 된 셈이다.

흔히 새 정부 출범 초기에는 새 시대가 열린다는 기댓값에 후한 점수를 주기 마련이라는 밀월효과까지 더하는 경우 출범 초기의 문재인 정부에 긍정적 평가가 이어질 것은 당연한 노릇이다. 나아가 작년 10월 촛불시위가 일상화 하면서 조금만 주의 깊게 관찰하는 사람이라면 정권교체 가능성이 커졌다는 사실을 간파하기가 그리 어렵지 않은 일이었다. 공식적으로는 권력인수기간 없이 출범하지만 기실은 권력인수를 위한 준비 기간이 제법 주어져 있었던 셈이다.

특히 현대사 이래로 지금처럼 한반도 주변 정세가 불안정하던 때도 많지 않았다. 따라서 나라의 지도자가 조금만 안정적인 지도력을 보여주어도 안도의 한숨을 내쉴 판이다. 더욱이 한반도 주변 열강의 지도자들이 하나 같이 예측 불가능하거나 극단적인 노선선택을 서슴치 않는다는 점에서 국민 불안이 가중되어 있다. 상황이 이런 만큼 대통령이 국민통합적 정서에 불을 지피는 경우 열렬한 지지로 화답할 것은 정한 이치나 같다.

여기에 더해 문재인 대통령 개인의 조용한 품성이 질풍노도 시대를 넘나들던 기존의 지도력과는 전혀 다른 차원의 리더십 유형을 보여주고 있다. 독선이나 독주 내지는 일방적 프레임을 강요하던 리더십에 식상한 보통사람들에게 상호작용적이고, 소통론적이며, 형성론적인 세계관을 내세우는 지도자는 따듯한 부성감정을 자극하기 십상이다. 역대 최고의 국정 지지율이 결코 낯설어 보이지 않는다.

축하하고 감사할 일이다. 그러나 여기까지다. 지지도가 높은 만큼 이를 임기 말까지 유지하기는 결코 쉽지 않은 일이다. 산이 깊으면 골도 깊다고 하지 않던가. 무엇보다도 오늘의 한국사회가 물려받은 국정운영 양식이 너무 낡았다. 정보화 사회, 지구화 시대의 수요에 도무지 부합하지를 않는다. 그렇다고 해서 대안 패러다임이 개발되어 있는 것도 아니다. 그러니 새로운 시대정신을 발굴하고 전인미답의 국정운영 디자인을 개발하는 일이 새 대통령에게 주어진 최우선적인 과제다. 언필칭 한국적 표준을 개발하는 일이 시급한 숙제로 남았다. 이 경우 구시대의 낡은 경험은 오히려 짐이 될 뿐이다.

차점자와 최대 격차로 당선됐다지만, 보수의 자기 괴멸과 분열이 불러온 곁가지 당선이라는 점에서 구조적으로는 취약한 지지 기반을 안고 출범했다. 개혁과 변화에 대한 국민 여망이 크지만 이를 구현하는 과정에서 절대적으로 필요한 국회의 지지 기반은 턱없이 부족하다. 협치를 말하지만 오히려 야당의 지도력 부재가 정치적 부담으로 작용할 형편이다. 정치권력의 교체가 이루어지기는 했지만 이 나라 실질권력의 다른 두 축이라고 할 수 있는 자본과 언론의 주도 세력은 여전히 과거의 관성 속에 남아 있다.

긴박한 한반도 주변정세는 단 한 번의 실수도 용납하지 않을 만큼 날이 서 있다. 주변 열강의 자기중심적인 실용주의가 우리의 정치지도자에게는 연단의 길을 여는 것과 다를 바 없다. 지켜보는 국민의 기댓값을 채우기가 쉽지 않다. 박근혜 정부의 몰락과정에서 생겨난 사회적 갈등의 골이 생각보다 깊다는 점도 정권의 담임세력에게는 벗어나기 어려운 짐이다. "광장민주주의"의 전개과정에서 고조된 국민참여의 에너지를 국정운영 전문가의 이성적 판단력과 배합해야 하는 일도 결코 쉽지 않은 과제다. 물꼬 터진 시민사회의 여망에 여하히 대응하느냐가 정권성패의 관건 가운데 하나가 되어 있다.

이제 우리도 성공하는 대통령, 역사에 남는 권력주도 세력을 가져볼만한 때도 되었다. 부디 국민의 갈채 속에 퇴임하는 첫 번째 대통령이 되기를 기원한다.

(「대한언론」7월호, 2017.07.)

국민발안제도 도입을 제창한다

국민발안제도는 일정한 숫자 이상의 국민이 국회에 법률안 심의를 청원하면 국회가 이를 심의하여 입법을 추진하도록 하자는 제도다. 오늘날 우리 사회에 만연한 대의제와 관료제의 한계와 모순을 극복하고 진정한 의미의 국정개조에 나서기 위해서는 직접민주주의적인 요소를 강화하는 것이 대안이라고 보기 때문이다. 이미 서구 여러 나라에서는 국정운영에 직접민주주의적인 요소를 강화하기 위해 다양한 양식의 노력을 경주하고 있다.

영국의 경우 "국민이나 영국 거주자들이 이름과 e메일 주소, 우편번호만 입력하면 청원을 올릴 수 있으며, 1만 명 이상이 찬성하면 정부가 의무적으로 입장을 내야하고, 10만 명이 넘으면 의회가 공식 토론을 해야 한다. 토론은 온라인으로 중계되고, 언론은 일련의

과정을 계속 보도한다”(중앙일보, 2017.02.21.).

우리나라에도 청원제도가 도입되어 있기는 하지만 청원의 대상이 포괄적이고 국회의원의 소개가 없이는 청원할 수 없도록 되어 있다. 사실상 일반 국민이 주도적으로 법률안을 제안하기는 어렵게 되어 있는 셈이다. 비록 입법 청원이 이루어진다고 하더라도 국회가 이에 공식적으로 반응해야 할 의무가 없어 국회의 재량에 따라 이에 대한 공식적인 절차를 진행하지 않을 수도 있다.

그러나 탄핵정국의 진행과정에서 목격한 바와 같이 이미 우리 사회에는 국민이 스스로 자신의 의견을 제안하고 관철하고자 하는 참여의 에너지가 분출하고 있으며, 그런 에너지를 국정참여로 승화시키는 데 필요한 성찰적 지혜가 성숙되어 있음도 확인되었다. 이제 대통령 탄핵이라는 헌정사 이래 초유의 사건이 우리에게 남긴 과제는 이처럼 분출하는 참정의 에너지를 어떻게 국민 참여의 양식으로 승화시키느냐에 있다.

시장의 거래처럼 변한 정당정치나 단순한 엘리트의 순환 선택처럼 작동하는 선거만으로 우리의 참정에 대한 욕구를 충족시킬 수는 없게 되었다. 국민의 요구와는 관계없이 고위 공직자 사이의 패권다툼이나 부패, 무능력으로 얼룩진 국정운영에도 신물이 나는 지경에 이르렀다. 더 이상 국정의 대리인에게만 국가 경영을 맡겨 둘 수는 없으며 국가와 시민사회 사이의 협력적 공조만이 권력적 왜곡과 주권자 소외를 극복하는 열쇠라고 믿는다.

몇몇 대선 주자와 정당이 국민발안제도 도입에 대한 의사를 언급한 일이 있기는 하지만 아직 이를 적극적인 약속으로 확약한 경우는 찾아보기 어렵다. 권력은 이를 스스로 쟁취하지 않는 자에게 결코 기회를 주지 않는다. 이는 인류문명사가 우리에게 보여주는 가르침이다. 국민 스스로가 국민주권 시대를 열고자 하는 일에 나서지 않는다면 결코 진정한 의미의 주권행사 기회는 주어지지 않을 것이라고 믿는다.

이에 국민주권 시대를 앞당기기 위한 국민발안제도 도입에 의견을 같이 하는 국민과 시민사회단체들이 모여 이의 쟁취를 위한 국민운동에 나설 것을 주문하고자 한다. 시민사회단체들이 연대하여 국민발안제도의 도입과 더불어 민간차원에서 이 제도가 활성화되도록 시민들을 돕는 활동도 전개해 나가봄직한 일이다. 이를 통해 한국 민주주의의 새로운 시대를 여는 일에 앞장서 나서야 할 때다.

(「미래정부」, 2017.04.26.)

국회의장의 중립성

여당 대표의 단식이라는 초미의 사건이 막을 내렸다. 돌아보면 단식은 한국 정치의 오랜 유습 가운데 하나다. 민주화 투쟁 과정에서 흔히 목격하던 일을 두고 말하려는 것이 아니다. 조선조 4대 명군 가운데 하나라는 정조도 단식 투맹을 통해 아들의 생명 보존에 나선 바 있다. 절대왕조 시대에 임금도 자신의 의사를 관철하기 위해서라면 단식을 불사했으니 우리 정치의 단식 DNA는 그 원조가 꽤 깊은 셈이다. 그러나 아직 이 땅에서 단식 때문에 걸었던 생명을 잃었다는 얘기는 들어본 적이 없다. 그만큼 역지사지의 온정이 넘치는 사회이거나 단식을 통한 의사소통력이 탁월한 곳이라는 뜻일 것이다.

그러나 이번의 단식은 처음부터 별로 사회적인 공명을 얻지 못했다. 오히려 참으로 느닷없다는 생각을 갖는 이들이 적지 않았다. 절박한 투쟁이라기보다는 일종의 행위예술이거나 누가 좀 봐달라는 퍼포먼스처럼도 비춰졌다. 명분 없는 단식이었던 탓이다. 국회의장이 교섭단체 대표와 충분한 협의 없이 차수를 변경해 국회를 소집했고, 그를 통해 농림장관 해임건의 안의 국회통과과정에서 야당을 도왔으니, 국회의장이 정치적 중립성을 지키지 않았다는 요지였다. 그런 국회의장이 사퇴하지 않으면 곡기를 끊는 끝에 자진하겠다는 것이었다. 사안의 성질이 여당 대표가 목숨 걸고 투쟁할 만큼 심각한 것이냐에서 우선 공감을 얻기 어려웠다. 과도한 제스처로 비춰져 진정성을 인정받기 어려웠던 이유 가운데 하나다.

보다 본질적인 문제는 차수변경이 과연 국회의장의 중립성을 훼손한 일이냐에 있는 데, 이 문제는 이미 헌법재판소가 그렇지 않다는 판단을 내려둔 바 있다. 여당 대표가 이를 몰랐을 리 없는 만큼 정치공세라는 평가를 받기 십상이었다. 그런 만큼 이 지점에서 짚어보아야 할 과제는 국회의장의 정치적 중립성이란 과연 어떤 성질의 것이냐에 모아지게 된다. 정치적 이해관계가 첨예하게 대립하는 회의장에서 사회자가 불편부당한 입장에서 회의를 주재해야 할 것은 국회가 아니더라도 당연히 요청되는 과제다. 문제는 그 불편부당성이 불간섭에 의한 기계적 균형성을 뜻하는 것이냐에 있다. 아니 국회의장이 단순한 회의의 주제자 내지는 사회자에 지나지 않는 존재냐의 문제다. 그럴 경우 그런 사회는 아무나 보아도 되고 극단적으로는 사회자가 없어도 의사규칙에 따라 회의를 기계적으로 운영할 수도 있는 법이다. 오히려 문제는 국회의장이라는 자리가 단순한 회의의 주제자 이상의 의미를 함축한다는 데에 있다.

국회의장은 회의의 사회자 이전에 정치적 갈등의 중재자이고 사법적 재결의 판단자와 유사한 입법부 의사의 최종 결정자 내지는 대표자의 지위를 갖는다. 이는 의회제도의 발전과정에서 의회가 정치적 갈등의 재결기능도 함께 수행했던 역사적 연원에 기인한다. 의회가 여야당만의 것이 아니라 궁극적으로는 유권자의 것이라는 의미이기도 하다. 그런 탓에 본회의장에서 여야 국회의원은 상대당을 향해 발언하거나 그 어깨를 넘어 유권자를 향해 말하는 것이 아니라 국회의장을 향해 자기 의견을 피력하고, 읍소하는 양식을 취하는 것이 의회제도의 본령이라는 서구 의회의 운영 양식이다. 의장이 여야당 소속 의원의 의견을 청취하고 이를 토대로 의회의 최종 의사를 결정한다는 식의 의회 운영 프레임이 깔려 있는 것이다. 그런 점에서 의장의 권위는 절대적이다. 그렇지 않을 경우 첨예한 이해관계가 대립하는 입법과정을 조타하고 권위적인 결론을 도출하기가 쉽지 않다는 현실적인 배려도 감안되어 있을 것이다.

따라서 국회의장의 정치적 중립성은 불간섭에 의한 균형성의 유지가 아니라 간섭을 통한 갈등의 해결에 주안점을 두는 것이라고 해야 옳다. 국회의 본회의장 발언대가 국회의장을 뒤에 두고 국회의원을 향해 발언하도록 설치되어 있는 것도 국회의장의 역할과 권위에 대한 이해 부족이 불러온 결과인 셈이다. 국회의장의 권위가 이렇듯 절대적인 탓에 국회의장은 평소 그의 정치적 중립성에 대한 의구심이 제기될만한 어떤 행위도 이를 삼가는 것이 서구 의회의 불문율이다. 그런 탓에 국회의장은 당선과 동시에 일종의 수도사와 같은 삶의 길을 자청하게 된다. 평소 평의원과는 점심 한 끼를 같이 먹지도 않는다. 의장이 누구와 가깝다는 인상을 주지 않으려고 노력하는 탓이다. 그런 의미에서 의장의 직은 고독하기 짝이 없다.

의장이 다음 선거에 나서는 경우 그 지역구에는 여야당 모두 후보 공천을 피하는 이유도 의장의 권위 유지가 의회 운영 성공의 결정적 변수라고 보는 까닭이다. 그만큼 의장이라는 자리는 한 정치인의 일생에서 지극한 영예의 최고점이기도 하다. 국회의장이 다음 포스트로 대통령 자리를 넘본다는 말도 있으나 이는 사실이 아닐 것이라고 믿는다. 만약 그렇다면 이는 의회주의에 대한 반역이자 자기 부정의 극치이기도 한 일이다. 모두 제 자리로 돌아가 자기 일에 충실하기 바란다. 더 이상 의회정치를 희극화 하는 일은 없어야 하겠다.

(「미래정부」, 2016.10.05.)

경기도 연정의 성공과 좌절

1. 들어가며

경기도 연정이 1주년을 맞았다. 연정은 보수와 진보 진영 간의 오랜 진지전에 지치고, 꺼질 줄 모르는 여야 간의 대립과 갈등에 신물난 도민들에게 실로 신선한 충격이었다. 정치권의 싸움질에 질린다는 유권자들의 정치혐오 내지는 반정치 정서가 이미 임계점을 넘은 터였다. 이는 경기도에만 국한된 일이 아니었다.

나라 전체에 사회통합 수단으로서의 의회민주주의가 위기에 처했다는 진단이 흘러넘쳤다. 더 이상 방치해서는 안 된다는 인식이 팽대했다. 작동하지 않는 의회는 없는 것과 같고, 의회 없는 정체를 민주정이라고 말하기는 어렵다. 이를 타개하기 위해서는 기존의 상상력을 뛰어넘는 창의력과 지도력이 필요하다는 게 중론이었다. 그러나 구체적으로 대안을 내고 이를 실천하려는 움직임은 찾아보기 어려웠다.

물론 이론적으로는 다수결민주주의의 한계를 지적하면서 합의민주주의로의 이행을 주장하는 논의가 적지 않았다. 가장 대표적인 것으로는 거버넌스 도입에 대한 주문일 것이다. 그러나 다수결민주주의와 합의민주주의의 중간 단계라고 할 수 있는 협의민주주의를 실험해 보자는 주장은 그리 많지 않았다. 더구나 이를 직접 실행에 옮기려는 시도는 전무했다고 해도 과언이 아니다. 그런 점에서 경기도 연정은 획기적이다.

그러나 연정이 실시된 지 겨우 1년이 경과했음에도 불구하고 연정에 대한 도민의 정치적인 지지는 하향추세에 있고,[1] 연정의 파트너인 새정련의 도당 지도부에서는 연정을 통해 새정련이 얻은 것이 무엇이냐며 연정 회의론이 고개를 들고 있다. 연정의 정치적 과실을 남경필 지사가 지나치게 독식하는 것 아니냐는 볼멘소리다. 어차피 선거에 임박하면 연정파기가 불가피한 것 아니냐는 진단도 이미 나와 있다.

반면에 다른 한쪽에서는 헌정사 이래 최초로 성립된 연정을[2] 그

---

1) 19세 이상의 경기도민 1000명을 대상으로 실시한 경기도 연정에 대한 여론조사 결과에 따르면 2015년 7월1일 조사에서 긍정적 평가가 52.3%이던 것이 2015년 10월 12일 조사에서는 38.1%로 급감하고 있다. 이는 부정적 평가에서도 같다.

2) 경기도 연정은 지방정부 수준에서는 처음으로 시도되는 연정이지만, 중앙정부 차원에서는 김대중 정부의 DJP 연합이 있었고, 유사한 형태로는 3당 합당이나 민주당과 진보당 사이의 연합공천, 노무현 후보와 정몽준 후보 간의 정치적 제휴를 드는 사람도 있다. 의회와 다수당과 집행부 수장의 소속 정당이 상이한 분점 정부 상태에서는 어느 곳에서든 사실상의 연정이 실시되고 있다는 연정

렇게 쉽게 파기할 수는 없다는 의지와 함께, 이를 승화시켜 이원집정부제 내지는 내각제로의 개헌으로 연결시켜야 한다는 주장이 제기되어 있다. 경기도 연정의 순기능을 확장하려면 연정의 안정성과 완전성을 높여야 하고, 이를 위해서는 연정의 제도화 수준을 높여야 한다는 견해도 광범위한 지지를 얻고 있다. 이런 대립적 평가는 연정의 현주소를 검토하고 무엇이 왜, 어째서 문제인지를 따져보아야 하는 현실적 이유가 되고 있다.

이를 인식한 한국정책학회는 지난 12월 1일 경기도 연정을 주제로 특별기획 세미나를 열었다. 여기에서 개진된 의견과 정보를 토대로 논점을 정리해 보고자 한다.

2. 한국 사회의 연정 수요

진지전에 가까운 여야의 대결구도와 그에 따른 "불임의 정치"를 극복하려면 우선 다수결 민주주의의 허구적 신화로부터 깨어나야 한다. 의회민주주의라고 하면 당연히 다수결 민주주의가 필수 요건인 것처럼 인식하지만, 다수결이 민주주의의 운영전략이 되려면 몇 가지 선결조건을 충족시켜야 한다.

우선 언제든 상황 변화에 따라 다수가 소수가 되고 소수가 다수가 될 수 있어야 한다. 수의 유동성이 전제될 때 다수는 소수를 동

실제론도 제기되어 있다.

반자로 대하게 된다. 미래의 어느 때든 소수로 전락할 가능성이 있다는 사실이 예견되기 때문이다. 그렇지 않을 경우 소수의 체계적이고 항상적인 소외가 불가피하고, 다수가 전체의 이름으로 소수를 배척하거나 압박하는 일이 일상화 하게 된다. 이런 상황 하에서는 결코 사회통합과 결속을 기대할 수 없다.

나아가 그런 수의 유동성이 가능하려면 다수와 소수가 견지하는 정신적 동질성이나 공통점이 전제되어 있어야 한다. 그래야 양자 간에 공존의 가능성이 열리고 공존의 가능성이 열릴 때 대화와 협력이 가능해지며 대화와 협력이 이루어질 때 학습과 성찰의 공간이 열리고 그런 때 진정한 의미의 수의 이동이 가능해지기 때문이다. 이 점에서 루쏘는 "다수결의 법칙은 --- 적어도 한번은 전원일치가 있었음을 전제 한다"고 설파한 바 있다.

그러나 우리 사회에서는 여야당을 중심으로 집단투표가 일상화 하면서 진지전의 양상을 띠게 되고, 그 결과 다수와 소수가 형성적 미래로서가 아니라 분절적 파편으로 고착화 되었다. 의회민주주의의 철학적 원리에 대한 전원일치가 없어 갈등과 파행, 장외투쟁, 법률위반, 심지어 의회구성 자체를 전략수단화 하는 일이 일상화 하고 있다. 이런 대결적, 초법적 정치문화는 후기근대의 사회구조가 동반하는 파편적, 분절적 사회관계망의 형성으로 인해 보다 더 강화되는 추세에 있다.

후기근대에서는 근대의 대중사회와는 달리 다수의 형성 자체가 그리 쉽지 않다. 소중화(de-massifying) 시대가 열리는 것이다. 다수의 형성 자체가 어렵게 되면서 소수의 배타적 저항이 심해지고 이로 인해 오히려 목소리 큰 소수가 다수를 이끄는 현상마저 발생하게 된다. 일컬어 "거부권의 정치(veto-cracy)" 시대가 도래 하는 것이다.

또한 우리 사회는 농업사회, 산업사회, 정보사회로의 이동을 통해 압축적인 사회발전을 거듭하면서 전단계의 사회구조가 미처 성숙되기도 전에 다음 단계로 이동해 왔다. 이는 "이시성의 동시성"이라는 이질적 사회관계의 파편적 공존을 부른다. 이런 단층적 사회구조는 대회와 타협 대신 대결적 관계를 구축케 하는 또 다른 이유로 작동한다. 특히 정보사회와 지구화 시대가 급속히 진행되면서 중산층이 몰락하고 사회계층 간의 양극화를 심화시켰다. 사회 주류세력과 비주류 세력 간의 간극이 대화와 협력을 허용하기 어려울 만큼 멀어지게 된 것이다.

압축성장과정에서 발생한 산업화 세력과 민주화 세력 간의 대립과 갈등은 양 진영 간의 대화와 협력을 소속진영에 대한 배신이나 선명성 훼손으로 간주하게 하는 일종의 정서적 경로의존성까지 만들어냈다. 이런 진영 간 대결구조는 사실 오랜 역사 문화적 연원을 지녔다. 조선 왕조시대에 극심했던 사색당파의 패권적 갈등은 왕권을 무력화 시킬 만큼 위협적이었다. 이런 상황에서 도입되었던 노론과 소론을 병용하고자 한 쌍거호대[3)]나 탕평책은 그의 동기 면에서 볼 때 현대의 연정 출현과 크게 다를 것이 없다.

3) 조선 후기 영조대에 탕평을 위해 관직에 각 당의 인사를 분배하여 배치하던 정치운영술의 하나이다. 예를 들어 이조(吏曹)의 경우 이조판서에 노론을 임명하면, 이조참판에는 소론을 임명하고, 이조참의에 노론을, 그리고 전랑에는 소론을 임명하는 방식이다.

3. 경기도 연정의 운영 실제

경기도 연정은 이런 한국 정치의 오랜 단절 구조 속에서 체계적으로 배제되는 소수자를 보다 적극적으로 정부과정에 포용하고자 하는 전략적 결단의 소산물이다. 이는 특히 임기제에 의해 자리가 보장되어 있는 광역자치단체장에 의해 주도되었다는 점에서 다수 의석이 확보되지 못하거나 무너질 경우 내각 해산이 불가피해지고 그에 따라 권력이 붕괴되는 서유럽의 연정과는 본질적인 성질을 달리한다. 정당이 중심축으로 작동하는 기관융합형이 아닌 기관대립형 권력구조 속에서 집행부의 결단을 통해 정당 간 연합이 추진되었다는 점에서도 주목된다.

이런 조건 속에서도 경기도 연정이 이루어질 수 있었던 것은 남경필 지사의 오랜 소신과 함께 연정의 도입 자체를 자신의 정치적 자산으로 삼고자 하는 그의 전략적 판단에 힘입은 바 크다. 여기에 더해 도의회를 반대당이 장악한 분점정부 상태에서는 권력 공유에 대한 현실적 요구를 외면할 수 없다는 점도 작용했다. 무엇보다도 전임 지사 시절의 당 대 당 갈등과정에서 발생한 도민의 정치적 혐오감이 상생정치에 대한 수요를 한껏 높여 놓은 상태였다. 경기도가 다른 광역자치단체에 비해 상대적으로 풍부한 재원을 확보하고 있어 반대당과 예산을 분점하거나 공유하기가 용이하다는 점도 긍정적 요인이 되었다. 무엇보다도 도의회 내부의 새정련 의원 사이에서 자신의 중앙당에 의한 수직적 통제에서 벗어나 독자적인 정치영역을 개척하고자 하는 욕구가 강했다는 점이 연정 성사의 결정적 요인으로 작용했다.

연정이 성사되면서 도정이 정치적 안정을 취하게 되고, 그 결과 집행부의 지도력을 도정에 보다 효율적으로 집중할 수 있게 되어 25만개의 일자리를 창출할 수 있었으며 특히 안전행정과 주거복지 분야에서 많은 성과를 냈다는 전언이다. 메르스 사태에서 주민참여형 대응 시스템을 초당적으로 작동할 수 있었던 것은 연정의 가시적 성과라는 평가도 있다. 연정이 도의회를 중심으로 하는 외부 정책과정상의 갈등과 대립을 지방정부 중심의 정책조정과정으로 내부화함으로서 도민에게 일관된 정책 메시지를 전달할 수 있게 되고 상생정치로 인해 도정에 대한 주민 신뢰를 높이는 등 거래비용 감소로 인한 정책 수용성 증대와 행정비용 감소에 기여했을 것은 당연한 이치다.

그러나 연정이 그의 명목적 가치인 사회적 약자, 정치적 소수자의 포용과 그에 따른 도민의 정치사회적 통합에 얼마나 기여하게 되었는지에 대해서는 보다 세밀한 검토를 필요로 한다. 연정은 통상 권력 엘리트 연합, 선거 연합, 정부 연합, 정책 연합, 사회 통합으로 구체화 되어 나타난다. 경기도 연정의 경우도 도지사와 새정련 도의회 지도부 사이에서 비공식적인 회합과 협의를 통해 “경기도 연합정치 실현을 위한 정책협의회” 구성에 합의하는 데에서부터 단초를 열었다. 남경필 지사가 도지사 선거과정에서 당선될 경우 연정을 실시하겠다고 공언했지만 이는 상대당과의 협의 없이 일방적으로 이루어진 정치적 선언에 다름없었다.

이후 20개 조항에 이르는 “경기도 연합정치 실현을 위한 공동 협약"을 성사시키고 도지사 선거시 경쟁자였던 김진표 후보의 주요 정책을 받아들이기로 하는 등 정책융합을 시도하지만 기존의 정무부지사를 사회통합부지사로 개칭하고 과거 정무부지사의 관할 사무와는 달리 보건복지국, 환경국, 여성가족국을 관장케 한 것이 연정이 가져온 핵심적 변화였다. 사회통합부지사에게는 그 밖에도 경기복지재단, 경기도의료원, 경기가족여성연구원, 경기영어마을, 경기도청소년수련원, 경기도평생교육진흥원, 따복공동체지원단을 관할 범위에 두도록 했다. 이를 운영하는 데 필요한 예산권과 인사권도 보장했다.

2016년도 예산 편성과정에서는 새정련 지도부와의 비공식 협상을 통해 도의원에게 모두 500억원을 배정키로 했다. 개인별 로그롤링(log-rolling)을 통해 이루어지는 중앙정치 무대의 쪽지 예산과는 달리 기관차원에서 이루어지는 공개적인 합의와 협력의 소산이라고 하지만 도의원 개인당 5-6억원 정도의 예산을 정치적으로 배분하는 것 이상도 이하도 아닌 일이다. 연정의 성과물이 연정참여자들에게 어떻게 배분되고 있는지를 보여주는 대표적인 사례다. 경기도 연정은 일차적으로 연정참여 권력 엘리트 간의 자리나 기회 배분 수단이었던 것이다.

연정의 효율적인 운영을 위해 여야 도의회 의원, 외부 전문가, 교수, NGO 대표 등이 참여하는 "경기도연정실행위원회"를 구성하여 월 1회 정기회를 열고 있다. 운영의 내실화를 위해서는 재정전략회의가 구성되어 있고, 사회부서의 통합적 운영을 위해서는 본부 행정조직과의 사이에서 "사회통합정책회의"를 개최한다. 도민참여를 위해 "사회정책라운드테이블," "도시군상생협력토론회," "읍면동지역사회보장협의체," "메르스 대응 민관합동의료위원회," 등을 운영한 바도 있다. 그러나 이를 통해 사회적 약자의 삶이 질적으로 획기적인 개선을 이루었다거나 도민 간의 사회통합이 크게 신장되었다는 증거는 아직 없다. 다만 "싸우지 않는 의정"에 대한 도민의 만족도는 작지 않다.

4. 경기도 연정의 평가와 과제

경기도 연정의 가장 근본적인 문제는 기관대립형 자치단체가 정당 간 협의를 통한 연합 정치에 나섰다는 점에 있다. 기관대립형 자치단체는 의회와 집행기관 사이의 긴장을 통한 상호 견제와 감시를 촉진하자는 데에 기관운영의 일차적인 의의를 둔다. 그러나 의회 다수의석을 점유하는 반대당과의 협의를 통해 정부 연합에 나섬으로서 도의회의 집행부 견제를 사실상 무력화 시키는 결과를 낳았다. 백보를 양보하더라도 새정련 도의원 총회의 의결로 파견한 사회통합부지사 산하의 도 집행부와의 사이에는 일종의 권력융합형 관계가 구성된다는 사실을 부정할 수 없다.[4] 이는 경기도정이 기관대립형과 기관융합형을 기형적으로 조합해 놓게 되었음을 뜻한다. 이

4) 사회통합부지사가 현역 도의원이 아니며 정당 파견 형식을 취한 것이 아니라 개인 차원에서의 참여라는 점에서 정당 연합이라고 볼 수 없다는 주장도 있으나 실제로는 새정련 지도부와의 비공식적인 합의를 통해 이루어진 사실상의 정당 파견이라는 점에 주목할 필요가 있다.

로 인해 경기도정의 성패 여부를 책임 추궁할 대상이 상대적으로 불명확해지는 문제를 낳고 있다.

이런 도 정부 구성상의 이론적 충돌과 모순 외에도 연정이 기본적으로 권력 엘리트 간의 자리 배분 내지는 공유의 수준을 넘지 못한다는 데에도 문제의 심각성이 있다. 연정의 성과를 도민이 피부로 느끼지 못하게 되는 가장 큰 이유 가운데 하나다. 정책 연합이 이루어졌다고 하지만 거기에 참여하는 정당 간의 정책결집력이 취약한 상태에서는 그런 연합의 결과가 정당과정을 통해 도민사회로 침투하기 어려우며, 정당 간 정책 정체성의 차이가 연정을 통해 도정에 확연한 변화를 가져올 만큼 큰 것도 아니다. 특히 사회복지 분야에서 그러하다. 그러니 연정에 따른 파급효과가 크게 느껴지지 않을 것은 정한 이치나 같다.

여기에 더해 도민사회의 갈등적, 대립적 이해관계를 조정, 통합할 것으로 기대되는 정당이 정책정당이 아니라 권력 엘리트 간의 권력 다툼을 위한 정치적 기제 내지는 기득권 유지를 위한 권력 정당화 수단으로 작동하면서 정당 자체의 사회통합 기능이 취약한 상태에 있다는 점도 문제다. 정당정치가 지역주의에 편승하면서 정당에 대한 지지가 사회적, 정책적 지지와 연결되지 않고 있는 것이다. 정당을 통한 이해관계의 조정과 통합이 구조적으로 차단되어 있는 셈이다. 지역을 중심으로 갈가리 찢어진 한국판 피짜 폴리틱스(pizza politics)가[5] 일상화 하고 있다. 이는 중앙정치의 유산을 그대로 이어

5) 지역갈등이 심한 캐나다의 정치가 마치 피짜 조각을 이어 놓은 것 같이 전체로서의 통일성이나 일체성을 찾아보기 어렵다는 점에서 부쳐진 별칭이다.

받은 셈이다.

현행 자치제도는 자치권의 정도에 있어 흔히 2할 자치 또는 3할 자치로 평가된다. 불충분한 지방자치정부의 권한으로 인해 중앙정부의 개입과 간섭이 불가피하다는 뜻이다. 그만큼 연정의 자율범위가 제한적일 수밖에 없고, 그렇기 때문에 연정이 소기의 성과를 내기도 어렵다. 예컨대 총액인건비제도나 표준정원제로 인해 정부 연합에 필요한 부지사 자리의 확대나 필요 인원의 증원이 어렵게 되어 있다. 정무부지사 채용절차 규정으로 인해 연정 참여 부지사의 자유로운 선택이 사실상 제한된다. 예산편성지침으로 인해 인건비나 판공비의 책정이 통제되고 있으며, 중앙정부로부터의 보조금이 자치정부의 자유로운 처분을 전제로 하는 것이 아니라는 점은 잘 알려져 있는 바와 같다. 아무리 연정 참여 정당과 예산권, 인사권, 조직권을 공유한다고 하더라도 그것 자체가 제한된 범위 내에서 이루어지는 것일 수밖에 없다는 뜻이다.

연정이 안정성을 가지려면 합의 내용을 주민투표에 부쳐 확정하는 것이 관건이지만 현행 주민투표법은 선택투표를 허용하지 않는다. 주민에게 과중한 예산 부담이나 중대한 영향을 끼치는 문제에 대해서만 주민투표에 부칠 수 있게 되어 있어 사실상 정책 추인이나 확정 투표는 불가능하도록 되어 있다. 연정에 대한 주민의견 청취가 제도적으로 차단되어 있는 셈이다. 이럴 경우 주민참여가 제한될 것은 자명한 일이다. 보다 더 문제인 것은 주민참여가 활성화되려면 도정에 관한 관련 정보가 공개되어야 하지만 도정 정보가 충분히 공개되어 있지 않다는 점도 문제다.

경기도 연정은 엘리트 간의 연합을 통한 권력 카르텔 수준에 머물러 있는 셈이다. 따라서 권력 엘리트 사이의 이해관계가 틀어지면 언제라도 붕괴할 위험성을 내포하고 있다. 연정 자체가 불안정성과 불완전성을 전제로 성립되는 것이라고는 하지만 그렇더라도 연정이 소기의 정책성과를 내기 위해서는 적어도 일정 기간 동안 지속되고 안정적으로 운영되어야 할 것은 정한 이치나 같다.

5. 나가며

연정이 소수파의 지속적인 참여 보장을 통해 도정을 안정시키고 도민사회의 통합에 기여하고자 하는 것이라는 데에 이의를 제기할 사람은 아무도 없다. 문제는 지금 경기도가 운영하고 있는 연정으로는 안정적 도정의 지속 가능성을 담보하기가 쉽지 않다는 점에 있다. 이를 타개하기 위해 가장 근본적인 것으로는 지방자치법을 개정하여 기관융합형 자치단체의 구성도 가능하게 해야 하는 문제가 제기된다.

그렇게 된다고 하더라도 지금과 같은 도의회의 기관 능력으로는 도의회가 연정의 중심축을 형성하기는 어렵다. 도의회의 기관능력 신장이 연정 성패의 핵심적 과제 가운데 하나로 떠오르게 되는 이유다. 이를 위해서는 도의회의 자체 인사권 확대를 통해 도의회 의원 보좌관 제도를 도입하는 일이 시급한 과제 가운데 하나다. 도의회 의원이 정책 결집력과 분석력을 갖추지 않은 상태에서 이루어지는 연정은 자칫 공공재의 공유를 통한 지대 분배 수단으로 전략할 위험성이 크기 때문이다.

이는 도 정부 공무원에게 있어서도 같다. 지금까지 경험해 보지 못한 정당 연합 하에서 도정을 운영하려면 새로운 가치관과 행정 관행을 개척해 나가야 한다. 이를 위해서는 새로운 행정환경에 대한 대대적인 재교육이 필요할 것은 물론이다. 이는 단순히 공무원 재교육 문제로 끝날 일도 아니다. 행정관리의 전 과정에 걸쳐 새로운 평가기준을 도입하고 실행해야 한다는 문제가 제기된다. 새로운 도정 환경에 부응하려면 지방공무원법 개정이 필요하게 되는 이유 가운데 하나다.

연정의 효율적인 운영을 위해 연정과 관련된 내용을 체계적인 조례개발을 통해 제도화해야 하는 문제도 있다. 연정회계제도의 개발을 통해 예산 운용상의 자치권과 독립성을 확보하는 일도 중요한 과제 가운데 하나다. 결국 중앙정부의 권한 이양을 통한 자치권의 확대가 관건임으로 이를 보장하기 위해서는 헌법 개정이 필요하다는 주장에 주목할 필요가 있다. 다만 기관대립형 자치제도를 기관융합형으로 바꾸어야 연정이 활성화 되며, 이를 위해서는 헌법 개정이 필요하다는 주장에는 선뜻 동의하기 쉽지 않은 점이 있다.

현행 헌법은 내각제 요소가 가미된 대통령제인 만큼 현재의 헌법 구조 아래서도 중앙정부의 결단에 따라서는 얼마든지 자치정부 구성원리의 다양화가 가능하도록 되어 있다. 그렇기 때문에 자치단체별로 자기 단체 구성원리의 채택권을 부여할 수 있느냐가 오히려 선결과제라고 보아진다. 지방자치법 개정이 필요한 보다 더 근본적인 이유다.

같은 이치로 광역자치단체에서의 연정 성패 여부가 중앙정부의 권력구조 개편을 위한 헌법 개정 논의의 시발점이 되어야 한다는 발상도 보다 조심스럽게 접근해야 할 것 같다. 연정은 그것 자체가 규범적, 당위적 제도나 장치라기보다는 주어진 정치 환경과 조건을 타개해 나가기 위한 임시적, 전략적 방편 가운데 하나로 이해되기 때문이다. 정파 간 대립과 갈등의 고착화 현상을 타개하기 위해서라면 연정만이 유일한 대안은 아닌 일이기도 하다.

(「한국정책학회 소식지」, 2015.12.)

'한국형 제론토크라시'의 명암(明暗)

제론토크라시(gerontocracy)는 노인 정치 또는 노인이 지배하는 사회 체제를 말한다. 고대 로마제국의 원로원, 중세 기독교의 성직자 사회, 제2차 세계대전 후 공산당 치하에서 기승을 부렸다. 최근에는 경제협력개발기구(OECD) 회원국에서도 자주 목격된다. 미국에서는 제도를 통해 권장하기도 한다. 대법관을 종신직으로 90세가 넘어서도 현직에서 활동하게 하고, 의회에서는 선임자 우대 원칙으로 인해 나이가 들지 않으면 사실상 상임위원장이 되기 어렵다. 미국 민주당의 대표 주자들이 대부분 고령이어서 다음 대선을 걱정한다는 얘기도 들린다.

우리도 예외는 아니다. 이번 정부에서는 더욱 빈번하게 고령의 인사가 요직에 중용되고 있다. 임용 당시의 연령으로만 보더라도 이인호 KBS 이사장 79세, 쟈니윤 관광공사 상임감사 79세, 유흥수 주일 대사 77세, 이병호 신임 국정원장 75세, 이명재 민정특보 72세, 이병기 신임 비서실장 68세다. 비공식 자문 그룹으로 거론되는 '7인회'는 거의 모두 70대 후반이거나 80대 초반이다.

노인이 국정 운영의 중추를 형성할 경우 파급 효과는 단순히 공직 사회에만 한정되지 않는다. 같은 연배의 사회 각계 지도층과 연계되면서 사회 전 영역을 노인 중심 네트워크로 전환한다. 경험과 경륜을 중시하고 안정적인 사회질서 유지를 강조하던 시대에는 매우 바람직한 일로 여겨졌다. 플라톤은 일찍이 50세 이전에는 공직 진출을 삼가라고 조언했을 정도다. 노인을 지식과 지혜의 보고로 간주했던 까닭이다.

그러나 최근 들어 노인의 공직 진출이 빈발하는 이유는 고령화 사회의 도래와 무관치 않다. 노인인구의 사회 구성 비율이 높아지면서 평균 연령의 최빈값 수준이 높아지게 됐다. 두꺼워진 노인연령층을 대변해야 하는 세대 대표 수요도 생겼다. 75세쯤은 돼야 노인이라는 신(新)노년 개념에서 보듯이 노인이 과거와는 달리 여전히 육체적으로 활발하고 정신적으로 건강하다는 점도 노인중심사회 등장의 또 다른 이유일 것이다.

그러나 제론토크라시는 그 본질적 특성상 역동성·유연성·신속성·가변성 및 미래 지향성을 특징으로 하는 오늘날의 정보사회 구조와 잘 부합하지 않는다. 창조와 혁신 같은 박근혜 정부의 국정운영 지표와도 많은 면에서 충돌적 요소를 지녔다. 사회구조가 급변하는 곳에서는 구시대의 생활양식을 선호하는 복고주의로 간주되면서 자칫 가치관 갈등을 유발할 위험성도 있다. 우리의 경우 권위주의 패러다임 부활 가능성에 대한 우려가 적잖았다. 그동안 줄기차게 제기돼 온 정부 요직의 인적 쇄신에 대한 요구는 바로 이 점에 초점이 맞춰진 것이었다 해도 과언이 아니다. 더 큰 문제는 세대 갈등을 방치하거나 부추기게 된다는 데 있다. 권력적으로 노인이 과대대표되고 청년이 과소 대표되면서 청년의 사회적 소외가 심해지는 문제를 낳는다.

이는 단지 세대 갈등으로 끝나지 않는다. 이탈리아가 그 실상을 잘 보여준다. 이탈리아는 유럽연합(EU) 회원국 중 3번째 경제 대국이다. 그러나 최근에는 심각한 경제 불황에 시달리고 있다. 유럽 국가 중 개인소득 감소율이 가장 높고 청년실업률은 40%에 이른다. 생산성이 후퇴하고 경제적 불평등과 빈곤이 급속히 확산되고 있다. 노인 중심의 권력 구조에서 그 원인을 찾는 이가 적지 않다. 조르조 나폴리타노 대통령이 지난 1월 90세로 퇴임했고, 직전 카를로 아첼리오 참피 대통령은 86세에 임기를 마쳤다. 실비오 베를루스코니 총리는 2011년 사임 당시 75세였다. 은행원 평균연령이 67세이고 대학교수는 63세다. 세계 3대 노인국 중 하나다. 그 결과 노인 중심 연금 지출 규모가 지나치게 커졌고, 환경보존·기술개발·재정지출 등에서 단기적 시관(時觀)에 빠져 미래 지향적인 투자와 관리를 소홀히 했다는 평가다.

세대 재생력 상실이 혁신과 경쟁력 유실로 이어졌다는 진단과 다름없다. 사회복지 논쟁과 디플레이션 우려가 함께 진행되고 있는 우리 사회가 주목할 만한 대목이다. '한국형 제론토크라시'에 대응할 보완 조치의 필요성이 커지는 이유다. 재정 지출에서 세대 간 균형을 유지하기 위한 세대 인지 예산 제도를 도입하거나 내각이나 비례대표 국회의원 선발에 세대별 균형을 고려하는 방안도 생각해 볼 수 있다. 투표권을 18세로 내리는 것도 고려해 볼 만하다. 청년의 권력적 소외는 청년만의 문제로 끝나지 않기 때문이다.

(「문화일보」, 2015.03.19.)

비정상적인 내각 구성

집권 3년차를 향한 2기 내각 구성이 사실상 마무리 되었다. 이로서 국무위원 18명 가운데 3분의 1(6명)이 국회의원을 겸직하게 됐다. 매우 중요한 변화다. 어느 기관이든 구성원의 3분의 1은 기관 정체성 유지에 있어 임계점에 해당한다. 이 가운데 총리와 2명의 부총리가 현역 국회의원이다. 모두가 원내 총무 출신이기도 하다. 내각책임제를 도입한 제2 공화국 시기의 1년 남짓을 제외하고는 헌정사 이래 처음 있는 일이다.

흔히 우리 헌법을 대통령중심제와 내각책임제의 혼합물이라고 한다. 권력의 분립과 융합을 혼합하는 이 모순적인 결합은 두 요소 간의 미묘한 균형을 통해 유지돼 왔다. 모순의 지나친 확대를 피함으로서 겨우 헌정질서의 안정성을 유지했던 셈이다. 그런데 이번의 개각으로 바로 이 균형점이 무너졌다. 대통령중심제 아래에서 내각책임제 요소를 이렇듯 확대하는 일이 과연 타당한 일인지 묻지 않을 수 없다.

원래 국무위원과 국회의원은 공직 가운데에서도 그 직무가 매우 엄중한 자리다. 누구든 이 가운데 한 가지 직무만 감당하기도 벅차다. 공직 자체가 한 가지 직무에 전념할 것을 전제로 구성된다. 공무원법이 공무원 겸직을 직무수행에 지장이 없는 경우로 한정하는 이유다. 실제로 겸직 장관은 국회의원 직무수당을 수령하지 않는다. 겸직 상태에서는 국회의원 역할을 제대로 수행할 수 없다는 자기 고백인 셈이다. 이 경우 겸직 장관을 배출한 지역구 유권자는 사실상 자신을 대표하는 정치적 대리인을 갖지 못하는 결과가 된다. 국민 대표성의 심각한 훼손이다.

겸직 장관이 직무 수행 과정에서 지득한 정보나 권한을 이용해 자신의 지역구를 챙기거나 선거운동을 위해 일정 시기에 장관직을 사임해야 한다면 공직의 중립성, 안정성 내지는 계속성 유지에 치명적인 결함을 낳는다. 관직의 사적 이용이라는 비난을 면키도 어렵다. 장관이 국민의 정치적 요구에 민감해야 한다는 주문은 어느 한 사람이나 지역을 편애해도 좋다는 뜻은 결코 아니다.

대통령중심제의 핵심인 의회와 행정부 간의 견제와 균형이 심각하게 위협받는 것은 두말할 나위도 없다. 국회의 인사청문제도는 행정부의 독주와 권력 집중에 대한 견제를 인적 충원권 통제를 통해 달성하려는 시도다. 그러나 "현직 국회의원 불패" 신화가 보여주는 것처럼 국회의원을 인사청문하는 경우 아직까지 부적격으로 판정한 사례가 전무하다. 충원 통제 역할이 사실상 무력화 되고 있다.

세월호 사건 이후 관(官)피아가 만악의 근원처럼 지적되었다. 관료사회의 제 식구 챙기기 관행이 부패와 무능의 출발점이라고 본 것이다. 그러나 현직 국회의원에 대한 인사청문 결과를 지켜보면 정치권의 패거리 문화 내지는 권력 카르텔도 관피아 못지않다는 생각을 갖게 된다. 가히 국(國)피아 등장을 지켜보는 듯하다. 현역 국회의원이라야 인사청문을 통과하기 쉽다는 사실은 다시 현역 국회의원에 대한 국무위원 지명을 유도하는 결과가 된다. 여타 직종의 국무위원 지명에 대한 일종의 진입규제 효과를 유발하는 셈이다.

이런 국회와 행정부 사이의 유착관계 속에서는 국무위원 해임건의나 탄핵소추권이 유명무실해질 수밖에 없다. 형식논리로만 본다면 겸직 장관의 경우 자신에 대한 해임건의나 탄핵소추를 발의하거나 찬반투표에 나설 수도 있다. 기재부 장관의 경우 자신이 제안한 예산안 심의에 자신이 나설 수도 있는 셈이다. 각종 대 정부 질문에서 장관 겸직 국회의원이 자신을 상대로 질문하지 말라는 법도 없다. 이만저만한 모순이 아니다. 이완구 총리의 경우에서 보듯 국회의원 겸직 국무위원이 총리 지명자에 대한 인준표결에 나서는 것은 자신의 인준여부를 자신이 판단하는 것과 같다.

겸직 국무위원 수가 많을수록 이런 모순이 보다 더 클 것은 물론이다. 여기에 더해 국회의원 3명이 행정부 수반인 대통령의 특보를 겸하게 되었으니 더 말할 것이 없다. 이제 행정부가 국회를 직할하려 한다는 비난을 피하기 어렵다. 국회와 행정부 사이가 아니라 야당과 집권세력 사이로 보다 더 한랭전선이 이동하면서 야당의 극심한 반발을 자초할 것이라는 점도 우려되는 부분이다. 무엇보다도 국민에게 도무지 헌정체제의 기준률이 무엇인지 알 수 없어 너무 혼란스럽다는 생각을 갖게 했다는 점이 치명적인 결함이다. 정부는 그 동안 비정상의 정상화를 국정운영 슬로건 가운데 하나로 삼아 왔다. 이런 내각 구성이야말로 비정상이다. 정상이 무엇인지 심각하게 고민해 보아야 할 때다.

(미래정부」, 2015.03.12.)

왜 지금 시민교육이 절실한가

우리가 서구로부터 도입한 간접민주주의 제도는 서구가 근대화 과정에서 빚어낸 역사적 진화물이다. 영국의 청교도 혁명이나 프랑스 대혁명을 추동한 시민의식이 참정권운동을 거쳐 자본과 노동을 양 축으로 하는 대중정당 제도를 고안해냈다. 전통사회에서 근대사회로 이동하는 과정에서 축적된 성찰적 시민의식이 빚어낸 빛나는 성과물이다. 그런 만큼 제도로서의 서구 민주주의는 외피에 지나지 않고, 이를 운영하기 위해서는 그의 속내에 해당하는 성찰적 시민이 전제돼 있어야 한다.

그러나 우리는 달랑 디자인으로서의 서구 민주주의를 수입했을 뿐, 이를 운영하는 데 필요한 사회적 에너지 확보에는 크게 유념하지 않았다. 이미 성찰적 시민이 성장한 서구로서는 이에 대해 별도의 노력을 경주해야 할 이유가 없었다. 외피를 모방하는 데도 벅차던 우리는 서구가 진력하지 않는 민주시민 양성에 주목할 만큼 총명하지도 않았고 사회적 여유도 없었다. 면허도 없이 수입차 운전을 시작한 셈이다.

안보의 위협과 경제적 빈곤은 순탄치 못한 도로 사정과 같았다. 산업사회와 정보사회로 이동하는 과정에서 발생한 사회적 단절과 구조적 갈등은 끊어진 교량이나 수렁처럼 우리를 험난한 길로 내몰았다. 급속한 경제발전을 위해 과속하는 가운데 인사사고도 적지 않았다. 개인의 자유와 인권이 제한되기 일쑤였다. 경제발전으로 도로 포장률이 높아지자 이번에는 쏟아지는 자동차의 홍수로 교통체증이나 크고 작은 접촉사고가 빈발했다. 정경유착과 권언유착이 일상처럼 자리 잡고 방치된 사회갈등 비용이 국가의 1년 예산에 버금가게 되었다.

왜곡된 정치 과정과 부패한 패거리 질서가 외과수술 후의 부정유합처럼 굳었다. 부정유합은 부러진 뼈가 제 위치에 붙지 않고 굳어진 상태를 말한다. 이를 다시 펴는 데 따르는 위험과 고통 같은 기회비용의 추가지출 때문에 흔히 그냥 거기에 맞추어 엉거주춤 사는 게 보통이다. 비정상의 일상화인 셈이다. 세월호 사건 이후 우리 모두가 국가 대개조를 외쳐야 했던 이유다. 심각한 것은 설사 대개조에 나선다 하더라도 지금까지 지구촌의 표준처럼 여겨왔던 서구 민주주의 제도 자체가 더 이상은 기준모델이 될 수 없다는 데 있다.

산업화 과정의 사회 수요에 부응해 고안된 서구식 간접민주주의

제도는 정보사회 이후의 사회구조와 더 이상 상합하지 않는다. 여기에 더해 지구화 시대의 도래는 근본부터 다른 국정 운영체계를 요구한다. 근대의 국가권력이 일국주의 경계 내의 지배권을 전제로 운영되는 것이었다면, 이제는 국가 간의 경계를 넘어 활동하는 사회경제 관계를 조율할 수 있는 상부구조가 필요하게 되었다. 근대국가를 초극하는 창조적 대안 개발이 요청된다. 이를 감지한 서구사회는 이미 국정 운영체계의 재(再)디자인에 들어섰다. 다만 아직 완성된 대안 패러다임을 갖지 못했기 때문에 작동하지 않는 기존 제도의 일부를 허물거나 보수하는 작업이 한창이다.

중앙정부의 권한을 대폭 지방정부로 이양하거나 국정과정의 시민참여 공간을 혁신적으로 확대하고 있다. 합의제 의사결정 모형을 도입하고 심의민주주의로 압축되는 거버넌스 체제를 강화한다. 작동하지 않는 상부구조 대신 그 상부구조의 출발점이자 고안자인 시민에게로 권력의 중추를 이동하기 시작한 것이다. 시민이 국정운영의 동반자 내지는 중심축이 되어야 한다는 인식이 확산되면서 시민 재교육에도 나섰다. 민주시민 교육과 지구시민 교육을 확대하기 시작한 것이다. 서구문화 자체가 성찰적 시민활동의 결과물이면서도 새로운 시대수요에 조응한 시민역량의 확장에 나선 것이다.

우리는 어떤가? 부정유합으로 일그러진 상부구조로는 더 이상 국가운영이 불가능한 지경에 이르렀다. 정부에 대한 불신이 폭발 임계점에 이른 여러 이유 가운데 하나다. 산업화는 늦었지만 정보화는 선도한 결과 지구촌 최고의 정보사회를 구가하고 있다. 더 이상 지구촌의 변방국가도 아니다. 정보화 시대의 지구화 현상에 대응해야 하는 수요가 그만큼 더 클 수밖에 없다. 새로운 국가경영 모델에 대한 요구가 절박한 이유다. 이를 해결해야 할 상부구조 자체가 문제인 만큼 시민이 나서는 수밖에 다른 도리가 없다.

그러나 불행하게도 우리에게는 아직 성찰적 시민이 축적돼 있지 않다. 급변하는 정보사회에서는 상부구조가 문제 해결에 나설 만큼 한가로운 시간적·공간적 여유를 허용하지도 않는다. 문제는 성찰적 시민, 준비된 나라의 주인 없이 국가경영이 가능하지 않은 시대에 돌입했다는 데 있다. 이제라도 한시 바삐 성찰적 시민 육성을 위한 거국적 결단에 나서야 한다. 민주시민 교육을 다급한 마음으로 주문하는 이유다. 위기는 위험이자 기회라는 말도 있지 않은가? 우리도 한번쯤 이 지긋지긋한 부정유합에서 벗어나 정상국가를 운영하는 축복을 누려보아야 하지 않겠는가? 우리가 고안하는 국정운영 양식이 지구촌의 새로운 표준으로 작동하지 말라는 법도 없다. 우리는 지금 바로 그런 시대에 살고 있다.

(「중앙일보」, 2015.02.05.)

미래전략기구, 제대로 하려면

정당 대표 연설에서 새누리당의 황우여 대표가 이색적인 제안을 내놓았다. 양극화 극복을 위한 일자리정책, 대북정책 및 동북아 외교전략, 한국형 복지모델 같은 국가적 난제를 해결하기 위해서는 중장기적인 관점에서 일관성 있게 정책을 추진할 수 있어야 하고, 여야는 물론 각계각층이 대동단결해 범국가적이고 초당파적으로 국가역량을 결집해야 한다는 것이다. 이를 위해 여야 협력체가 필요하다면서 국가미래전략기구의 국회 내 설치를 제안했다. 그동안 정치권이 내놓았던 여러 개혁대안처럼 말의 성찬으로 끝날지도 모를 일이기는 하지만 적어도 문제의식만큼은 주목할 가치가 있다. 의회정치의 본질적 한계를 정조준하고 나섰기 때문이다. 현대사회에서 민주주의를 말하면 의회민주주의를 당연시하고 이를 신성시하는 경향마저 있다. 그러나 의회가 사회문제 해결의 만능선수는 아니다. 여러 문제가 있지만 가장 두드러진 것 가운데 하나는 단기적 시관(時觀)에서 사회문제를 다룬다는 점이다. 이는 의회가 4년을 임기로 교체되는 단명 기구라는 데서 비롯된다. 책임정치 구현을 위해 4년마다 선거를 통해 재신임 받아야 하는 의회에서는 최대 4년이라는 시간공간을 전제로 활동하기 마련이다. 여기에 더해 의회는 자신의 존립 이유를 다양한 이해관계나 갈등을 조정하는 일에 두는 만큼 그때그때의 사회관계 변화에 민감하게 반응해야 하고, 그런 만큼 목전의 이익에 주목할 수밖에 없다. 정보사회의 도래는 사회관계의 분절화와 파편성, 유동성을 심화시키면서 의회의 이런 성질을 훨씬 더 강화하고 있다. 정당이 파당적 이해관계에 빠져 포퓰리즘 추수 경쟁에 나설 경우 의회의 이런 성질은 보다 더 악화될 수밖에 없다. 그러나 의회가 초당적 합의 위에서 운영된다고 하더라도 의회의 단기적 시관이 시정된다는 보장은 없다. 따라서 중장기 시관에서 정책과제를 다루고자 한다면 의회 밖의 기관에 의존하는 것 외에 달리 방법이 없다. 이런 의회의 취약점을 보완하고자 한 것이 바로 행정부라고 해도 과언이 아니다. 하지만 아무리 행정부가 중장기 관점에서 정책을 개발한다고 하더라도 그에 대한 입법권을 의회가 독점하는 한 단기적 시관에 의한 정책심의의 취약성을 벗어나기는 어렵다. 이 점에서 '캘리포니아를 위한 중장기 기획위원회(Think Long Committee for California)'는 우리에게 시사하는 바가 적지 않다. 미국의 캘리포니아주는 의회가 사적 이해관계에 기초한 이익집단에 포획돼 단기적 시관에 함몰되는 현상을 극복하기 위해 주지사 산하에 40명의 분야별 명망가로 위원회를 구성케 했다. 파당적 이해관계를 초월해 중장기적인 정책대안을 개발하도록 하고, 이를 유권자의 직접투표에 부쳐 확정하도록 했다. 이는 대의제도의 모순 내지는 작동하지 않는 민주주의(dysfunctional democracy) 문제를 실적주의에 기초한 의사결정방식을 통해 극복하고자 한 시도다. 의회는 권력투쟁의 관점에서만 접근하기 십상이라는 점과, 기득권 유지에 몰입해 있는 현역 국회의원들로서는 현장정치의 수요로 인해 결코 혁신적인 조망력을 키워내기 어렵다는 점을 감안한 결과다. 유권자의 단기적 요구에 민감하게 반응하는 일도 중요하지만 분야별 전문가의 객관적 판단이 보다 더 중시돼야 하는 정책과 제도 있다는 뜻이다. 국가미래전략기구가 국회의 한계를 보완하려면 국회 밖에 설치돼야 하고, 나아가 제안된 정책을 국민투표로 확정할 수 있어야 한다. 문제는 이런 기구의 설치에 과연 지금의 여야가 합의할 수 있느냐에 있다. 국회의원 특권 내려놓기의 진수는 바로 이런 기구의 설치에 합의하는 데서부터 출발하는 것이 아닐까?

(「중앙일보」, 2014.02.07.)

정보사회에서의 간접민주주의 (indirect democracy)

정보사회의 도래는 정보유통양식의 신속성, 경제성, 광역성, 협송성(narrow-casting)을 불러오면서 사회관계의 복잡성, 역동성, 유동성, 파편성을 심화시키게 되었다. 사회는 이제 선형체계(線型體系, linear system)의 구조물로부터 복잡계(complex system)의 융합물로 이동하게 된 것이다. 이는 산업사회와 전혀 다른 성질의 사회관계망을 낳게 되었음을 뜻한다. 이로 인해 산업사회의 사회관계를 전제로 주조되었던 뉴톤식 민주주의(Newtonian Democracy)는 새로운 사회질서에 조응하여 더 이상 효율적인 소구력을 구사하기가 어렵게 되었다. 내재적 한계를 지니는 뉴톤식 민주주의가 새로운 환경에 접하면서 추가적인 도전에 직면하고 있는 것이다.

먼저 정보유통과정의 협송성 증대는 사회관계의 파편성을 강화하면서 공통의 이해관계를 공유하는 대중을 해체하고 소중화(小衆化, demassifying) 시대를 열게 되었다. 공동의 이해관계를 공유하는 것으로 여겨지던 대중의 정체성이 서로 다른 이해관계를 추구하는 이익집단으로 분할하기 시작한 것이다. 이로 인해 공익을 추구하거나 공공선을 지향해야 하는 국가와 현실 속의 정치공동체 사이에 괴리가 발생하게 되었다. 자기 이익에 충실하고자 하는 이익집단의 요구가 격해지고 호전적인 특수이익집단이 등장하면서부터는 정치공동체의 유지 자체가 위협받게 되었다. 같은 이유로 녹색당, 낙태허용당, 학살반대당 같은 단일이익대표정당들이 확산되면서 대중정당의 호소력이 쇠퇴하고, 뉴톤식 민주주의는 그의 이론적 토대가 흔들리는 변화를 겪고 있다.

이렇듯 산업사회의 소품종 대량생산체제가 개인별 선호에 주목하는 맞춤형 서비스 내지는 다품종 소량생산체제로 전환하면서 사회구조의 기능적 분화가 촉진되고, 그 결과 다수의 의미가 변화하게 되었다. 이로 인해 명목상의 다수와 실질적인 의미의 다수, 인위적인 다수와 유기체적인 의미의 다수 사이에 괴리가 발생하면서 다수결의 원칙이 사회정의를 확장하지 않고 오히려 제한한다는 비난을 받게 되었다. 환상속의 다수를 극복해야 하는 문제가 제기되고 있는 것이다. 이로 인해 소수의 비중이 커지고, 이는 다시 소수결주의(minority rule) 내지는 거부권의 정치(vetocracy)를 불러오는 한 원인이 되고 있다. 결과적으로 뉴톤식 민주주의가 의존하는 다수결주의가 결정론적으로 사회통합과 결속을 약속하는 것은 아니라는 사실이 확인되고 있는 셈이다.

이러한 현상은 정보유통양식의 속도성 제고에 의해서도 강화된다. 정보유통의 신속성은 사회관계에 대한 즉응적인 대처를 가능케 하고, 이는 다시 단기적 시관(short term perspective)에서 사회문제를 접근하게 하는 한 원인이 되고 있다. 이런 상황 속에서는 도덕적인 배려와 풍부한 기초정보에 의한 결정이나 양식 있는 판단이 어렵게 된다. 자기 자신의 이익이 무엇인지를 명확하게 판단하지 못하거나 투표권이 없는 자에 대한 배려가 어려워진다는 문제도 낳는다. 국가가 장기적인 구상이나 대응력을 상실하면서, 공동선을 지향하는 능력이나 국정관리상의 지속력과 기획력을 상실케 하는 결과가 되기도 한다.

이런 즉응체제의 등장은 또 정당정치의 위기를 불러오는 한 원인이기도 하다. 정당이 수행하는 다양한 기능 가운데 하나는 지역사회의 현장정보를 중앙정치무대로 전달하는 데에 있다. 그 과정에서 점진적인 이견의 조정이나 타협을 통해 단계적, 통합적 질서를 창출하게 된다. 이를 위해서는 당연히 시간적, 공간적 여백이 전제되어 있어야 한다. 그러나 정보소통의 즉응체제가 구축되면서 정당이 개입해서 이런 역할을 수행할 수 있는 시간공간을 증발시켜버리고 말았다. 산업사회와는 달리 전자우편이나 SNS 같은 다양한 양식의 정치정보 소통장치가 정당의 지역정보 전달 및 매개역할과 경쟁하게 되었다는 점도 정당정치의 쇠퇴를 촉진하는 여러 요인 가운데 하나다. 정당이 여론의 형성과 확산과정에서 점유했던 독점적 지위가 흔들리게 된 것이다.

근대정당의 또 다른 기능 가운데 하나는 사회문제를 진단하고 규정하며 인식하는 프레임을 제공함으로서 개별적 이해관계의 통합적 기반을 제공하는 데에 있다. 그러나 사회관계의 복잡성이 증대하면서 인과관계의 추적이 곤란해지고, 유동성과 역동성이 커지면서는 현장의 당사자가 아닌 제3자의 눈으로 사회문제를 진단하고 규정하는 일이 어려워지게 되었다. 정당의 정책진단 및 개발기능이 도전 받게 된 것이다. 무엇보다도 사회관계의 복잡성과 유동성 증대는 과거 노동자와 자본가 같이 비교적 단순한 사회관계를 전제로 개발되었던 이념의 프레임을 통해 정책과제를 진단하고 개발하는 일을 무력화 시키는 결과가 되었다. 이념의 종말 내지는 무력화 시대를 열게 된 것이다.

정당의 프레임 제공 기능이 쇠퇴하는 또 다른 이유 가운데 하나는 정보사회의 도래 이후 유권자의 정체성이 혁신적으로 변화하게 되었기 때문이다. 정보사회 이후 정보유통의 유동성과 역동성이 확장되면서 전문가나 대리인에 의한 지식이나 정보의 배타적 지배가 허물어지고, 이로 인해 공사영역간의 정보격차가 증발하는 것은 물론이고 보다 스마트한 개인이 확산되기에 이르렀다. 인지적 동원력이 높아지면서 이제 시민은 전문가나 엘리트에 의존하는 피동적 존재가 아니라 자기주창성과 자기존중감이 높고 자기중심적으로 사고하고 행동하는 능동적 존재 내지는 적극적 주동자로 변모하게 되었다. 따라서 이런 시민이 자신의 외부에서 주어지는 프레임을 수용하거나 추종하지 않게 될 것은 자명한 이치다. 더욱이 이념의 경직적인 프레임이 역동적 사회관계나 이해충돌을 정교하게 반영하거나 설명할 수 없다는 사실이 확인되면서 정당의 이념적 선도력에 대한 의존성은 크게 쇠퇴할 수밖에 없다.

무엇보다도 중요한 것은 정당이 자신만의 경직적인 이념의 틀로는 복잡다기한 사회관계를 효율적으로 진단하거나 선도할 수 없다는 사실을 깨닫게 되면서 보다 폭넓은 지지기반의 확충을 위해 서로의 프레임을 수용하거나 융합하는 포괄정당(catch all party) 현상이 확산되고 있다는 점이다. 이렇듯 우파정당과 좌파정당 사이의 차이가 줄어들면서 유권자로서는 정부에 대한 선택권이 사실상 증발하는 것과 유사한 현상에 직면하게 되었다. 선거가 이렇게 자신이 원하는 성질의 정부선택이 아니라 단순히 국정을 주도하는 엘리트집단의 순환선택 이상의 의미를 갖지 못하게 되었다는 사실은 개인의 참정권과 의사결정권을 약속하는 뉴톤식 민주주의가 위기에 처했음을 뜻한다.

그런데 이렇게 정당간의 정체성 수렴현상이 촉진된다는 것은 이를 사회구조적인 차원에서 볼 때, 사회관계 속의 유동성이 강화되고 있다는 의미로도 해석된다. 정보사회의 도래와 함께 정보소통상의 신속성, 경제성, 광역성이 확장되면서 선형체계가 상정하던 폐쇄적 경계를 뛰어넘어 정보의 교환이 일어나게 된 것이다. 바로 이 점에서 비선형 체계론은 초미립자의 파동을 통해 선형체계가 상정해 온 경계의 벽을 무너트리고 이를 에너지의 파동으로 교체하는 작업을 선도하고 있는 셈이다. 이렇듯 경계를 뛰어넘는 융합현상이 강화 되면서 국정과정에서는 공익과 사익을 구분하는 일이 쉽지 않게 되었다. 공적 영역과 사적 영역을 구분하는 일 자체가 간단치 않게 된 것이다. 이는 기업의 사회적 윤리나 사회적 기업의 등장, 국가경영원리로서의 신자유주의와 그에 따른 책임운영기관제와 성과계약제의 도입, 시민참여 배심원제나 참여예산제 등의 등장에서 극명하게 들어난다.

이렇듯 공익과 사익의 경계가 불분명해진다는 것은 공익의 구현을 목표로 삼는 국정운영이 자기 설자리를 찾기가 쉽지 않게 되었다는 것을 의미한다. 국가의 존립이유가 도전받기 시작하면서 국가와 시민사회를 연결하는 장치로서의 대의과정 내지는 뉴톤식 민주주의가 뿌리째 흔들리는 변화를 경험하게 되었다. 그런데 이렇게 국가의 존립이유가 도전받는 현상은 지구화 현상으로 인해 보다 더 강화되고 있다.

정보사회는 정보의 자유로운 이동과 함께 민족국가의 경계를 넘는 자본과 금융의 이전을 용이하게 만드는 결과를 가져왔다. 세계경제체제의 등장 내지는 경제활동의 초국적 현상을 불러오게 된 것이다. 이로 인해 경제활동에 대한 민족국가의 영토고권이 효율적으로 개입하거나 작동하기가 어렵게 되었다. 이는 노동자의 국경을 넘는 이동에는 제한이 있다는 사실과 합쳐지면서 자본가와 노동자 사이의 협상력에 자본가 친화적인 불균형을 낳게 했다. 여기에 더해 정보사회의 생산양식은 산업사회의 그것과는 달리 정보의 복제생산을 주요 구성요소로 한다는 점에서 생산의 확대가 노동력에 대한 수요의 확장을 순비례적으로 동반하지 않게 되었다. 노동자의 자본가에 대한 언권이 현저히 축소될 것은 당연한 이치다. 이는 결과적으로 빈익빈 부익부 현상을 가져와 부의 편중이 심화되면서 부자와 빈자 사이의 격차를 크게 심화시키게 되었다. 민주주의의 초석인 중산층의 몰락을 불러오게 된 것이다.

이런 중산층의 몰락은 금권이 차지하는 정치적 영향력의 비대칭성을 확장하면서 뉴톤식 민주주의의 기반인 일인일표주의를 위협하고 일불일표주의(one dollar, one vote) 시대를 낳게 했다. 금권정치(plutocracy)의 시대를 연 것이다. 경제적 기득권의 성장 속도가 보통 사람의 경제적 성장 속도를 앞지르면서 민주주의의 기본 가치를 질식시키고 있다. 이는 어느 한편의 언권이 다른 한 쪽을 압도하는 현상을 방지하고자 한 견제와 균형의 시스템이 붕괴되고 있음을 뜻한다. 자유주의와 공동체주의, 보수정당과 진보정당, 기업연합과 노조 사이의 균형추 역할을 수행하던 국가의 국정운영능력이 현저히 쇠퇴하고 있음을 보여준다. 국정관리의 위기(crisis of governability)가 초래된 것이다.

이러한 국정관리의 위기는 지구화에 따른 국정관리체제의 계서적 구조 확장에서도 찾아볼 수 있다. 지구차원의 네트워크가 확대되고 국가 간의 교류가 심화되면서 지구차원의 대응을 필요로 하는 다양한 과제들이 등장하게 되었다. 마약, 테러, 매춘, 소년노동자의 착취, 환경파괴, 기후변화, 어류의 남획, 세계금융질서의 붕괴 등 국가 간 협력과 대응만으로는 효과적으로 해결하기 어려운 과제들이 제기되면서 지구차원의 공동협력체 구성에 대한 수요가 폭증하게 되었다. 그 결과 ASEM, NAFTA, EU 같은 국제지역차원의 협력체나 IMF, UN, WTO 같은 지구차원의 공적기구들이 속속 등장하거나 강화 되었다. 이는 민족국가 내부의 정책결정과정에 대한 국외적 요인의 개입을 제도적으로 정당화 하는 일이며 그 결과 일국주의적인 정책결정은 더 이상 어렵게 되었음을 뜻한다.

뉴톤식 민주주의가 상정하는 민족국가 구성원의 참정권은 일국주의의 경계범위 내에서나 인정되고 따라서 민족국가를 상회하는 국제지역국가나 지구정부에 대한 직접적인 정부구성권은 승인되어 있지 않은 상태에서, 실질적으로는 이런 기구들이 정하는 정책에 의해 국내 정치과정이 구속되어야 하는 사태가 발생한 것이다. 이런 상황에서는 대표성의 왜곡과 정책활동의 이격성이 심화되기 마련이다. 지방자치정부와 중앙정부로 단순화 되었던 정부과정의 계서적 질서가 국제지역정부와 지구정부를 추가하면서 정책결정과정의 수직적 질서를 확장하고, 그 결과 일상의 언저리에서 정책과제를 관찰하고 평가하며 참여하는 생활세계의 정치영역을 크게 벗어나 실로 유권자로부터 멀리 떨어진 곳에서 벌어지는 정책활동을 포괄하게 되었다. 정책과정에 대한 정교한 관찰이나 논의가 불가능하게 될 것은 물론이다. * 박재창(2014)의 제2장 일부를 전제했다.

(「가교」, 2013.12.).

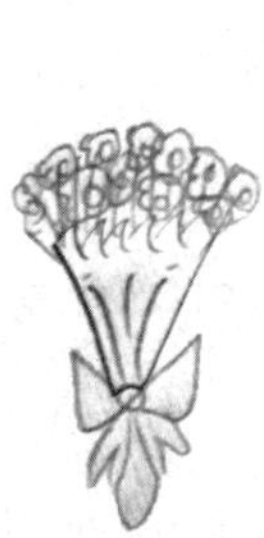

왜 전자의회(e-의회)인가?

안철수 현상은 우리에게 많은 것을 되돌아보게 한다. 먼저 생각하게 되는 점은 우리 사회의 정치권에 대한 불신의 골이 깊어 이미 정치적 공동체 유지의 임계범위를 넘어선 것은 아닌가 하는 우려를 갖게 한다는 사실이다. 기성의 정치질서에 대한 속 깊은 좌절이 제3의 대안에 대한 수요를 폭발시켰을 것으로 여겨지는 대목이다. 나아가 이렇게 기성의 정치체제가 더 이상 호소력을 갖지 못하게 되는 보다 원초적인 이유가 단순히 서구식 대의민주주의를 운영하는데 필요한 문화적 토양이나 역사적 경험이 축적되어 있지 못하다거나 정치인의 부도덕이나 무능력 때문이 아니라 국정운영체계의 디자인 자체가 이미 구식이 되어 버렸기 때문은 아닌가 하는 점을 시사해 주는 것이기도 하다.

그 동안 정치개혁에 대한 요구가 끈질기게 제기되었고 그에 따라 기성의 정치권이 자기 쇄신에 대한 수요를 절감하고 있었음에도 불구하고 스스로 자기변신에 대해 마땅한 대안을 제시하지 못했음은 주지하는 바와 같다. 안철수 현상에 힘입어 등장한 정치인 안철수가 기성정치에 대한 비판에 앞장서면서도 정치개혁의 대안 제시에는 어눌하거나 체계적인 자기 대안 제시나 설명에 역부족이었던 것도 오늘날의 정치 불신은 그 근인을 단순히 기성정치체제의 운영 잘못에 두는 것이 아니라 체제 디자인 지체의 부정합성에 있음을 시사하는 것이라고 해야 할 것 같다. 새로운 패러다임으로 문제를 접근하고 해석하지 않으면 대안발견이 쉽지 않은 상황에 봉착한 것이다.

그렇다. 그 동안 우리가 금과옥조처럼 여겨온 대의민주주의제도와 그 운영원리는 기실 산업화 과정에서 그에 합당한 국정운영체계를 모색하는 과정에서 형성되었다. 그러나 지금은 정보화 사회의 도래와 함께 지구화 현상이 지구촌 전역을 엄습하는 가운데 과거와는 전혀 다른 차원의 사회 관계망을 형성하게 되었다. 자연히 기성의 정치 디자인이 오늘날의 사회 관계망과 그에 따르는 다이나미즘에 상합하지 못한 채 치차조절에 실패할 것은 너무나도 당연한 이치다. 따지고 보면 대의민주주의체제 자체가 매우 불완전한 것이기도 했다.

대의민주주의는 원래 참정의 주체인 시민이 국정운영과정에 모두 참여하기에는 물리적, 시간적 제약이 크기 때문에 개발된 제도였다. 그러나 정보화 사회가 도래하면서 정보유통양식의 혁명적 변화를 동반하면서 정보유통상의 시간적, 공간적 제약을 극복할 수 있게 되었다. 인터넷, 클라우딩시스템, SNS, 모바일시스템 등이 대표적인 사례다. 정보유통상의 경제성, 신속성, 광역성, 협송성, 등이 대리인 체제의 한계를 극복하고 시민이 직접 대의과정에 참여할 수 있는 기술적 공간과 기회를 연 것이다. 이점에서 보면 정보사회의 도래에 따른 정보통신기술의 확산은 대의민주주의의 실패를 불러오는 원인이자 문제 해결의 대안이기도 한 이중적 성격을 지녔다.

대의민주주의는 국정운영에 필요한 전문가적인 지식과 능력이 보통사람들에게는 결여되어 있고, 그렇기 때문에 이를 대행할 대리인을 필요로 한다는 논리 위에서 개발되었지만, 오늘날에는 정보사회의 도래에 힘입어 보통사람들의 지식과 정보력이 정치적 대리인의 그것을 능가하게 되었다. 정치적 대리인의 우월적 지위를 통한 일방적 프레임의 제공과 이에 대한 일반인의 굴종과 수용이 더 이상은 작동할 수 없게 된 것이다. 보통사람들의 정보 접근성이나 해석력이 전문가의 그것을 능가하게 되는 정보사회에서는 당연히 일반시민의 국정과정에 대한 직접적인 참여의 수요와 정당성 기반이 확장되기 마련이다.

전자정부 사업이 심화되면서 행정부의 업무수행 능력은 기하급수적으로 확장되는 데 반해 의회의 그것은 답보상태에 있고, 그 결과 의회와 행정부 간의 기능적 불균형이 급진적으로 확대된다는 점도 전자의회의 등장을 요청하는 또 다른 차원의 이유다. 의회의 업무처리과정에서 발생하는 행정관리 수요를 정보통신기술의 도입을 통해 효율화, 전문화, 경제화 하자는 것이다. 세종시로의 정부청사

이전에 따르는 의회와 행정부 간의 업무협조 과정상의 어려움도 정보통신기술의 지리적 이격성 극복력에 의해 대응가능하게 된다. 화상회의제도, 스마트워크스테이션, 행정정보시스템의 공유, 모바일결제시스템의 도입 등이 대표적인 사례다. 우리와 같이 국가안보에 대한 위협이 상존하는 사회에서는 국가위기시에도 지리적, 물리적 장애에도 불구하고 국회를 개회하고 대의 업무를 지속할 수 있게 된다는 점에서 전자의회제도는 그의 정당성 근거를 배가한다.

그러나 입법과정의 전자화가 이루어진다고 해서 대의과정의 모든 문제를 해결할 수 있게 되는 것은 아니다. 오히려 민주주의의 철학적 가치를 크게 훼손하거나 위협하게 될 위험성도 적지 않다. 가장 중요한 것은 유권자들 간의 정보격차를 어떻게 해소하느냐에 있다. 입법정보관리체제에 대한 헤킹 방지나 정보의 안정적인 보관, 정보변조의 위험성 극복 등도 간단치 않은 과제다. 그러나 그럼에도 불구하고 간접민주주의 한계를 보완하는 새로운 국정관리 대안으로서의 전자의회의 등장은 이미 불가역적인 과제가 되었다.

(「자치의정」 16(2), 2013.3/4.)

SNS와 정치발전

지난 서울시장선거나 이번의 4.11 총선에서 가장 두드러진 현상 가운데 하나는 팟케스트방송이나 SNS 같은 스마트 미디어의 위력이다. 다가오는 대선에서도 폭발적 영향력을 발휘할 것으로 관측된다. 사실 형해화 되고 있는 대의제가 살아남으려면 SNS 활용은 불가피한 일이다. 정보화 사회 이후 시민들 사이의 소통과 상호작용은 쉬는 시간이 없게 되었다. 그러나 그런 시민사회를 대변하는 대의제는 사실상 4년에 한번 선거를 치룰 때나 소통하려는 것이 전부라고 할 만큼 굼뜨고 또 폐쇄적이다. 기득의 권리를 누리는 이들이 사회적 소외자나 경쟁의 패퇴자에 비해 월등히 유리한 소통 자원과 기회를 독점해 왔다는 점도 대의제가 쇠락의 길로 들어서는 또 다른 이유 가운데 하나다.

이런 상황 하에서 사회적 지위와 경제적 계층을 뛰어넘는 SNS의 접근성이나 소통의 신속성과 용이성 그리고 상대적 경제성은 시민으로 하여금 정당이나 의회와의 경계 넘기를 아주 용이하게 수행하도록 하는 속성을 지녔다. 그렇다고 해서 SNS에 정치적 의사결정 권한이 위임되거나 이동하는 것은 아니다. 정치적 의사결정권은 어디까지나 공적 승인을 통해 참정의 권한을 위임 받은 의회가 행사하고, SNS는 단지 선거, 정당, 의회 같은 대의기구의 의사소통 능력을 확장하는 역할을 담당할 뿐이다. 나아가 정치과정에 참여하는 SNS가 모두 대의기능 확장에 기여하는 것도 아니다. 특히 정책조정자의 역할에 이르면 적지 않은 문제점을 동반한다. 4.11 총선과정에서 터져 나온 "나꼼수" 사건은 SNS를 포럼이 아니라 카니발로 여긴 데에서 오는 문제였다. 카니발은 흉내 내며 놀리거나 풍자와 익살, 광대놀음 따위를 통해 기득의 문화를 거부하고 사회적 관계의 반전을 도모하려는 속성을 지녔다. 정치적 카타르시스에 기여하는 것이 사실이기는 하지만 공공문제 해결을 위한 공론장으로서의 역할은 감당하지 못한다.

커피하우스나 마실방 같은 기능을 수행하지 못하는 것이다. 4.11 총선에서 진보진영의 많은 이들이 SNS를 통한 의사소통에 나섰음에도 불구하고 정책대안 개발로 연계되지 못한 이유 가운데 하나다. 우리 사회의 경우 SNS가 주로 진보적인 이들에 의해 과점되어 있지만 미국에서는 보수적인 이들이 과점하고 있다. 기성언론에서 소외되는 이들이 대안을 찾아 SNS로 몰린 까닭이다. 이런 현상은 대표성 왜곡과 함께 책임추궁 소재의 불명성 문제를 동반한다. 아무리 SNS가 정치적 소통의 혁신적 장치라고 하더라도 이를 어떻게 활용하느냐에 따라 정치발전에 기여하기도 하고 또 역진시키기도 한다는 점에 주목해야 하겠다.

(「도산아카데미 소식지」, 2012.06.)

정치개혁의 전략과 과제

오늘날 우리의 정치가 어려움을 겪는 이유는 매우 다층적이다. 가장 원초적인 것으로는, 산업사회 초기 자유민주주의를 구현하기 위한 수단으로 개발된 대의제도가 정보사회, 지구화 시대에 들어서면서 더 이상 잘 작동하지 않게 되었다는 점을 들 수 있다. 대의제도 자체가 불완전한 것일 뿐만 아니라 후기근대의 사회구조적 특성과 잘 상합하지 않기 때문이다. 그런 만큼 정치적 대리인에게 위임되었던 국민의 참정권을 일부 환원하여 국민 개개인이 직접 참여할 수 있는 공간을 보다 확장해야 한다는 요구가 비등할 것은 자명한 이치다. 간접민주주의에 직접민주주의적인 요소를 추가, 보완하자는 것이다.

이를 위해서는 국가 내부 기관 간의 권력배분이나 상호작용양식을 개선하는 소극적 대응에서 벗어나 보다 적극적으로 국가와 시민사회 간의 관계를 재설정하는 데에서부터 해답을 찾아야 한다. 정치적 거버넌스 체제를 구축해야 하는 이유다. 일정 규모 이상의 유권자가 청원하는 경우 국회가 의무적으로 그 안건을 심의하게 하는 국민창안제 도입, 웹상에서 다양한 전자정책포럼을 활성화 하고 그 결과를 입법 활동과 연계 활용토록 하는 체제 수립, 시민사회 단체와의 정책네트워크 구축 등을 생각해 볼 수 있다. 이런 관점의 연장선상에서 로비스트제도의 양성화와 개인후원회제도를 정책후원회제도로 전환하는 문제도 재조명되어야 한다. 정보사회의 수요에 조응하고 정부의 세종시 이전에 대응하기 위해서도 화상회의제도 도입, SNS 활용의 공식화 및 전정부화, 국회 지식정보처의 신설 등이 검토되어야 한다. 대의과정에 대한 스마트워크 시스템의 개발과 활용이 시급한 과제다.

둘째로 정당정치는 우리에게 있어 외생적 제도다. 외국 제도를 수입, 모방하는 과정에서 준비부족, 오해, 왜곡, 시행착오 등이 발생하고 있다. 서구식 민주주의가 발양하기에 적합한 사회문화적 토양이 갖추어져 있지 않을 뿐만 아니라 한반도 특유의 시대상황이 정상국가 운영에 필요한 기본요건을 제공해 주지 않고 있다. 그 가운데에서도 남북분단에 따른 결손국가의 부하는 치명적이다. 한반도는 근대 인류문명사가 고안해낸 두 개의 대립적인 국가경영 모델이라고 해야 할 자유주의와 공동체주의, 자본주의와 사회주의가 경쟁적으로 대치하는 가운데 서로의 정당성을 실험하는 각축장 내지는 시험장이 되어 있다. 이로 인한 사회적 긴장과 비일상성이 정상적인 사회관계의 설정과 유지를 위협해 왔다.

이를 극복하기 위해서는 먼저 성찰적 시민을 길러내는 일이 급선무다. 이는 사회자본의 축적 없이 불가능하고 단시일 내에 사회자본을 축적하려면 거국적으로 민주시민교육을 지원, 촉진하는 것 외에 다른 대안이 없다. 민주시민교육지원기본법 제정이 시급한 이유다. 의회가 사회의 갈등관계를 조율하고 합의를 도출하는 기구인 것은 사실이지만, 의회가 모든 갈등관계를 조정, 관리할 수는 없다. 오히려 의회에 도달하기 전 단계에서 사회내적 네트워크를 통해 다양한 갈등과 대립적 관계가 자체적으로 순화, 조정되는 메커니즘이 작동해야 의회의 과부하를 줄일 수 있다. 시민사회의 자체 갈등수렴 기능이 확장되어야 하는 이유다. 이를 위해서는 시민사회의 발양과 적극적 활동이 시급한 과제이며 이는 제3섹타 진흥기본법 제정을 통해 추진해 볼 수 있을 것이다. 이런 과정을 통해 운영되는 입법과정이 미쳐 수렴하지 못하는 갈등관리를 위해서는 갈등관리기본법 제정과 국가 옴부즈만 제도의 도입이 요청된다. 의회 외에도 추가적인 갈등관리기구가 필요할 뿐만 아니라 갈등관리가 미진한 데에 따르는 사회적 과제의 치유작업을 병행하자는 것이다. 범위를 좁혀 정당정치과정상의 지나친 갈등과 대립을 순화하기 위해서는 정당의 대변인제도, 원내 교섭단체제도, 국회 법사위제도 등을 폐지할 필요가 있다. 정당의 과두제 출현을 촉진하거나 강화시켜주는 요인이 내포되어 있는 것으로 평가되기 때문이다.

셋째로는 천민민주주의가 횡행하면서 정치지도자의 윤리적 정체성이 담보되어 있지 않다는 점도 문제다. 면책특권에 의한 개인의 명예훼손과 관련해 의회배상제도 도입, 선거부정 및 부패관련 사안에 대한 면책특권 제한, 불체포 특권의 악용 방지를 위한 제도적 장치 도입(무투표체포동의제도의 폐지, 체포동의처리시한의 제한, 체포동의부결금지제의 불허, 체포동의의 공개투표제 도입, 석방요구안 가결기준의 강화) 등을 검토해 볼 수 있다. 금전적 보상이 따르는 국회직 이외의 모든 직위에 대한 겸직 금지, 행정부 공직과의 겸직 금지, 국회의원의 재직 중 및 퇴직 후 로비활동 금지, 국회 윤리위원회에 대한 국민 제소권 부여, 윤리감사관 제도 도입 등을 제안해 볼 수 있다. 권력형 부패의 차단을 위해 국민권익위원회를 개편하여 공직자 수사 전담기구를 신설하거나 최소한 경찰의 수사권을 검찰로부터 독립시켜 볼 필요도 있을 것이다.

(한국행정학회 기획 세미나, 「차기 정부에 바란다」 발표문, 2012.09.)

예결특위 계수조정위 현장 중계하라

국회의원은 광의의 대표성 차원에서 나라 전체의 이익을 추구하고 또 보호해야 하지만 협의의 대표성 차원에서는 자신을 뽑아준 지역구민을 대변해야 한다는 이중적인 책무를 지닌다. 따라서 국회의원이 자신의 지역구를 위해 예산 챙기기에 나서는 경우 협의의 대표성 차원에서 보면 자기 업무에 충실하다는 평가를 받아 마땅한 일이다. 예산안이 폭력이 난무하는 가운데 여당 단독으로 통과되는 아수라장 속에서도 지역구 예산 챙기기에 나선 국회의원을 두고 세론의 질타가 비등하지만, 해당 지역 주민만은 박수치며 비호하는 이유다.

그러나 이를 위해 흔히 동원하는 "찔러 넣기"식 예산 챙기기는 많은 문제점을 지니고 있어 의회개혁의 우선적 대상과제 가운데 하나로 지목된다. 행정관료에 의한 전문가적인 판단이나 평가 없이 오로지 정치적 거래나 조정에 의해 예산이 책정됨으로서 국고배분의 전체적인 균형이나 타당성 또는 해당 사업의 적실성 확보가 어렵기 때문이다. 불요불급하지도 않은 곳에 예산이 배정되어 국고가 낭비되는 일도 적지 않다. 이런 찔러 넣기식 예산 챙기기가 관행화 하는 경우 예산안 증액이 일상화 하고 의회의 본령인 예산통제가 형해화 할 것은 정한 이치다.

이렇게 해서 배정된 예산이 해당지역구에서의 다음번 선거에 영향을 미친다는 점에서는 불공정 선거를 사전에 조장하는 것이나 다름없다. 확보된 예산의 지출과정이 지역 토호세력과의 결탁으로 이어지는 경우에는 대규모 기관부패를 동반한다는 점에서도 문제다. 무엇보다도 예산배정이 정당의 수뇌부나 실력자가 평의원을 통솔하거나 관리하는 수단으로 변질되면서 당내 민주주의를 왜곡하는 수단으로 전락하게 된다. 예산집행상의 생산성이나 능률성 여부와 관계없이 정치적으로 배정된다는 점에서는 행정부의 사업평가 및 환류체제를 무력화 시키는 문제도 있다.

따라서 다원주의 정치체제가 일상화 되어 있고 또 그렇기 때문에 이런 국회의원의 지역구 예산 챙기기에 대해 그 동안 비교적 관대했다고 해야 할 미국 연방의회에서조차 이제 더 이상은 관용할 수 없다는 인식이 크게 확산되고 있다. 이에 따라 지난 11월에는 찔러 넣기식 예산 챙기기를 금지하는 법안이 상원에서 심의된 바도 있다. 그러나 예산심의과정이 투명하게 공개되지 않는 한, 엄밀한 의미에서 어떤 예산이 국회의원의 찔러 넣기식 지역구 예산인지를 확인하기란 그리 쉬운 일이 아니다. 사실상 정부안은 거의 대부분이 대통령의 의중에 따른 것이며 심지어 정치적 필요에 따라 특정 국회의원 지역구용 예산을 찔러 넣는 일도 일상화 되어 있는 데 국회의원만 비난의 표적으로 삼는다는 볼 멘 소리도 나왔다.

예산안 심의과정에서 행정관료에 의한 과학적, 객관적 평가가 결여되건 또는 국회의원 사이의 정략적 담합과 거래에 의해 국민이 원하는 바가 무엇인지를 예산안에 정교하게 반영하는 일이 외면되건, 이는 모두가 국민이 예산안 심의과정을 그들의 정치적 또는 행정적 대리인에게 위임한 데에서 비롯되는 문제인 만큼, 예산안 심의 과정에 국민이 직접 참여하는 통로를 개척하는 것 이상의 근본적인 해법은 없을 것이다. 그런 점에서 일본의회가 최근 예산안 심의과정에 민간 전문가 참여 제도를 신설, 도입한 것은 눈여겨 볼만한 변화다. 국민의 감시와 견제가 필수적 과제라면 이를 가능케 하는 예산안 심의과정의 투명성 확보도 불가결적인 요소다.

국회의 경우 예결위 계수조정 소위의 운영을 현장 중계하는 방안도 고려해 봄직한 일이다. 그러나 무엇보다도 중요한 것은 국회가 정부로부터 예산편성권을 가져오는 일이다. 지금과 같이 정부가 편성한 예산안을 단순 심의만 하는 한 국회의 다양한 구성원 사이에서 정치적 조정이나 타협을 유도하는 일이 쉽지 않게 되고, 그런 만큼 정치적 수요에 대한 전국차원의 이해관계 조정이나 합의의 도출도 어렵게 된다. 전국차원의 예산심의 원칙이나 지침이 실종되어 있는 상황에서는 지역의 협소한 이해관계조정에 대한 유혹이 커지기 마련이다.

(「이코노미스트」1069호, 2011.01.04.)

차라리 국회가 예산을 짜라

나라라고 해서 다 같은 나라가 아니고, 민주주의라고 해서 다 같은 민주주의가 아니다. 그래서 국격을 논하고 민주주의 이후의 민주주의를 말하는 것 같다. 국격을 높이기 위해 브랜드위원회를 두었고 민주주의를 심화하기 위해 범정부적으로 민주시민교육에 나선다는 말도 있었다. 나라의 품격을 이미지 관리로 제고한다는 발상도 기막히지만 전운이 감도는 비상사태 속에서도 난장판 국회를 여는 데 무슨 놈의 민주시민교육이 되겠는가. 역행보살도 이 정도면 메달감이다.

국가비상사태에 영미권의 젊은이는 위험을 무릅쓰고 전장에 자원입대한다는 소리를 자주 듣는다. 그런 애국심은 지킬 가치가 있는 나라라는 생각이 들 때 자연스럽게 일어나는 현상일 것이다. '대표 없이 세금 없다'는 말은 영국에서 처음 나왔다. 자기 맘대로 전쟁을 일으켜 프랑스에 대패하고 돌아온 당시의 존 왕을 압박해 귀족이 만들어낸 민주주의의 대헌장이 마그나카르타다. 여기에서 의회의 효시가 마련됐으며 국왕일지라도 국민대표의 동의 없이 세금을 걷지 못한다는 원칙이 생겼다.

진정한 의미에서 국민이 동의하지 않으면 예산을 세우지 못하고 그에 따라 세금도 걷지 못하는 나라라면 누군들 지키고 싶은 마음이 절로 생겨나지 않겠는가. 몸싸움과 폭력이 난무하는 가운데 내년도 예산안이 전격 통과되었다. 국민의 대표가 조정과 타협으로 속 깊은 심의도 다하지 못했는데 예산안이 강제 통과되었다면 대표 없이 세금 걷겠다는 일과 무엇이 다른가. 그러니 세금이라면 나라가 조세정책으로 빼앗아가는 내 호주머니 돈이라고 생각함은 당연한 이치다. 그런 세금이라면 숨겨 조금이라도 덜 빼앗기는 것이 장땡이고 지혜로운 일이다. 우리나라 조세면탈범이 대체로 죄의식이 약한 이유다.

국회가 예산심의하다 말고 파행 속에 예산안을 통과시킨 것은 이번이 처음은 아니다. 거대 여당이 등장하면 거의 일상적으로 일어난 현상이다. 지난 3년 연속 여당 단독으로 통과시켰으며 올해까지 8년 연속 법정 시한(12월 2일)을 넘겼다. 여야가 합의해 처리한다고 해도 사실상 국회의 예산심의는 수박 겉핥기에 지나지 않는다. 국회가 하는 일이란 정부가 제안한 예산안을 검토하고 가감 첨삭하는 일이다. 제헌 이래 평균 0.6% 내외의 원안수정이 있었을 뿐이다. 방대한 정부 원안을 국회가 심의하는 기간은 고작 2개월에 지나지 않는다.

사실상 정부 원안에 거수기 노릇을 하는 셈이다. 그럼에도 예산안에 대한 여야 간 합의의 도출이 지난한 이유는 간단하다. 예산안을 국회가 편성하지 않기 때문이다. 그러니 여야가 처음부터 자기 의견을 놓고 조정하거나 타협할 시간적, 정치적 공간이 부족하고 특히 정부 예산안은 대통령 것이라는 인식이 대통령을 지키려는 여당과 이를 저지하려는 야당 간의 갈등을 촉발한다.

대표 없이 세금 없는 민주주의를 열려면 당연히 국회가 예산편성권을 가져야 한다. 미국 같은 곳에서는 그런 예산 편성의 주기가 2년 반쯤 된다. 충분히 조사하고 토론하고 조정하고 타협할 수 있는 시간공간이 확보돼 있는 셈이다.

말로만 주요 20개국(G20) 정상회의 의장국의 국격을 논할 때가 아니다. 국민과 함께하는 정부, 품격 있는 국가, 전운이 감도는 위기의 시대를 헤쳐 나가기 위한 국민통합의 시대를 열고 싶다면 이제라도 예산편성권을 국회로 이관해야 한다. 예산주기를 2년으로 확장하는 문제도 고려해 볼 만한 일이다. 국회의원이 바뀌고 여야가 바뀌어도 예산국회는 파행을 거듭한다면 국회의원의 도덕률에 문제가 있는 것이 아니라 예산심의구조 자체에 문제가 있다고 봐야 한다. 동의하지 않은 세금을 내고 싶은 사람은 이 세상 어디에도 없다.

(「동아일보」, 2010.12.10.)

청목회 문제, 정책후원회제도가 답이다

청목회의 음성로비 의혹사건으로 정치권이 뜨겁다. 검찰은 공직자 뇌물수수 사건이라고 하고 정치권은 일상적 입법과정의 일부라는 주장이다. 로비가 제도화 되어 있지 않은 우리 사회에서는 어느 쪽이 옳은지 판단하기 쉽지 않다. 원래 로비는 대의민주주의의 한계를 보완하기 위해 미국에서 고안되었다. 모든 국민이 정책결정과정에 직접 참여할 수도 없고, 특히 정책과제의 복잡성, 고도기술성, 가변성 등이 높아지면서, 전문성을 지닌 민주적 엘리트에게 국정을 대행시키는 것이 보다 효율적이라는 판단에서 간접민주주의를 택했다. 그러나 머슴이 주인 말을 경청하지 않으면서 고민이 시작되었다. 주인인 국민의 의견도 제 각각인 데 누구 말을 들어야 하냐는 볼 맨 소리도 머슴으로부터 나왔다.

자유주의를 강조하는 미국은 이 문제의 해결을 시장의 원리에 맡기고자 했다. 정당이 제 역할을 다 하지 못한다는 현실인식도 작용했다. 기존의 삼권분립만으로는 참정의 주체인 국민의 목소리를 국정에 반영하기가 쉽지 않으니 누구나 "목마른 자는 스스로 셈을 파도록 하자"는 것이었다. 정책을 판단하는 데 필요한 정보를 보다 적극적으로 신속, 정확하게 제공하는 자의 목소리가 우선적으로 반영되도록 할 경우, 정책에 대한 수요가 절실할수록, 정치적 압력의 동원력이 클수록 정책결정자에 대한 통제력이 커질 것이고, 결과적으로는 다원주의의 철학적 원리가 보다 잘 구현될 것이라고 보았다.

따라서 이때 흔히 동원되는 돈이나 지지표는 관련 정보를 보다 효과적으로 정책결정자에게 전달하기 위한 수단으로 작동할 때만 정당성을 갖는다. 그러나 단순히 관련 정보를 전달 받는 것만으로는 얼마나 많은 사람이 얼마나 절실히 그런 정책을 원하는지를 알 수 없기 때문에 정책후원회 제도를 두게 되었다. 정치활동위원회를 구성하여 관철하고자 하는 정책정향에 동조하는 정치인에게 정치자금을 모금해서 후원하거나 선거 때 지지표를 몰아주도록 한 것이다.

따라서 후원금은 그 거출의 초기 단계에서부터 특정 정책을 지지하거나 반대한다는 점이 분명해야 한다. 돈은 정치적 의사의 표현수단일 때만 정치적 정당성을 갖는다고 본 것이다. 단체나 조합이 일반회비를 걷어 회원의 이름으로 후원금을 일괄기부해서는 안 된다는 뜻이다. 그러나 우리의 현행 개인후원회제도는 이점에서 완전히 전도되어 있다. 단지 정치지도자 개인에 대한 호불호에 따라 후원하라는 취지로 구성되어 있기 때문이다.

이런 환경 속에서 후원금을 내는 이들은 언젠가 음성로비에 활용하려는 의도를 지녔거나 혈연, 학연, 지연 등에 얽혀 일종의 보장성 보험에 드는 심정으로 참여하는 경우가 대부분일 것이다. 국가와 시민을 공적으로 연결하는 기능이 없을 뿐만 아니라 오히려 양자 간의 관계를 사적 공간으로 전환하는 역기능을 지녔다. 정치적 경쟁의 원리를 차단하거나 은폐하는 성질도 있다. 그러니 청목회 사건을 두고 대기업의 음성적이고 포괄적인 로비는 그냥 두고 가난한 이들의 법률적 무지만 문제 삼는다는 하소연이 나올 법도 한 일이다.

도대체 현행법 하에서 주인의 말을 듣지 않는 머슴으로 하여금 말 듣게 하려면 어찌해야 하냐는 질문이 쏟아져 나오는 이유가 바로 여기에 있다. 청목회 사건은 비록 그것이 현행법에 저촉되는 것일지는 몰라도 우리의 정치제도가 보통사람들의 정책청원권을 외면하거나 적극적으로 조장하려는 의지가 결여된 데에서 온 비극 가운데 하나다. 이번 사태를 계기로 후원회 제도의 구성 원리 자체에 혁신적인 변화가 있어야 하겠다. 개인을 후원하는 것이 아니라 정책을 후원하는 체제로 고쳐야 한다.

(「미래정부」, 2010.11.05.)

민주시민교육, 국가 일방적 주도 안 된다

그동안 우리 사회는 잘 가르치는 일이 교육 개혁 과제의 전부인 양 착각해 왔다. 공교육이냐 사교육이냐의 논쟁, 수월성 교육이냐 평준화 교육이냐의 문제, 공개 경쟁시험이냐 입학사정관제냐의 논박 등 교육방법에 대한 논의가 대종을 이루었다. 그러나 아무리 잘 가르친다고 한들 적절하지 않거나 시급하지 않은 것을 가르친다면 사회 총비용의 지출 증대로 이어질 것은 불 보듯 뻔한 노릇이다. 무엇을 가르칠 것인가를 먼저 고민해야 하는 이유다. 이 점에서 교육과학기술부가 최근 교육 개혁 과제로 민주시민교육의 전정부적인 실시를 들고 나온 것은 만시지탄이나 고소원이다. 이제야 교육정책이 제정신을 차리려는 모양이다.

우리 사회가 모방발전의 한계에 도달했다는 진단은 이미 나와 있다. 정보사회의 역동성과 가변성이 기성 체제나 모델에 대한 추종만으로는 어떤 것도 해결할 수 없는 환경을 불러왔다. 기성의 질서가 급변하는 현실과 부합하지 않을 때 성찰적 인간이 아니고서는 모순과 갈등을 초극하기 어렵다. 타율적 순종이 아니라 주체적 자세와 자율적 개척이 필요하기 때문이다. 그런데 자율적 성찰의 주체는 민주시민의 다른 이름에 지나지 않는다. 민주시민이란 자기 책임 아래 자율적 삶을 영위하는 존재이기 때문이다. 지금과 같은 전환기 사회에서 민주시민교육이 최우선적 과제로 제기되어야 하는 이유다.

그러나 민주시민교육이라는 이름으로 무엇을 가르칠 것인가를 정하는 일은 결코 간단한 과제가 아니다. 구체적인 목표값이 무엇이냐에 따라 학습과제의 우선순위가 달라지기 때문이다. 무엇보다 중요한 것은 이를 정하는 과정 자체가 고도의 정치적 성격을 동반한다는 점이다. 따라서 국민적 합의 없이 민주시민교육을 전정부적으로 실시하고자 할 경우 민주시민교육 자체가 새로운 사회갈등의 핵으로 등장하게 될 위험성이 아주 크다. 더욱이 우리는 과거 공민교육이라는 미명 아래 국가권력을 옹호하기 위한 국민윤리교육, 사회정화교육, 반공안보교육 등에 시달린 바 있지 않은가.

따라서 민주시민교육은 국가가 일방적으로 주도할 것이 아니라 다양한 주체들이 참여하는 협력적 거버넌스 체제를 통해 실시해야 마땅하다. 교육과정의 다양성과 학습권 보장이 민주사회의 가장 본질적 특성 가운데 하나라는 점에서도 그렇다. 민주주의가 외생적 가치인 우리 사회의 경우 성인교육의 중요성 또한 소홀히 할 수 없다. 무엇보다도 공급자 중심의 교육이 아니라 수신자 중심의 교육이 되어야 한다는 점에서도 민주시민교육을 위한 거버넌스 체제의 구축은 필수적 과제다.

민주시민교육이 국가주의를 옹호하려는 유혹에 빠지지 않고, 민주시민교육의 본령이라고 할 수 있는 논쟁적 학습, 비판적 사고, 협동의 원리, 초당파적 성격을 견지하는 가운데 상대에 대한 존중, 타인 중심 사고, 다른 의견에 대한 수용력, 다른 입장에 대한 관용력, 권리에 상응하는 책임의식, 법의 지배에 대한 순응, 인권 의식 같은 민주적 가치를 연마하도록 하려면 다양한 의견 수렴을 통한 균형적 시각의 정립이 우선적으로 요청된다. 어느 일방이 민주시민교육을 주도하는 데서 오는 의도하지 않은 오류나 실패를 미연에 방지하기 위해서도 거버넌스는 필요하다. 아무쪼록 "공정사회"를 위한 "민주시민교육"이 5공 시절의 "정의사회"를 위한 "국민윤리교육"으로 '난청'되는 일이 없기를 바란다.

(「경향신문」, 2010.10.11.)

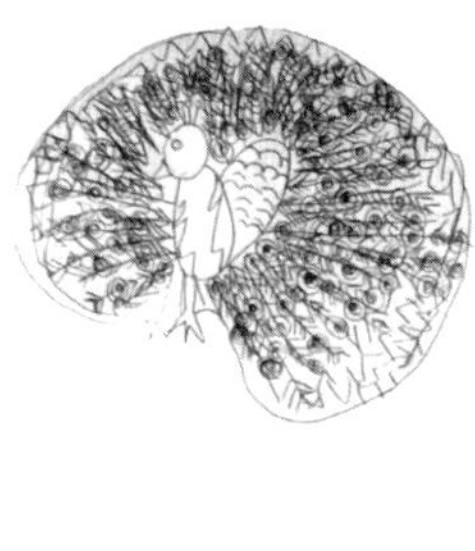

한국 민주주의의 심화와 민주시민교육

1. 한국 민주주의의 현주소

한국이 제2차 세계대전이후 경제발전과 정치발전을 동시에 이룩한 유일무이한 나라라는 인식은 무의식중에 정치적 민주화와 경제발전이 병진적 관계에 있음을 가정한다. 사실 경제발전이 정치적 민주화의 전제조건이거나 적어도 매개변수에 해당된다는 주장과 실증적 조사결과는 그 동안 수도 없이 제시되었다. 한국이 대표적인 사례로 회자되었을 것도 물론이다. 이런 사실이 경제발전과 민주화과정 공히 순률적, 점증적 성장이나 전개를 거듭한다는 상상력을 자극해 온 것 또한 숨길 수 없다. 경제가 발전하는 한 민주주의도 계속 성장할 것이라는 단순 가정의 오류를 불러오기 십상이었던 것이다.

그러나 오늘날 세계 9대 무역 강국으로 부상한 한국사회가 당면하고 있는 현실은 민주주의에도 등급이 있으며, 아무리 경제가 발전한다고 해도 그것이 곧 바로 민주주의의 성장을 약속하지 않게 되는 어떤 지점이 있다는 인식을 갖게 되었다. 87년 체제 이후 절차적 민주주의를 성취했다는 한국사회는 거듭되는 경제발전과 함께 그 민주화의 당연한 연장선상에서 민주주의가 한 단계 더 성숙할 것이라는 기대를 갖고 있었다. 민주주의의 심화(deepening of democracy)를 당연한 귀결로 여겼던 것이다. 그러나 기대했던 만큼의 성장이 가시화 되지 않고 있으며, 간혹 민주주의의 결손(democratic deficits)이나 후퇴(declining democracy)를 염려하는 이도 적지 않게 되었다.

절차적 민주주의가 성취되었다고 하지만 천안함 사태에서 보듯 국가에 대한 시민의 신뢰가 높지 않고,[1] 정치와 정치인에 대한 냉소적 태도가 여전하며, 촛불시위에서 나타나듯 기성의 정치기구나 제도에 대한 불신이 임계범위를 벗어나 있다. 정치과정에 대한 참여를 통해 무엇인가를 이룰 수 있을 것이라는 확신이나 자존감 정도를 나타내는 개인 수준의 정치적 효능감(political efficacy)은 적지 않은 개선을 이루었으나 정부가 당면한 사회문제해결에 얼마나 효율

1) "지난 5월 20일 발표한 천안함 민군 합동조사단의 결론에 대해 국민의 30% 남짓만 믿고 있는 것으로 드러났다. 서울대 통일평화연구소는 7일 서울대 호암교수회관에서 '2010 통일의식 설문조사'를 발표하면서, 천안함 사건과 관련해 정부 발표에 대해 '전적으로 신뢰한다'(6.4%)와 '신뢰하는 편'(26.1%)이라고 답한 응답자는 32.5%이라고 밝혔다."(한겨레, 2010.09.08.)

적일 것이라고 보느냐를 나타내는 기관 수준의 정치적 효능감은 기대수준에 미치지 못한다.

민주화 과정을 통해 법적, 제도적 차원에서 공민권이나 정치적 자유가 신장된 것은 사실이지만, 사회구조적 차원에서 볼 때 아직 민주적 관행이 사회 전영역에 걸쳐 일상생활의 일부를 형성할 만큼 내재화 되지는(Frame & Khan, 2007:1) 못하고 있다. 선거 같은 정치적 경쟁과정에서 보다 완벽하게 공정성을 유지한다거나, 언론, 집회, 결사, 사회운동, 등에서 시민의 자유를 보다 더 확대보장하고, 정부 과정에 대한 시민참여의 공간을 확장하거나, 정치적 대리인의 시민에 대한 조응성을 담보하며, 나아가 정치경제적 평등성을 확대하지는 못하고 있다. 이를 두고 심지어 우리 사회가 초급민주주의 수준을 벗어나지 못한다고 지적하는 이들도 생겨나게 되었다.

이렇게 한국의 민주주의가 지체 또는 답보를 거듭하는 데에는 실로 다양한 요인이 작용한 탓이겠으나, 이를 한국사회 외부에서 그 원인을 찾느냐 아니면 내부에서 찾느냐에 따라 국외적 요인과 국내적 요인으로 대별해 볼 수 있다.

2. 한국 민주주의의 정체와 국외적 요인

한국의 민주주의가 정체를 거듭하면서 더 이상 순률적으로 성장하지 못하는 원인을 한국사회 외부에서 찾는다면, 그 가운데 하나는 이 시대의 범지구적 특성에 있을 것이다. 오늘날에는 민족국가의 경계를 뛰어 넘는 지구시장질서의 재편이나 범지구적 사회관계망의 확장 같은 초국가적 현상이 일국주의의 틀에 갇혀 작동할 수밖에 없는 일국 내부의 정치질서에 간섭효과를 낳게 되었다. 지구화 시대의 도래로 인해 자본은 일국의 경계를 넘어 자유롭게 이동하는 데 반해 노동은 그렇지 못하며, 이는 자본과 노동 사이의 교섭력 격차를 낳고, 이런 교섭력의 차등성에 대한 인식은 노동으로 하여금 기존의 다원주의 질서를 통한 조정과 타협의 허구성을 절감하는 계기가 되었다. 자연히 노동자들은 다원주의에 기초한 자유민주주의를 약속하는 헌정질서의 유용성에 대해 의구심을 갖게 되고, 이로 인해 제도권 내부에서의 대화와 타협을 통해 공동체 질서를 유지하기보다는 갈등과 투쟁을 통해 집단이익을 보장하는 강경노선의 유혹에 빠지기 쉽게 되어 있다.

이는 자유민주주의체제가 국경을 넘나드는 다국적 기업과 이익집단에 의해 포획되면서 정치과정의 공소화(hollowing out of politics)를 낳게 되었다는 현실의 다른 한쪽 그림이며, 지리적으로 격리된 시민 대신 국경을 초월하는 전문가 집단이 장악한 정책과정이 더 이상은 민주주의를 약속하는 보루가 되지 못한다는 의미이기도 하다. 범지구 차원의 관리자 혁명론을 연상하게 한다. 지구화 시대가 동반한 신자유주의는 또한 시민을 더 이상 참정의 주체로서가 아니라 협애한 이해관계에 집착하는 고객의 지위로 전락시켰으며, 그에 따라 시민이 정부가 제공한 선택지 가운데 어느 하나를 골라야 하는 제한적 참정의 주체로 변질되고 있다. 그런 시민이 전자여론조사나 시장조사과정을 통해 정치지도자와 소통하는 한 민주주의의 왜소화(downsizing democracy)는 불가피한 일이다. 원격지 시민의 의사를 여론조사를 통해 파악한다고 하지만 여론조사는 쌍방향 소통이 아니라 정치지도자를 중심으로 하는 일방적인 정보집적 행위에 지나지 않는다. 이런 현실로 인해 지구촌 전역이 미증유의 정치적 혐오나 불신의 늪에 빠져 신음하고 있음은 우리 모두가 잘 알고 있는 바와 같다.

그뿐만이 아니다. 지구정부 현상이 도래하면서 지구정부로부터의 개입과 조정이 일국주의에 기초한 민족국가의 기능적 범주를 제한하고 있다. NAFTA, ASEM. EU 같은 지역협력기구나 UN, WTO, G20 같은 범지구 차원의 관리기구들이 활성화 하면서 과거 민족국가가 일국주의의 경계 내에서 개별적으로 다루던 정책과제들에 깊숙이 개입하거나 영향을 미치게 되었고, 그 결과 개별국가의 정치적 자율성이 상대적으로 축소되는 변화를 낳고 있다. 그렇다고 해서 이런 국제기구에 대한 일반시민의 참정권이나 정책결정과정에 대한 참여의 기회가 공정하고 자유롭게 보장되어 있는 것도 아니어서, 이런 지구정부 현상의 도래는 사실상 국민 대표성의 거듭되는 왜곡과 축소조정을 불러오고 있다.

이런 현상에서 한국도 예외는 아니다. 기존의 자유민주주의 이론체계가 회고적 현실(retrospective reality) 로서가 아니라 단지 전망적 현실(prospective reality)로서만 작동하는 한계에 직면하고 있는 것이다. 이런 진단은 한국의 경우 모방발전론이 더 이상은 유용하지 않게 되었다는 견해와 맥락을 같이 한다. 한국이 정부수립 이후 오늘날과 같은 경제적, 정치적 성장을 거듭할 수 있었던 것은 비록 결손

국가의 한계와 조건 속에서 출범한 것이었음에도 불구하고 선진국의 발전전략을 모방해서 이를 추진해 왔기 때문인 데, 이 모방발전 전략은 이를 수용하거나 지지하는 지구환경 내지는 외생적 조건이 전제될 때나 유용한 것으로 평가된다. 그런데 오늘날의 지구촌 환경은 더 이상 과거와 같은 조건을 충족시켜주지 않게 되었으며, 그 결과 더 이상은 과거와 같은 속도나 성질의 정치경제발전을 도모하기가 힘들게 되었다.

소위 "중진국 발전 함정론"으로 재포장되는 모방발전 한계론은 그 모방의 대상이 주로 미국이었다는 점에서 "친미적 관성 무용론"이나 미국식 "상상력의 구속"에서 벗어나야 한다는 주장으로 연결되고 있다. 미국을 필두로 하는 편대비행의 일원으로 참여하여 "날아가는 기러기 모델(flying geese model)"에서 떨어뜨리는 부스러기를 거두어들여 발전과 변화를 모색하는 전략의 유용성을 지구화 시대의 도래와 함께 재검토할 필요가 제기되고 있는 것이다. 지구화에 따라 세계주의와 민족주의의 충돌이 첨예화 또는 가시화 되면서 앞으로도 편대비행에 남아야 할지를 매우 엄중하게 물어야 하게 된 셈이다.

그러나 보다 더 본질적인 문제는 이런 상황 속에서 전통적인 의미의 민족주의에 함몰되는 한 자유시장 경제체제의 지구적 확장을 이용한 민족경제의 활성화나 한국적인 것을 지구적인 표준으로 삼아 지구중심국가를 건설하려는 꿈은 이를 실현하기가 어렵게 된다는 점이다. 그러나 그렇다고 해서 일방적인 개방과 협력을 강조하면서 중상주의적 접근을 강화하는 경우, 상대방의 민족주의적 반발과 대응을 유발하게 될 것은 자명한 노릇이다. 아니 거대자본을 필두로 하는 지구적 표준의 강요나 미국을 중심으로 하는 일극체제의 압력에 버티어 내기 위한 민족내부의 연대와 결속이 과거 그 어느 때보다 크게 요청되기에 이르렀다는 사실 또한 숨길 수 없다.

그러나 그렇다고 해서 북한과 같이 폐쇄적 민족주의를 강조하는 경우 고립과 쇠퇴를 자초하면서 자멸의 길로 들어서게 될 것도 분명한 일이다. 이를 위해 과거와 같이 언어, 지리, 인종, 종교 같은 역사문화적 공간에 구속되는 민족주의가 아니라 공동체적인 애정과 시민적 연대에 기초한 공화주의적 애국심과 충성심을 양육해야 한다는 주장에 귀 기울여야 할 것은 자명한 이치다. 다문화 가정이나 이주노동자를 공동체 구성원으로 받아 들여 그들이 다른 이들과 차별 없이 정치과정에 참여하고 그에 따라 자신이 속한 공동체에 대해 애정과 충성심을 가질 수 있도록 민족주의의 개념 자체를 수정해야 한다.

이런 개방적 민족주의에 대한 요구는 한국사회가 오늘날 민주주의가 정체되었다고 보고 이를 비관하게 되는 이유가 미국식 상상력의 구속에 갇혀 미국식 표준으로 이를 점검하려는 데 따른 결과라는 주장 속에서도 제기된다. 이는 한국 민주주의의 현주소를 한국식 표준을 통해 평가하려는 노력이 결여된 데에서 오는 오해 또는 오류에 대한 자기반성이 부족하다는 의미이기도 하다. 이런 입장에 있는 이들이 한국적 표준을 정립해 나가야 하는 시점에 섰음을 강조하게 될 것은 당연한 이치다. 그런데 한국적 표준을 모색하려면 자연히 한국 민주주의의 정체를 불러온 내생적 변수가 무엇인지를 찾아보지 않을 수 없게 된다.

3. 한국 민주주의의 정체와 국내적 요인

87년 체제 이후 한국사회에서는 정보사회로의 이행이 급속히 진행되었다. 이로 인해 사회갈등요인이 폭증하게 되었음에도 불구하고 이에 부응하는 갈등관리기구의 정비나 개혁 또는 새로운 대안 고안에 대한 절실한 고민은 뒤따르지 못했다. 한국사회의 경우 농업사회로부터 산업사회로의 이행이 미쳐 완결되기도 전에 산업사회로부터 정보사회로의 이행이 급속히 진행되었다. 이로 인해 사회구조적으로는 농업사회, 산업사회, 정보사회가 공존하는 3중의 중층 구조를 이루게 되었다. 당연히 사회갈등요인이 커지고 공통의 이해관계를 추적하거나 구축하기가 어렵게 되었다. 정보사회 자체가 사회적 합의의 도출에 유리하게 작용하는 측면도 있지만, 사회갈등을 확대재생산하는 속성도 지녔다.

정보의 유동성으로 인해 공적영역과 사적영역 간의 교류나 상호의존성의 정도가 높아지면서 공익과 사익의 엄격한 구분이 모호해지고 그에 따라 공적 합의의 도출이 어려워진다거나, 정보유통의 협송성이 강화되면서 사회관계의 파편화, 특성화, 개별화, 등이 촉진되고 그 결과 공통의 분모를 찾기가 어렵고, 사회관계의 복잡성, 전문성, 고도기술성 등이 심화되면서 인과관계의 추적이 어려워지며 그로 인해 정책적 합의의 도출이 지난해지는 것은 물론이고, 어찌어찌하여 정책대안개발에 성공한다고 하더라도 이를 들고 사회관계의 시정을 위해 개입하는 경우 일종의 간섭효과가 생기면서 정책의 유용성을 저하시키는 등 민주주의에 역진적인 현상들이 생겨나게 되었다.

그뿐만이 아니라 기존의 전통적인 정치적 조정기구들이 정보사회의 도래로 인해 더 이상 그의 유용성을 보장하기가 어렵게 되었다. 정당이 국민의 정치과정에 대한 공적 투입창구역할을 독점하고 있지만 시간적, 공간적 한계를 초월하는 정보사회에서는 정당과 같이 단계적, 점진적, 순차적 과정을 통해 조정과 합의를 도출하는 장치는 더 이상 그의 효용성을 담보하기가 어렵게 되었다. 정보사회에서는 정당이 어떤 현상에 대해 의미를 규정하거나 관련자들의 의견이나 선호를 취합, 조정하기도 전에 정보통신장치를 통해 전국적으로 정보를 일거에 전파하면서 사회구성원을 일순간에 관련 과제에 대한 반대자와 찬성자로 갈라놓는 성질을 지녔다. 조정과 통합을 위한 시간공간을 증발시켜버리는 것이다.

같은 이치로 전환비용론이나 교환실패론에 기초한 정부과부하이론이 지적하고 있는 바와 같이 정보유통의 속도성과 그에 따른 사회관계의 급변성을 감안할 때 시민과 정부를 직결해야 할 필요성이 폭증하고 있지만 그에 조응하여 대안 마련에 나서려는 적극적인 노력은 뒤따라주지를 못했다. 시민의 참여욕구와 정부의 기관능력 사이에서 괴리와 간극을 낳게 된 것이다. 이는 반복되는 촛불시위현장에서 확인되고 있다. 사회구조나 관계양식은 이미 디지털 시대의 첨단에 서 있음에도 불구하고 이에 조응해야 하는 정치기구나 제도는 아날로그 시대를 넘지 못하는 데서 빚어지는 일이다. 이렇게 보면 한국사회가 근대행정국가 내지는 대의정부와 시민사회 사이의 체계적인 조응이나 치차조절에 실패하는 이유를 운 나쁘게도 민주주의의 심화단계로 진입하기도 전에 정보사회라고 하는 인류 문화사 차원의 거대한 태풍에 휩쓸린 때문이라고 진단하게 된다.

이렇게 국가의 기관능력과 시민사회의 정치적 욕구 사이에서 그 간극을 제대로 메우지 못하기 때문에 정치발전이 역진하거나 지지부진하게 된다는 설명은 헌팅톤류(Huntington, 1991)의 이론체계에서 보다 손쉽게 만나게 된다. 헌팅턴류의 관점에서 접근하는 이들에 의하면, 한국의 민주주의가 지체를 거듭하는 이유는 정치제도나 과정이 감당하기 어려울 만큼 참여의 폭발이 일어나고 있기 때문이며, 이런 참여의 폭발이 민주화와 경제발전으로 인해 가능하게 되었다는 점에서는 이를 "민주주의 과잉론" 내지는 "압축성장 과실론"으로 설명하게 된다(김진현, 2010). 이런 시각의 연장선상에서는 잘 준비되지 않은 일반대중의 지나친 정치참여로부터 민주정체의 합리성을 지켜내기 위해서는 그런 대중의 정치참여를 축소하는 대신 민주적 엘리트의 전문성과 합리적 역할에 유의해야 한다는 결론에 이르게 된다. 상식수준의 교양을 갖춘 일반대중은 그들이 직접 정책결정에 참여하기보다는 전문적인 지식과 교양을 갖춘 민주적 엘리트 가운데 누구를 선택하여 국정을 위임할 것인가에 주목하는 것이 보다 더 유리하고 합리적이라는 것이다.

따라서 그런 민주적 엘리트를 선출하는 과정으로서의 선거는 매우 중요한 의미를 갖는다. 선거를 통해 선출직 공무원에 대한 일반

시민의 정치적 통제나 감시 또는 교체가 가능하고 시민과의 약속을 추궁할 수 있기 때문이기도 하다. 그런데 일반적으로 선거는 크게 보아 두 가지 요소로 구성된다. 선거과정을 구속하는 다양한 요소들이 상호작용하는 광의의 영역과 선거가 끝난 후 각 정당이나 후보가 얻은 득표를 의석으로 전환하는 협의의 영역이다. 선거운동과정과 의석배분제도로서의 선거구제가 여기에 해당되는 셈이다. 전자의 경우 규제중심의 선거제도가 유권자의 무관심을 부르고, 지역패권적 정당체계, 중앙당 중심의 공천제도, 당내갈등의 심화 같은 역진적 선거환경이 선거과정에 대한 시민의 참여 공간과 동기를 크게 제약하고 있어, 선거과정의 예측성, 접근성, 정책지향성, 공정성, 자발성 제고를 위한 노력이 시급한 실정이다.

선거제도 특히 선거구제가 개방적이고 공정한 대표성을 약속하지 않는다면 아무리 선거과정이 잘 진행된다고 하더라도 참여욕구의 분출로 시작된 민주화 과정이 민주주의의 연착륙을 약속하기는 어렵게 된다. 따라서 선거구제가 정치적 표현과 선거운동의 자유를 크게 허용하는 성질의 것일 뿐만 아니라 보다 중요한 것은 비례성의 원칙을 견지하여 적극적 민주가치를 실현하는 데 기여할 수 있어야 할 것이다. 이렇게 볼 때, 한국의 선거관행 가운데 가장 역진적 요소라고 할 수 있는 지역주의를 극복하기 위한 대안이 무엇인가를 모색하는 일도 중요하지만 그보다 한 단계 더 나아가 시민참여를 가장 극대화 하는 방안이 무엇인지를 보다 근본적으로 모색하는 일에 주력해야 한다는 과제에 직면한다.

이런 관점에서 보면 민주화 과정의 연착륙이 과연 단순히 제도개혁이나 국가기구의 재디자인 만으로 가능한 것인가의 문제에 눈뜨게 된다. 선거구제 같은 제도의 적실성 정도를 높이는 일은 민주주의 심화과정에서 볼 때 공급 차원에 해당하는 일이지만 그에 못지않게 그런 제도에 시민들이 어떻게 조응하느냐의 문제, 즉 수요 차원의 과제도 그 중요성이 적지 않다고 보아지기 때문이다. 이렇게 하향식 개혁과 상향식 개혁이 함께 진행되어야 한다는 생각은 선거과정의 경우 선거구제 개혁뿐만 아니라 시민사회의 발전이라는 보다 본질적인 문제에도 유의해야 한다는 의미가 된다.

사실 민주주의 심화 지체 문제와 관련하여 한국은 시민사회발전의 속도가 정치적 민주화의 전개 속도를 미처 따라가지 못한 데에서 오는 간극과 유격에서 그 원인을 찾아야 한다는 지적이 적지 않았다. 아무리 공민권이 확장되고 정치적 참여의 자유가 보장된다고 하더라도 정부의 행태를 감시 감독하고, 특정 이익을 주창하여 정부에 반영하거나, 국가권력에 대한 균형자 역할을 수행하는 시민사회가 활성화 되지 않고서는 민주화 과정의 연착륙을 약속하기 어렵다. 이렇게 시민사회의 발전을 강조하는 이들의 일반적인 특성은 시민사회발전을 통해 시민의 정치과정에 대한 참여의 정도를 양적, 질적으로 높이자는 데에 일차적인 목표를 두는 것이라기보다는 정부의 책임성 확보를 위한 독자적 감시나 감독 기능에 보다 더 강조점을 두고자 한다는 데에 있다.

이런 결사체 민주주의에 대한 수요가 NGO의 발흥이나 시민사회단체의 사회개혁운동에 주목할 것은 당연한 이치다. 한때 한국사회가 NGO의 발흥에 열광했던 이유다. 그러나 시민없는 시민운동에 대한 불신과 함께 시민사회단체 내부에서 "개혁세력연대론"과 "권력견제강화론"이 대립하면서 더 이상 시민사회단체나 NGO를 사회문제해결의 만병통치약처럼 접근하려는 시각은 설득력을 잃게 되었다. 자연히 시민사회발전을 통한 민주화 이후의 민주주의 건설에 대한 접근전략이 그의 일원주의적 관점이나 민주주의에 대한 이상주의적 상상으로 인해 의심받게 될 것은 당연한 이치다. 시민사회 건설을 통한 민주주의 심화 전략이 지니는 보다 더 치명적인 결함 가운데 하나는 시민사회가 발전할 경우 과연 자동적으로 국가권력의 민주화를 촉발하게 되는지에 대한 실증적 검증이 결여되어 있다는 점이다. 그러니까 민주주의 연착륙 문제와 관련하여 보다 핵심적인 과제는 시민사회를 발전시키는 것 자체에 있는 것이 아니라 그런 시민사회가 왜, 어떤 방법을 통해 국가권력에 대한 감시와 견제력으로 작동하게 되느냐를 밝히는 데 있는 셈이다.

이런 문제의식과 현실인식은 참여민주주의에 대한 수요를 불러왔다. 참여민주주의의 관점에서 보면, 민주주의 과잉이나 참여폭발의 문제는 참여욕구의 폭발적 증가 자체에 문제가 있는 것이 아니라 분출하는 참여욕구를 수용할만한 제도적 장치가 부족하거나 제대로 작동하지 않는다는 데에 있다. 시민사회발전론에서 보는 바와 같이 정부와 맞서 저항하거나 감시하는 자율적 능력을 기르는 것이 중요한 것이 아니라 정부와 함께 국정을 관리함으로서 시민사회의 역량과 에너지를 주요 현안과제 심의과정에 반영하거나 투입하는 것이 문제해결의 요체라고 보기 때문이다. 신자유주의의 늪에 빠져 왜소화의 길을 걷고 있는 국가에 참여의 확장을 통해 생기를 불어 넣고 비일상적 참여를 통해 분출하는 시민의 목소리를 일상적 과정을 통해 국정에 반영하자는 것이기도 하다.

정부실패론의 연장선상에서 시민참여를 강조하는 다양한 형태의 거버넌스 체제가 여기에 해당된다. 정부의 각종 위원회에 참여하거나 시민참여 예산제도 같이 지방정부 하에서 시민의 대표를 지정하여 국정운영의 감시자나 동반자로 삼는 것도 같다. 그러나 이런 참여민주주의는 정치적 엘리트에 의해 일종의 동원기제로 오용되거나 그 결과 "신군주(new tyranny)"의 등장을 재촉하게 될 위험성도 적지 않다. 무엇보다도 참여민주주의는 권력을 매우 천진난만한 수준에서 이해하고자 한다는 한계를 지녔다. 시민참여의 확장이 문제해결의 요체라고 보지만 그 과정의 권력투쟁이나 정치과정에 대한 설명을 외면한다. 따라서 참여민주주의를 통해 참여하는 자는 구체적으로 누가인가에 대한 질문이 제기될 것은 당연한 이치다.

이런 문제의식은 담론민주주의에 대한 논의를 재촉하게 되었다. 참여의 범위나 공간을 확장하는 것 자체가 중요한 것이 아니라 참여의 결과 정부와 시민 사이에서 얼마나 질 높은 토론과 대화가 보장되느냐가 문제의 핵심인 것이다. 이에 따라 균형민주주의를 지향하는 다양한 형태의 합의제 의사결정 모형이 제시되었다. 시민참여형 배심원 제도, 21세기 마을회의 제도, 역동적 기획 샤레트 등이 대표적인 사례다. 일부 도입된 것도 있지만 아직은 제안 단계에 있는 것이 대부분이다. 그러나 그 어떤 것이 되었건 민주주의의 심화를 위한 관건은 결국 시민주도성을 어떻게 확보하는가에 있다는 인식을 가져 왔으며, 이는 다시 자원봉사의 정치사회적 의의에도 주목하는 계기가 되었다.

4. 존재론적 시민과 민주시민교육

결국 민주화 이후의 민주주의 심화 문제는 정치환경의 변화에 조응하여 정치제도를 개혁하거나 공민권을 확대 보장하는 수준을 벗어나 어떻게 하면 보다 효과적으로 엘리트 중심의 정치문화를 시민 중심의 정치문화로 전환하느냐에 그의 성패가 달려있는 셈이다. 민주주의는 정치적 제도나 디자인과 함께 그에 조응하는 시민과의 상호작용을 통해 역동적으로 진화 또는 전개되는 성질을 지녔기 때문이다. 그러나 문제는 민주주의 심화 이전 단계에서는 목적론적 시민만이 존재할 뿐 존재론적 시민을 발견하기가 쉽지 않다는 데에 있다. 실제하는 시민이 아니라 당위적으로 구성되는 시민에 의한 자유민주주의는 실체가 있을 수 없으며 허위의식을 조장할 뿐이다. 이는 시민 없는 시민운동에서 매우 극명하게 드러나 있다. 이런 상황 하에서는 당연히 정치기구에 대한 효율적인 통제가 잘 이루어지지 않고, 이는 부패나 권력의 남용 같은 정치적 비용증대로 이어지게 된다.

그런데 문제는 그런 존재론적 시민이 결코 하루 아침에 성장하지 않는다는 데에 있다. 목적론적 시민과 달리 존재론적 시민은 국가가 법적, 제도적 권위로 그의 지위를 부여한다고 해서 당장 생성되는 것이 아니며 주어진 사회의 역사문화적 문맥 속에서 그 사회 구성원의 부단한 노력을 통해 자체의 시민성을 얼마나 축적하느냐에 따라 성장한다. 따라서 민주주의 심화를 위한 노력은 어느 날 갑자기 서두르거나 개혁수요의 압박에 눌려 하루 아침에 결단하는 식의 정략적 조치로는 결코 달성할 수 없다는 특성을 지녔다. 미리 미리 개혁수요를 진단하고 중장기적으로 대처해 나가야 한다. 그러나 그렇다고 해서 시민성 축적의 문제를 단순히 역사의 흐름에 의존하거나 자유방임하는 경우 기대하는 만큼의 성과를 효율적으로 달성하기는 어려운 일이다.

따라서 보다 적극적으로 체계적인 양식에 의해 시민성 축적 문제에 대처해야 할 것은 췌언을 요하지 않는다. 그런데 바로 그런 전략적 접근을 시도하는 대안 가운데 하나가 바로 민주시민교육 이다. 시민성이란 민주주의에 대한 지식, 민주주의를 지향하는 가치관, 민주주의를 운영하는 데 필요한 기법이나 기술의 연마를 통해 개발되고 축적 가능해지는 문화적 속성 가운데 하나다. 따라서 이들을 보다 체계적으로 전수하고 연마하는 경우 보다 효율적으로 시민성을 높이게 될 것은 당연한 이치다. 그러나 그렇다고 해서 민주시민교육이 사회의 시민성 정도를 높이고 나아가 정치문화를 바꾸는 데 핵심적 장치로 작동한다는 데에 이론의 여지가 아주 없는 것은 아니다. 그 동안 보는 이의 관점에 따라 부정론, 절충론, 긍정론이 대립해 왔다.

부정론자에 의하면 한 나라의 시민문화는 장기간에 걸쳐 점진적, 누진적으로 변화하는 것이며, 경제적 근대화, 세대교체, 민주제도에 대한 장기간의 노출과 경험, 권력교체, 책임 있는 반대당의 활동

등 정치·경제·사회적인 요소가 함께 작용하는 것이기 때문에 시민성 교육을 통해 정치문화를 바꾸는 데에는 스스로 한계가 있다는 것이다. 주로 전통적인 구조결정론자들이 여기에 속하며, 이들은 유년기의 경험이 개인의 정치 태도와 문화를 규정한다고 보기 때문에, 단기적인 동기 유발로 시민문화를 유인하고 변화시키기는 어렵다는 입장에 서 있다. 이는 어떤 개인의 유년기를 규정하는 정치·경제·사회적인 요소 그러니까 사회경제력 따위가 정치문화를 결정하는 핵심적 요소라는 뜻이며, 따라서 체제 외부 요인을 통해 변화시키기가 어렵다는 의미이기도 하다. 정태론적 관점에 기초하는 셈이다.

그러나 절충론자에 의하면 직접적인 정치 경험이 정치문화를 결정하는 핵심인자라는 것이다. 현재의 경제상황에 대한 인식, 정부의 경쟁력에 대한 평가, 정부의 권력에 대한 경험 등이 개인의 타인에 대한 관용성, 사회제도에 대한 신뢰, 정치적 효능감 등을 결정한다고 본다. 이는 성인의 정치경험을 매우 중시하는 것으로서, 비록 유년기의 경험을 규정하는 정치·경제·사회적인 질서가 개인의 정치 정향을 결정하는 핵심 요소이기는 하지만 유년기 이후의 경험을 통해 유년기에 형성된 경험을 강화, 수정, 변형시킬 수 있다고 본다는 점에서 부정론자와 크게 다르다. 그러니까 한 사회의 정치경제체제가 그 사회구성원의 정치정향을 규정하기도 하지만 사회구성원의 정치정향이 그 사회의 정치경제체제를 구속하기도 하는 교호관계에 있다는 것이다(Almond & Verba, 1980). 주로 전생애 학습 모델(life time learning model)을 강조하는 이들(Mishler & Rose, 2001)에 의해 주창되고 있다.

반면에 긍정론자는 성인에 대한 민주시민교육을 중시하고 그 가운데에서도 NGO에 의한 현장학습효과를 강조한다. 이들에 의하면 민주시민교육은 개인의 민주적 태도, 가치, 행태에 직접 영향을 미치는 것이기 때문에 어느 때든 한 사회의 시민문화 축적에 기여할 수 있다는 것이다. 따라서 실천학습의 효과를 유발하는 주의주창형 NGO의 역할에 주목하는 경향이 있다. 이들에 따르면 개인의 정치의식과 태도는 사회구성원의 정치행위를 설정하고, 그러한 정치행위의 결과물이 바로 정치질서와 제도라는 것이다. 이런 정치문화론자들의 관점에 따르면, 결국 민주시민교육이 정치·경제·사회체제의 질적 수준을 결정한다. 따라서 정치문화를 어떤 사회의 구성원들이 공유하는 정치적 규범이나 관습, 신념체계, 사고방식 내지 정치체계에 대해 갖는 태도와 정향이라고 규정한다면, 그에 미치는 시민교육의 중요성은 결코 간과될 수 없다(Pattie et al, 2004). 민주시민교육은 올바른 시민성(citizenship)을 함양하자는 것인 데, 이는 시민성 없이는 민주적 정치문화의 핵심인 차이를 인정하고 관용과 타협을 선호하는 관행의 정착이나 사회자본의 축적이 요원하다고 보기 때문이다.

그런데 민주화 과정을 거쳐 이제 어떻게 하면 민주주의 심화 단계로 진입할 것인가의 문제에 직면해 있는 한국사회로서는 정치·경제·사회체제나 제도를 개선하는 과제와 함께 그런 제도나 기구와 어울려 역동적으로 상호작용함으로서 새로운 질서를 빚어내는 시민 개개인의 정체성을 어떻게 하면 효율적으로 개선하거나 향상시킬 것인가에 보다 더 유의하지 않을 수 없다. 이는 현 단계 한국 민주주의의 정체가 그 원인을 국외적인 현상 변화로서의 지구화와 그에 따르는 역진적 요소에 두고 있는 것이라고 한다면 바로 이런 지구환경 변화에 대한 시민 개개인의 인지능력의 강화가 급선무이고, 국내적인 현상 변화로서의 정보사회 도래와 그에 따르는 급진적인 사회구조변화에서 문제점이 발견되는 것이라고 한다면 바로 이런 현상변화에 대한 시민의식과 이해력 증대가 매우 중요한 과제로 제기되기 때문이다. 아니 바로 이렇게 현 단계 한국사회에서는 국내외적으로 새롭게 변화하거나 구축되는 사회구조적인 신질서가 압도하고 있기 때문에 유년기의 사회구조적인 질서나 거기에 기초한 경험만을 토대로 새로운 사회질서를 이해하고 대응하는 경우 사회적인 갈등과 대치를 유발하면서 관용과 공조의 길을 열어나가기가 어렵게 되어 있다. 그렇기 때문에 새로운 정치교육을 통해 새로운 사회질서를 이해하고 거기에 조응해서 시민 개개인이 그에 합당한 자기 표준을 개발하고 정립하는 일이 매우 절실한 과제로 제기된다.

그러나 그렇다고 해서 사회구조변화에 조응하는 정치제도나 기구의 혁신적인 변화가 불필요하다는 의미는 아니다. 기성의 정치기구나 제도가 새로운 사회구조적 수요에 효과적으로 조응하기에는 이미 무기력하다는 점을 간과해서는 곤란할 것이다. 그러나 문제는 아무리 새로운 제도나 기구가 창안된다고 하더라도 결국 그 새로운 제도나 기구를 해석하고 이행하며 조응해 나가는 주체는 어디까지나 시민 개개인이라는 점에 유의해야 한다. 한 사회의 변화는 상향식 개혁과 하향식 개혁이 상호조응하는 가운데 역동적으로 빚어지는 성질의 것이다. 더욱이 부정론을 따르는 경우 현 단계 한국사회가 민주주의의 심화를 위해 당장 모색할 수 있는 대안이 따로 없다는 점도 문제다. 절충론의 경우 시민 개개인의 민주주의에 대한 인식의 틀을 바꾸는 일이 중요한 사회문화변동의 변수 가운데 하나라는 점을 부정하지 않는다. 따라서 현 단계 한국사회가 당면한 민주주의의 심화문제에 대처하기 위해서는 정치문화론적인 접근을 강조하는 긍정론을 지지하지 않을 수 없으며, 그렇기 때문에 민주시민교육에 주목하지 않을 수 없게 된다.

5. 민주시민교육의 정치과정론적 성격

그러나 민주시민교육은 그것 자체가 고도의 정치적 과정이며 권력투쟁적 성격을 지닌다는 점에 유의할 필요가 있다. 부언하면 시민교육의 효과가 모든 사회구성원들에게 균형 있게 발현되어 민주사회의 요체라고 할 수 있는 형평성과 공정성을 보장할 수 있느냐의 문제가 제기된다. 그러나 불행하게도 이런 질문에 대한 대답은 그리 쉬운 일이 아니다. 민주시민교육은 그것 자체가 관련정보자원에 대한 접근성이나 소화능력과 연동되어 있기 때문이다. 그러니까 사회우등세력은 상대적으로 이런 교육에 대한 접근성이 높고, 그것 자체가 권력의 기초자원으로 작용할 가능성이 크다. 따라서 민주시민교육은 사회우등세력의 지위를 더욱 더 공고하게 하는 성질을 지녔다. 사회집단에 따라 민주시민교육에 따른 영향력의 정도가 다르다는 뜻이며, 어느 집단은 보다 더 민주화 되고 다른 집단은 그렇지 않은 효과를 유발하게 된다는 뜻이기도 하다.

그러니까 민주시민교육 대상 사회의 민주화 정도가 높을수록 민주시민교육으로 인한 사회정치체계의 민주화 효과는 보다 더 커지는 관계에 있다. 한 사회가 기왕에 민주화 되어 있으면 그로 인해 사회구성원들의 정보자원이나 실천학습에 대한 접근기회가 보다 공정하게 부여될 것이고, 그런 만큼 민주시민교육으로 인한 사회구성원간의 시민성 격차나 민주화 정도의 빈익빈 부익부 현상이 줄어들 것이기 때문이다. 따라서 민주시민교육에 대한 사회적 수요나 절박성의 정도가 낮을수록 오히려 시민교육에 의한 민주성 제고 효과는 높으며, 그렇지 않은 사회일수록 민주화 과정에 대한 기여정도는 낮아진다. 민주시민교육은 이점에서 일종의 자기모순에 빠지는 셈이다.

그러나 이는 한 사회의 민주화 과정과 그 이후의 민주주의 심화과정을 비교하는 경우 전자보다는 후자의 경우에 보다 더 효과적일 것이라는 점을 강력히 시사하는 것에 다름 아니다. 민주주의의 심화 문제를 놓고 정체를 거듭하는 현 단계 한국사회에 있어 민주시민교육이 매우 갈급하게 요청되는 이유 가운데 하나다. 다만 이 과정에서 제기되는 과제 가운데 하나는 민주시민교육이 한 개인이나 사회에 미치는 효과를 과연 측정할 수 있느냐의 문제다. 아무리 긍정론의 입장에 선다고 하더라도 우선 시민성이라는 개념 자체가 매우 다면적이며 추상적이고 그렇기 때문에 구체적으로 평가하기가 쉽지 않고, 무엇보다도 한 개인의 시민성 정도나 그가 소속되어 있는 사회의 정치문화에 미치는 요인에는 실로 다양한 것들이 작용하고 있을 것이기 때문이다(Dee, 2003:1). 따라서 민주시민교육에 있어서는 투입자원과 회수효과 사이의 관계를 증명하는 일이 용이치 않으며, 그렇기 때문에 민주시민교육의 가시적 성과나 이득을 보여주는 데에도 어려움이 따르게 마련이다. 그만큼 민주시민교육의 당위성에 대한 설득에는 한계가 있을 수밖에 없으며, 그 결과 민주시민교육에 대한 지지율도 낮아지게 될 위험성이 적지 않은 것 또한 사실이다.

그러나 이런 교육실시 여건상의 문제보다도 훨씬 더 어려운 과제는 무엇을 위해 민주시민교육을 실시할 것인가에 대해 그 사회의 구성원들이 과연 합의할 수 있느냐에 있다. 현 단계 한국 민주주의가 당면하고 있는 과제들을 정리해 보면, 지구시민권, 신개념의 개방적 민족주의, 전자민주주의, 결사체민주주의, 참여민주주의, 담론민주주의 등에 대한 학습과 성찰이 매우 시급한 과제로 제기된다. 그러나 민주시민교육은 그 내용이 권력적 관계를 다루는 것일 뿐만 아니라 그것 자체가 다양한 이해관계를 촉발하는 정치과정적 성질을 지니는 것이어서 자체 갈등을 내포한다. 그런 만큼 사회구성원들 사이에서 위의 과제 가운데 어느 곳에 주안점을 두어 민주시민교육을 실시할 것인가에 대해 통일된 지향점이나 합의를 도출하기가 어렵고, 그렇기 때문에 민주시민교육이 체계적인 양식에 의해 범국가적으로 실시되기가 쉽지 않으며, 그 결과 민주시민교육의 정치적 민주화 견인 기능을 과대평가해서는 곤란하다는 문제에도 직면하게 된다.

그러나 그럼에도 불구하고 민주시민교육이 민주주의를 심화하는 데 있어 거의 유일한 대안이며 가장 최후적으로 의존하게 되는 문제 해결책이라는 점에 대해서도 유의하지 않을 수 없다. 부언하면 민주시민교육이 민주주의 심화를 위한 가장 최선의 대안이라고 말하기는 어렵지만 이것 외에는 다른 별도의 방안을 모색하기가 어렵다는 뜻이다. 어떤 대안을 모색해도 민주주의의 심화를 위해서는 결과적으로 개인의 민주주의에 대한 인식이나 이해 그리고 태도 변화가 전제되어야 하는 것이고, 그렇기 때문에 이런 문제를 다루는 민주시민교육에 집착하지 않을 수 없게 된다. * 박재창(2007:24-28)을 일부 발췌, 수정, 보완했다.

(「민주시민교육 아시아태평양 포럼」발제문, 2010.10.21.)

추석 민심 잘 들으셨나요

추석 연휴 동안 연인원 기준 5000만 명 가까이 이동한다니 '민족의 대이동'이라는 표현대로다. 귀소본능 때문이라고도 하고 유교의 굴레를 벗어나지 못한 까닭이라고도 하지만 도시화율이 아시아권 최고라는 점에서 도시가 채워주지 못하는 살 냄새, 사람 맛에 대한 외마디 같은 호소이지 싶다. 무엇보다도 사람들이 도시의 단절이 불러오는 외로움과 억눌림에 대한 정서적 탈출을 명절이라는 이름으로 분출하는 것은 아닌지 살펴볼 일이다.

많은 사람이 고향 품에 안겨야 비로소 속내를 꺼낸다고 말한다. 이것이 사실이라면 아직 우리가 조급 민주주의에 머물러 있기 때문일 것이다. 이처럼 도시의 허위의식을 벗어나 진실과 조우할 수 있는 이유가 언제나 알몸인 시골의 처연함 때문만은 아니다. 도시의 빈들에 혼자 남겨진 상처가 가족과의 상봉을 통해 끈끈한 연대와 소속감으로 회복되는 순간 도시인들은 도시로 되돌아와야 하는 이유와 기력을 찾는다. 이렇게 보면 귀성은 거대한 소통과 경계 넘기의 출발점인 셈이다.

그렇기 때문일까. 추석이면 정치인의 민심탐방이 어김없이 찾아오는 일상처럼 되었다. 정치권은 고향에서 털어놓는 속내의 공감대와 거기에서 비롯되는 정치적 파급력이 만만치 않음을 걱정하는 눈치다. 평소 민심의 소재를 찾는 데 태만했다는 사실이 이들을 벼락치기 서민공부로 내모는 것일까. 도시와 농촌, 지도자와 일반시민을 이어주는 소통의 통로가 제대로 작동하고 있었다면 구태여 추석에 민심을 따로 탐방해야 할 이유는 없다.

어쨌든 귀성하는 정치인의 가방에는 이제 연휴 동안 벼락치기라도 해서 얻어들은 민심의 목소리가 가득할 것이다. 사회적 우등세력에는 기회의 공정이 선이지만 열등세력에는 결과의 공정만이 복음이라는 것쯤은 이제 고향의 어르신도 잘 안다. 대기업 중심의 경제는 단군 이래 호황이라고 하지만 서민경제의 곤궁함은 휜 허리 한번 펴볼 여력이 없다는 하소연도 들었을 것이다. 청년백수의 눈에는 4대강 위를 떠다닐 것이라는 유람선이 유령선처럼 보인다는 주장도 그냥 해보는 소리가 아님을 깨달았기 바란다.

이제 가방을 열어 해결책을 찾는 일이 정치인에게 과제로 남겨졌다. 민심을 있는 그대로 국정에 반영하라는 주문은 그것이 정치인 책무의 전부라는 뜻이 아니라 단지 출발점이며, 그런 까닭에 최소한이라도 잘해보라는 뜻이다. 있는 그대로를 단순히 국정에 반영하는 일이라면 정치인말고도 수행할 사람이 적지 않다. 언론이나 여론조사가, 시민사회운동가, 외국의 경우 로비스트나 옴부즈만 등이 여기에 속한다.

정치인이 이들과 달라야 하는 점은 자신의 지도력을 통해 시대정신이 무엇인지를 깨닫고 이를 토대로 민심의 소재에 귀 기울인 결과를 재해석하고, 문제의 해결책을 모색하는 데 있다. 이점이 정치적 지도력과 여론 추수주의를 구분하는 잣대다. 문제는 정치인들에게 이런 시대정신에 대한 통찰력이나 비전이 마련되어 있느냐이다. 이런 눈을 갖추지 않고 민심탐방에 나선다면 해답을 구할 수도, 정파 간 이해타산을 넘어설 수도 없다.

시대는 이미 일국주의의 경계를 넘어 지구 경영의 관점과 세계관에 따라 대응하지 않으면 어떤 문제도 해결하기 어려운 지점에 도달했다. 일국주의의 폐쇄성을 벗어나지 못한 채 누구 논에 먼저 물 댈 것이냐 식의 문제만을 논한다면 결과는 뚜껑을 열어보지 않아도 뻔하다. 정치인의 열린 시야가 바닥의 민심과 만날 때 당면한 사회정책 과제의 해결점을 찾을 수 있다. 정치인들이 이런 깨달음을 이번 추석 고향에서 받아온 선물로 삼았으면 한다.

(「동아일보」, 2010.09.24.)

왜, 지금 민주시민교육인가?

해방 정국을 맞아, 개화기에 이미 미국 유학을 다녀왔던 윤치호는 이렇게 말했다. "지금 이 땅에 민주주의를 도입하는 것은 마치 장난감 총을 가지고 놀 줄밖에 모르는 어린아이에게 실탄이 장전된 권총을 쥐어주는 것과 같다". 그래서 그런 것이었을까? 이 땅의 민주주의는 지난 헌정 60년 동안 하루도 편할 날이 없었다. 실제로 장전된 실탄이 터진 일도 적지 않았던 것 같다. 굳이 한국사회 10년 주기설을 주장하는 이들의 말을 빌리지 않더라도, 우리는 지난 세월 거의 10년을 주기로 폭압과 소외, 억압과 분출의 역사를 거듭해야 했다.

자유민주주의를 표방했지만 회고적 현실(retrospective reality) 로서가 아니라 전망적 현실(prospective reality)로서만 자유민주주의를 체험했던 셈이다. 실현되지 않은 약속이었다. 그런 가운데에서도 경제는 발전해서, 제2차 세계대전 이후 제 힘으로 자본주의 경제체제를 공고히 하고 절차적 차원에서나마 정치적 민주화의 길을 연 유일무이한 나라가 되었다. 식민의 아픔과 전쟁의 폐허, 가난의 신고와 독재의 유린 속에서도 중진국 반열에 오른 오늘의 우리를 지구촌 전역이 경이와 경외의 눈으로 지켜보게 되었다. 굳이 한류의 열풍을 거론하지 않더라도 밖에서 보는 우리의 미래는 이렇듯 장밋빛이다.

스위스 국제경영개발원(IMD)의 2009년도 국가경쟁력 순위를 G20 회원국만 선별해 집계해 보면, 한국은 미국, 호주, 캐나다, 독일, 일본, 중국 및 영국에 이어 8위에 올랐다. 프랑스, 인도, 브라질, 러시아, 이탈리아보다 앞선다. 그러나 이런 외국의 평가와는 달리 안에서 바라보는 우리의 미래는 결코 밝지 않다. 계층 간, 지역 간, 영역 간, 세대 간, 이념 간 갈등이 여전하고 오히려 갈등의 간극은 악화일로에 있다. 갈등의 양식이 과격성, 이기성, 극단성, 불법성을 띠고 있으며, 공동체 발전을 위한 대안개발과정의 경쟁이라기보다는 갈등을 통해 지대를 취하려는 경향마저 있다.

그냥 둘 경우, 사회공동체 자체의 존립을 위협하는 수준에까지 이르렀다. 경제발전도 지금까지는 외국의 발전경로를 모방하는 것만으로 가능했지만, 오늘날과 같은 지구경제체제 하에서는 한국적 표준을 정해 새로운 발전전략을 짜지 않고서는 제 자리 유지도 어려운 실정이다. 수동적 발전이 아니라 능동적, 주도적 개발의 시대를 열어야 한다. 이는 모방발전의 단계를 넘지 않고서는 불가능한 일이다. 우리가 지닌 가용 역량을 최대한 결집해야 하는 이유다. 이는 절차적 민주주의의 공고화 단계를 지나 실체적 민주주의 심화 단계를 열지 않고서는 불가능한 일이다.

그런데 우리를 뒤돌아 보면 전통사회에서 식민적 지배를 거쳐, 동족상잔의 비극을 경험하면서 사회적, 계급적, 경제적 평등이 확대되었다. 식민의 수탈경제가 불러온 빈곤의 평준화나 전쟁의 참화가 가져온 기존질서의 파괴가 역설적으로 반상의 계급이나 지주와 마름의 관계를 허물었던 것이다. 그러나 민주주의의 다른 한 축이라고 해야 할 자유에 대해서는 이를 관찰하거나 향유할 기회가 많지 않았다. 유교의 수직적 사회질서와 관존민비, 군대문화가 불러온 상명하복, 집성촌이나 가문중심의 폐쇄적 공동체 의식 등이 개인으로 하여금 자기 책임 하에 자유롭게 자신의 의지를 관리하고 그 결과에 책임지는 개인주의의 발흥을 막았던 것이다.

자유인의 자성에 의한 자기통제 없이 평등주의가 판을 치면서, 우리의 자유민주주의는 그 동안 고삐 풀린 망아지거나 제동장치를 결여한 기관차와 같았다. 사익 간의 충돌과 갈등이 주저 없이 분출했으며 공동체에 대한 책임의식을 찾아보기 어려웠다. 아무리 정치제도를 개선하고 정치권에 새로운 인물을 수혈해도 자유민주주의의 철학적 원리가 제대로 구현되지 않았던 주된 이유다.

자유민주주의와 그에 따른 제도적 장치들은 국가권력으로부터 시민 개개인의 권리와 존엄을 보장하려는 것이지만, 공동체적 질서의 창출은 단순히 국가권력의 일방적 횡포로부터 시민 개개인을 보호하겠다는 약속만으로는 부족하며, 시민 각자의 교양 있는 참여가 전제되어야 한다. 그래야만 시민권을 약속한 국가마저 자신의 언명에 구속된다. 그런데 시민 각자의 교양 있는 참여란 시민 스스로가 자신의 의사를 관리할 수 있는 자유와 그런 자유의사의 처분 결과에 대한 성찰적 자기반성이 전제될 때 가능한 일이다.

이렇게 단순한 제도 개혁만으로는 자유민주주의의 실체 구현이 어렵다는 사실을 간파한 이들이 기대를 걸었던 것은 87년 체제 이후 등장하기 시작한 시민사회운동단체의 발흥이었다. 그러나 자기 성찰력을 구비하지 못한 시민이 시민사회의 주도세력이 될 수는 없는 노릇이었으며, 그런 의미에서 시민 없는 시민사회운동단체의 실패는 예정된 수순이나 다름없었다. 오늘날 시민사회운동진영이 자기 정체성을 상실한 채 기능적 무력감을 호소하고 있음은 우리 모두가 잘 알고 있는 바와 같다.

결국 성찰적 자기결정력을 구비한 시민이 전제되지 않은 한 자유민주주의의 구현은 연목구어인 셈이다. 여기에 더 해 정보사회의 도래는 시민중심주의의 중요성을 보다 더 확장하게 되었다. 국가와 시민사회와의 관계에서 정보의 유동성 증대는 국가의 전문가적 우월성이나 독점적 지위를 더 이상 인정하지 않게 되었다. 무엇보다도 시시각각 변화하는 시민의 선호나 정책적 의지를 국가라는 대리인 체제를 통해 구현하는 일 자체가 지나치게 많은 전환비용의 지출을 요구한다는 인식도 싹트게 되었다. 보다 더 중요한 것은 오늘날의 시민은 과거의 신민이나 소극적, 수동적 시민으로 만족하려 하지 않게 되었다는 점이다.

이런 현상은 우리의 경우 이미 촛불집회를 통해 가시화 되었다.

그러나 적극적 시민의 등장이 "영리한 시민권(smart citizenship)"의 행사를 동반하지 않는다면 그 결과는 어찌되는 것일까? 상상만으로도 끔찍한 일이다. 그렇다면 적극적이면서도 자기 성찰력을 지니는 자유인은 어떻게 만들어지는 것일까? 서구의 역사적 경험을 추적해 보면 시민성에 기초한 사회자본의 축적 없이는 불가능한 일이며, 사회자본은 그 나라의 역사문화적 체험 속에서 빚어지는 일종의 집단유산에 해당된다. 프랑스 대혁명이나 영국의 청교도 혁명을 통해 자유와 평등 그리고 박애의 정신이 왜, 어떻게 상호작용하는지를 점진적, 누적적으로 체득해 왔던 것이다.

그런 서구사회에서조차 정보사회의 도래가 기존의 사회질서를 송두리째 바꾸는 대전환기에 들어섰다고 보고, 그런 사회구조의 변화에 조응하는 신시민의 배출을 위해 다양한 유형의 민주시민교육에 나섰다. 가장 대표적인 것으로는 영국의 지구시민교육을 들 수 있다. 오늘날 같은 지구화 시대에는 전통적인 시민권이 전제하는 일국주의의 경계를 넘어 활동하고 사고하는 신시민의 배출없이 자기 공동체의 유지 자체가 어려울 것이라고 내다본 것이다. 하물며 아직 자기결정력을 배태하는 시민성 내지는 그런 시민성에 기초한 사회자본 자체가 축적되어 있지 못한 우리로서는 두 말할 나위가 없다.

자유인의 성장에 필요한 역사적 경험을 축적하지 못한 우리가 성찰적 자기 관리능력을 지닌 적극적 시민을 단기간 내에 생산하기 위해서는 민주시민교육 외에 왕도가 따로 있을 수 없다. 무엇이 민주적이며 무엇이 민주적이지 않은지를 판단할 수 있는 시민적 정보와 지식을 함양하고, 왜 무엇 때문에 민주적 가치를 지향해야 하는지를 깨닫게 하며, 민주적 삶을 영유하는 데 필요한 다양한 기술과 기법을 체득케 하는 일은 우리가 민주시민으로 살아가는 데 있어 최소한의 자원에 해당된다.

단순히 자유민주주의와 관련된 지적 능력을 확대하는 것이 아니라 그런 정보와 지식을 삶의 일상에서 체득하여 체화하도록 훈육하는 일이 보다 더 시급한 과제다. 민주시민교육이 참여교육의 양식을 띠어야 하는 이유다. 또한 자라나는 세대뿐만 아니라 사회 전 영역에 걸쳐 동시적으로 진행되어야 보다 효과적일 것도 자명한 이치다. 학교교육과 함께 성인교육을 동시병발적으로 전개해야 하는 이유다. 따라서 국가나 시민사회가 혼자서 하기보다는 사회전체가 함께 나서 일종의 민주시민교육 거너넌스 체제를 구축해야 보다 더 효과적일 것도 당연한 이치다.

(「시민교육」2호, 2010.05.)

민주시민교육은 무엇을 가르치는가?

민주적 담론의 수행 능력을 갖춘 이를 보다 낳은 시민이라고 한다면, 바로 이런 보다 낳은 시민을 생산(producing better citizen)하기 위해서는 민주시민교육이 과연 무엇을 가르쳐야 하는 것일까? 비록 무엇을 위해 민주시민교육에 나서야 하는가에 대해서는 이견이 적지 않은 것이 사실이고 그렇기 때문에 민주화를 위해 무엇을 가르쳐야 하는가에 대해서도 견해가 상충할 것 같지만, 현실적으로는 민주시민교육론자 사이에서 이미 적지 않은 의견의 일치가 이뤄져 있다. 이들의 대체적인 견해에 따르면 시민적 지식, 시민적 기술, 시민적 태도 정향, 시민적 간여에 관련한 교수활동이 이루어져야 한다는 것이다. 다만 이 가운데 어느 곳에 보다 더 강조점을 두어야 할 것인가에 대해서는 다양한 의견이 제시되고 있다. 이는 어느 것을 매개변수로 보고 또 다른 어떤 것을 독립변수 내지는 종속변수로 보느냐에 따라 견해가 달라지는 데에서 비롯되는 결과다. 여하튼 민주시민교육이 이들 4가지 요소를 중심으로 이루어지고 있음에는 틀림이 없다.

첫째, 정치에 대한 지식과 이해를 높이는 사업이다. 무엇이 민주적이고 권위주의적이며, 어떤 정치체제가 보다 더 시민의 자유와 권익을 보장하는지에 대한 기초 지식과 정보가 있어야, 권위주의체제에 지항하고 민주적인 질서의 창출을 위해 노력할 수 있을 것이기 때문이다. 이점은 특히 동구 사회주의 국가권과 같이 자유민주주의 정체에 대한 정보가 철저히 차단되었던 사회가 민주화 하는 과정에서는 필연적으로 야기되는 과제다(Gomez, 2003). 대부분의 초기 민주시민교육이 민주정체 관련 지식의 전달에 주력하게 되는 원인이 바로 이런 데에 있다. 정치적 판단력의 제고를 위해 필요한 기초 정보를 제공하자는 것이다. 그러니까 민주시민의 머리에 해당되는 부분을 겨냥하는 사업이다.

이는 외형적 민주주의와 실질적 민주주의를 구분하는 데 필요한 시민성 관련 지식인 법치주의, 제한적인 정부, 대표 정부, 개인의 권리, 국민 주권, 정치적 참여, 시민사회, 자유와 질서의 융합, 다수결의 원칙과 소수자 권리의 보호, 개인의 권리와 공공선의 조화 등에 대한 정치적 해득력(political literacy)을 높이고자 한다. 영국의 민주시민교육 교과가 범죄와 시민법, 정부와 정치, 선거체제, 세금과 경제, EU, 영연방, 유엔의 역할, 민주주의, 정의, 법의 지배 등과 같은 요소들에 대한 이해력을 높이는 데에 주목한다거나, 호주가 시민참여의 인식론적 요인인 법과 규칙, 민주적 절차, 미디어, 인권, 다양성, 지속가능한 개발, 지구촌으로서의 세계 등과 같은 주제와 민주주의, 정의, 평등, 자유, 권위, 법의 지배 등과 같은 개념에 대한 학습을 강조하는 데에서도 알 수 있다.

이렇게 정치적 해득력 제고를 위해 다양한 정치정보가 제공되는 경우에는 어떤 현상에 대한 개인의 관점이 일관성을 유지하거나, 정치적 사건에 대한 이해력을 증대하고 그 결과 맥락적 접근이 가능케 되며, 사회문제에 대한 선입견을 교정하거나, 소외, 불신 따위를 극복하게 될 가능성이 높아지며 그 결과 한 사회의 시민성 제고에 기여하게 된다는 것이 민주시민교육론자들의 일관된 믿음이다. 정치적 판단력을 높여 참여능력을 실질적으로 개선하게 되고 나아가 민주적 가치에 대한 지지율을 제고하게 된다는 것이다.

그렇다면 이런 효과가 발현되어 민주화를 촉진하기 위해서는 과연 어느 정도의 관련 정보나 지식을 전수해야 하는 것일까? 전통적 규범론자들은 시민 개개인이 바로 이런 정보와 지식을 보유하는 것이 사회관계의 민주화를 촉진하는 데 있어 결정적 관건이 된다고 보았다. 따라서 민주화의 촉진과 관련 지식의 섭취는 순비례적 관계에 있다는 것이다. 그러나 집합이성이론(the aggregate rationality theory)의 신봉자들(Shapiro & Jacobs, 1999)에 의하면 규범론자들은 일종의 엘리티즘에 빠져 있으며 이때의 지식이나 정보는 개인 단위의 지적 수준을 의미하는 것이 아니라 집단 단위의 지적 수준을 뜻한다는 것이다. 그러니까 어느 개인의 지적 수준이 낮다고 하더라도 그가 속해 있는 집단 전체의 지적수준이 높을 경우에는 민주적 시민생활의 영위가 가능하다는 주장이다. 최소한 다른 사람의 판단을 평가하고 선택할 수 있는 정도의 지적 능력만 확보하면 된다는 것이다. 그러나 저정보이성이론가들(the low-information rationality thesis)(Popkin & Dimock, 1999)에 따르면 정보나 지식의 수준이 낮은 시민은 소극적 참여자 내지 저급한 판단자가 될 개연성이 커진다는 것이다. 따라서 민주시민교육을 통해 모든 시민이 정책전문가가 될 필요는 없지만 일정 정도 이상의 지식 보유 수준은 유지되어야 하며, 이성적 평가나 판단이 가능한 수준은 교습되어야 한다는 것이다.

그러나 그렇다고 해서 건전한 시민 육성에 필요한 정치 정보가 언제나 획일적으로 규정되어 있는 것은 아니다. 이탈리아의 사례에서 보는 것처럼 민족국가의 건설이념과 이와 관련된 여러 제도나 가치를 이해하는 데 필요한 정보를 교수하는 데에서 벗어나 최근에는 지방의 재발견이나 유럽 차원의 시민권(European Citizenship) 문제로까지 관심의 초점을 이동하는 데에서 찾아볼 수 있다. 호주가 최근 민주시민교육을 통해 세계적인 환경을 이해할 줄 알고, 이에 대해 고민하며 균형 있는 발전을 도모할 줄 아는 능력을 개발하고자 한다거나 프랑스가 지구화 시대의 새로운 가치관 정립 문제에 주목한다는 사실도 이를 반영하는 증거다. 시민권 사상은 이제 국민국가 차원의 일국주의 시대에서 벗어나 국제지역국가 내지는 지구국가 차원의 시민권 의식을 함양해야 하는 시대로 이동하고 있다. 우리가 바람직한 것으로 생각하는 국가사회의 모습 자체가 변하고 있는 것이다. 이럴 경우 개인, 집단, 지역, 국가, 국제지역, 지구사회로 이어지는 공간 환경에 대한 정보를 체계적으로 수정하는 작업이 선행해야 할 것은 물론이다.

이런 점에서 보면 민주시민교육이 미리 정해진 사회규범이나 질서를 일방적으로 전수하거나 학습하고 그 결과 의식의 변화를 꾀하는 지식전달모형(Knowledge Delivery Model)이 아니라, 바로 그런 사회규범을 자아생성을 위한 비판적 학습을 통해 스스로 터득하고 점진적으로 재구성하거나 새롭게 구축해 나가는 지식생산모형(Knowledge Creation Model)에 의존해야 한다는 주장에는 매우 경청해 볼만한 가치가 있다. 과거 국민교육(또한 '민중교육'도 마찬가지)이 정형화된 담론을 국민(민중)에게 전파하고 그에 의거하여 의식변화를 꾀하는 것이었다면, 이제 민주사회에 부응하기 위한 시민교육은 자기충진적 양식에 의해 스스로 진화하는 양식을 취하도록 해야 마땅한 것이다.

둘째는 정치에 간여하는 데 필요한 관련 기술이나 적성 따위를 개선하는 사업이다. 민주시민교육은 국민들에게 단지 민주적인 윤리나 덕성을 훈육시키는 것이 아니라 자신의 의사를 표현, 제시, 옹호, 보호하는 정치적 행위능력을 공급해 주자는 작업이기 때문이다. 이는 한 사회의 민주화가 규범의 차원이나 인식의 단계에서 구현되는 것이 아니라 정치에 대한 참여를 구체적으로 경험하는 과정에서 이루어진다는 인식을 반영한 결과다. 따라서 참여에 필요한 토론 능력, 상대에 대한 존중력, 타인 중심 사고력, 애국심, 다른 의견에 대한 수용력, 다른 인종이나 종교에 대한 관용력 등은 물론이고, 이를 가능케 하는 의사소통기능(말하기, 듣기, 읽기, 쓰기), 수의 적용기능(다양한 상황에서 수학적 언어 적용), 정보기술기능(정보의 수집, 분석, 해석, 평가, 발표 등에 ICT활용), 타인과의 공동작업기능(협동, 토론, 타인 이해 등), 자신의 학습과 수행증진기능(자신의 활동을 평가하고 수행결과를 확인, 평가하기), 문제해결기능(문제 확인, 이해, 대안, 실천) 등에 주목하고자 한다. 비판적 사고, 정보 분석, 의견 표명, 토론에의 참여, 갈등 해결, 지역사회 참여 등과 같은 사고기능, 문제해결기능, 참여기능을 높이자는 것이다.

이는 학급에서의 토론이나 토의, 지역사회나 학교생활에의 참여, 실제 삶의 장에서 이루어지는 실천과 체험 등을 바탕으로 학습하는 경우 가장 효과적으로 개발된다. 대개의 경우 관련 지식의 전수를 통해 가르쳐지는 성질의 것이 아니라 여타 과정을 통해 익힌 지식을 활용해서 실제 현실과정에 적용해 볼 때 스스로 체득하게 되는 성질의 것이기 때문이다. 그런 의미에서 민주주의는 자기 성찰의 결과물이라고 해도 좋다.

셋째는 가치와 성향에 관한 문제다. 한 마디로 시민적 덕성을 함양하자는 것으로서 지식의 전수가 아니라 정신적, 이념적, 도덕적 정향과 그에 따른 판단력을 높이고자 하는 사업이다. 따라서 옳고 그름, 좋고 나쁨과 관련되는 윤리적 분별력은 물론이고 정치적 관용(political tolerance), 시민적 자유에 대한 믿음(commitment to civil liberties), 타인에 대한 존중심, 권리에 상응하는 책임과 의무, 법의 지배, 인권의식 따위와 같은 민주적 가치를 중시하고, 자기성찰, 열정, 정의, 개방성, 협동심, 듣는 태도 등과 같이 시민성 구성의 핵심 가치와 태도 개발에 유의하고자 한다. 사회적, 윤리적 책임성(social and moral responsibility)을 강조한다는 점에서는 종교교육이 도의심을 중시하는 것과 일맥상통하는 요소가 있고, 그렇기 때문에 영국, 호주, 이탈리아 인도네시아 같은 국가에 있어서는 종교교육과 시민교육이 대체재가 아니라 상보재로 작용하는 한 원인이 되고 있다.

넷째는 실제로 적극적인 민주시민으로 살아가는 데 필요한 행태, 주의주창 운동, 참여의 양식, 행동 전략 등을 교육하는 사업이다. 대부분의 시민참여 활동과 NGO 운동 등이 여기에 속한다. 이는 특히 민주주의의 철학적 가치를 구현하기 위한 국가의 운영양식이나 제도에 대한 평가가 진화하면서 보다 더 강조되기 시작한 과제다. 간접민주주의 시대에서 직접민주주의에 대한 수요가 증가하는 시대로 전환하면서 시민이 직접 국정운영에 간여해야 하는 기회와 수요가 증대하고 그에 따라 보다 적극적으로 국정과정에 참여하는 시민의 행동양식에 대한 수요가 커지게 된 것이다. 이는 지구차원에서도 같다. 지구시민사회의 형성이 불가역적인 사실로 인식되기 시작하면서 적극적인 지구시민으로 살아가는 일을 직접 수행해 보고자 하게 되었다.

그런데 이들 4가지 요소는 서로 분리되어 있지 않고 상호 밀접한 관련성을 가지고 있어 시민교육과정에서 유기적으로 조직되며 학습과정에 있어서도 개별적으로 학습되기 보다는 동시에 상보적 관계 속에서 학습된다. 따라서 이런 속성을 지닌 과제들을 어떻게 교육하는 것이 가장 효율적일 것인가가 이제 우리에게 남겨진 과제다. * 박재창(2007:33-38)을 발췌, 수정, 보완했다.

(「2009년도 민주시민교육단체 워크숍」 발제문, 2009.11.19.)

한국의 국정개혁

제4장 지방분권과 시민사회

세종시 비효율, 분권으로 극복할 때

총리실·기획재정부 등 세종청사 1차 이전 대상인 6개 부처의 입주가 완료 되었다. 중앙행정부처의 분산배치가 본격화 한 것이다. 이로 인한 중앙정부의 업무처리 혼란과 비효율 문제는 이미 예견 된 것이나 다름없다. 막상 이전해 놓고 보니 예상보다 심각하다고 아우성이지만, 사실 이는 예견된 문제에 대한 준비부족이 문제의 심각성을 가중시킨 결과다. 아니 보다 더 본질적인 문제는 중앙행정기관의 일부만을 세종시로 이전하는 문제를 단순히 수도 이전 과정에서 어쩔 수 없이 발생한 정치적 홍정의 결과라거나 국토의 균형발전 전략 때문이라는 차원에서만 이해하고자 하는 행정관료의 나태와 무사안일 내지는 식견의 근시성과 경직성에 있다.

중앙행정기관을 세종시로 이전하면서 청와대를 위시한 일부 기관을 수도권에 남겨두게 된 것은 정치적 절충에 따라 발생한 불가피한 결과물임에 틀림없다. 그러나 분권에 대한 우리 사회의 오랜 숙원이 없었다면 단행하기 어려운 일이었다. 분권을 향한 목적 가치가 없었다면 중앙행정기관의 분산 배치는 매우 무모한 결단에 속한다. 단군 이래 고도로 중앙집권화 된 국정운영 체계를 한 번도 완화해 본 일이 없다는 우리 사회에서는 그 동안 더 이상 권력의 집중을 방치할 경우 엄청난 비효율과 혼란을 불러올 것이라는 우려가 적지 않았다. 수직사회로부터 수평사회로 전환하는 정보사회에서는 분권만이 살 길이라는 주장이 주류를 이루게 된 것이다. 제왕적 대통령제의 굴레에서 벗어나지 않는 한 더 이상의 발전은 고사하고 현상유지도 어려울 것이라는 경고도 여러 번 있었다. 사회갈등을 완화하기는커녕 오히려 확대재생산하는 국회의 권력남용과 오작동도 그 원류를 찾아가보면 정당내부권력의 집권화에 있음은 주지하는 바와 같다.

당연히 분권 지향적인 개혁조치가 취해져야 하는 것이지만, 모든 것을 빨아들이는 블랙홀 같이 일극적 중앙집권 체제는 이런 개혁을 외면하기 일쑤였고, 어찌 어찌하여 분권을 지향하는 제도가 도입되는 경우에도 그 운영양식이 결과적으로는 권력의 재집권화에 부역하는 결과를 낳았다. 이런 현상을 지켜보면서, 분권사회의 구현을 위해서는 극약처방 외에 다른 방도가 있을 수 없다는 위기의식이 팽대하게 되었다. 이는 중앙정부의 지리적 분산배치를 정당화 하는 기반이 되었다. 소프트 시스템의 분권을 강제하기 위한 방안으로 하드 시스템의 분산 배치를 택한 것이다. 그러니 의식과 관행이 고도로 중앙집권화 되어 있는 현재의 행정운영양식을 그대로 둔 채 청사의 지리적 분산배치에 조응하려는 경우, 그에 따른 파열음이 견디기 어려울 만큼 클 것은 당연한 일이다.

청사의 지리적 분산 배치에 따르는 행정비효율을 극복하는 방안이 일차적으로는 행정운영양식을 지금의 집권체제에서 분권체제로 전환하는 데에서 찾아져야 하는 이유다. 그런 점에서 우선 추진해야 할 과제는 책임총리제를 도입하고 이를 철저히 운영하는 일이다. 마침 수도권에 남는 외교부, 통일부, 법무부, 국방부, 안전행정부 등은 기능적으로 볼 때 국가운영을 위한 관리지원업무에 해당되는 부서들인 데 반해 세종시로 이전하는 부서는 국민의 먹거리 창출 같은 생활세계의 문제와 직결된 부서들이다. 그런 만큼 대통령과 총리 간에 분야별 분업체계를 구축하는 것도 한 방법이다. 대통령이 국정운영의 기본방향을 제시하고 총괄하는 가운데 총리가 자기 책임 하에 제시된 국정과제를 실천하고 프로그램을 집행하는 식의 기획과 집행 간의 분업체계 구축도 가능할 것이다. 여하튼 지금처럼 총리가 일일이 대통령과의 긴밀한 협의 하에 대통령 비서실로부터 지시를 받아가며 국정을 운영하는 시대는 이제 마감해야 한다. 그렇지 않을 경우 지리적으로 이격화 되는 세종시 시대에서는 이를 감당할 길이 없다.

같은 이치로 국회와 행정부의 관계도 재설정되어야 한다. 국가권력 특히 대통령과 의회 간의 권력 분립이 매우 철저하게 이루어져 있는 미국에서는 행정부 고위관리가 국회의사당에 발을 들여 놓는 일은 거의 없다. 아니 금지 되어 있다고 하여도 과언이 아니다. 철저한 3권 분립의 원칙이 지켜지기 때문이다. 국무위원을 비롯한 행정부 고위 간부들 심지여 행정부처의 계장까지 총출동하여 국회에 대기하고 국회의원의 질문에 답변하는 관행은 시정되어야 마땅한 일이다. 정보화 시대에 직접 국회에 나가 답변해야 국회를 존중하는 예의가 된다는 관행도 소가 웃을 일이다. 국회가 필요로 하는 행정정보는 행정부 정보시스템을 국회가 공유하도록 하여 직접 검색하도록 하는 행정정보공개 및 공유 시스템을 제도화해야 한다. 원래 국회가 행정부가 제공하는 정보에 의존하는 경우 대행정부 예속성을 강화하게 된다는 점도 감안해 보아야 할 과제다. 행정부가 제공하는 정보는 행정부의 관점과 필요에 따라 수집되고 정리된 것인 만큼 의회의 시각과 관점을 반영하기가 쉽지 않다. 의회가 자체의 정보 수집, 분석, 평가 체제를 갖추어야 한다. 이럴 경우 세종시에 상주하는 공무원이 국회에 출석해야 하는 수요는 크게 줄어든다. 이는 사실 중앙행정부서가 세종시로 이전하는 일이 없었더라도 시정되었어야 마땅한 관행이다.

지방분권정부의 구현도 문제해결의 보조적 대안 가운데 하나다. 중앙정부의 업무를 혁신적으로 지방정부로 이양하는 경우 중앙정부의 업무하중을 줄이게 되고, 이는 결국 중앙행정부서의 지리적 분산배치에 따른 행정업무 수행과정상의 비효율과 혼란의 규모를 근본적으로 축소하는 한 방안이 된다. 같은 이치로 규제개혁을 강화해서 정부의 시민사회에 대한 간섭과 일감을 줄여 작은 정부로 나가는 경우 정부의 업무 총량을 줄이게 되고 이는 결국 정부청사의 지리적 이격성을 극복하는 보완적 장치 가운데 하나가 될 수 있을 것이다.

행정 각 부처의 내부에서도 계서제의 원리에 따라 장관을 중심으로 하는 수직적 일원구조로 권력을 집중하는 현재의 업무수행 체제는 보다 더 의사결정권을 하향 분산하여 다원적 의사결정체제로 전환해야 한다. 분권적 업무처리체제로 바꾸는 것이다. 이럴 경우 고위공직자의 결제를 받기 위해 일일이 찾아다니는 일에 대한 수요는 크게 줄어들 것이다.

그래도 남는 지리적 이격성에 따른 행정비효율의 문제는 정보통신기기의 활용도를 높여 해소하도록 해야 한다. 중앙행정부서의 지리적 분산배치를 꿈꿀 수 있게 된 가장 큰 사회구조 변화 가운데 하나는 정보사회의 도래가 지리적 이격성을 극복해 주게 되었다는 점이다. 화상회의 시스템을 도입하여 국무회의, 국가정책조정회의, 차관회의 등을 지원하고, 다른 한편으로는 모바일 행정운영체제, SNS를 기반으로 하는 행정업무 시스템을 개발하고 운영하는 일도 조속히 도입되어야 한다. 전자결제 시스템을 엎그레이드 해야 할 것도 물론이다. 국회도 자체의 상임위원회, 본회의 등을 화상회의로 운영할 수 있게 해야 한다. 전자의회의 구현은 행정부의 세종청사 시대가 열리지 않았더라도 이미 단행했어야 하는 일이다.

보다 적극적으로는 원격지 업무센타를 확대, 개발, 보급하도록 하는 일도 매우 중요한 과제다. 행정정보의 클라우딩 체제를 강화하면서 스마트워크센타를 수도권에 분산 배치하는 경우 일종의 재택근무를 촉진할 수 있게 되고, 이는 지리적 이격성에 따른 업무 비용지출을 극복하게 되는 적극적 대안 가운데 하나가 될 것이다. 차제에 이를 보다 적극적으로 확대 보급하는 결단이 필요하게 되었다. 모바일 행정체제나 SNS를 통한 융합행정체제는 이동하는 과정에서도 행정집행을 가능케 한다. 이런 정보통신기기를 이용한 행정운영체계의 개혁과제들은 모두 중앙행정부서의 분산배치에 따른 행정 비효율의 문제가 제기되지 않았더라도 정보사회의 도래와 함께 필히 채택했어야 하는 과제들이다.

그런데 전통적인 행정운영양식을 고수하는 이들 가운데에는 국회의 분원을 세종시에 세우자거나 대통령 집무실을 세종시에도 두자고 하고, 세종시로 이전한 부서의 연락 사무소를 서울에 두자는 제안을 내놓기도 한다. 세종시와 서울 간 급행 KTX을 개발하자는 의견도 있다. 이들은 정부청사의 분산 배치에 따른 물리적 한계를 완화하는 수단이 되기는 하겠지만 이는 모두 세종시로 중앙행정부서를 이전한 궁극적인 목적 가치가 무엇인지를 간과한 것이라는 한계를 안고 있다. 차제에 행정운영양식의 급진적인 개혁을 시도해 보자는 것이 정부청사의 분산배치가 내포하고 있는 숨은 의도이자 목표라는 점을 마음 속 깊이 되새겨 보아야 할 때다. (「대한언론」 2월호, 2013.02.01.).

국가와 시민사회의 관계에서 본 지방분권

세계 제2차 대전이 끝나면서 해방은 우리에게 정치적 독립을 가져다주었다. 일제의 침탈에서 벗어나 독립 국가를 세울 수 있게 된 것이다. 그러나 경제적 독립을 이루기까지는 그로부터도 적지 않은 세월을 기다려야 했다. 70년대의 경제개발계획이 마무리되기 전까지는 상비군을 유지할 경제적 여력이 없어 외국에 의존해야 했고, 국가 재정 또한 거듭되는 적자에 시달렸다. 그러나 경제자립이 가능해진 이후로도 우리의 정신세계는 여전히 수동적, 소극적, 의존적 범주를 벗어나지 못했다. “엽전이 별 수 있나” -- 지금 생각하면 참으로 어이없는 일이지만 -- 는 식의 자조적인 푸념도 자주 들었다.

그러나 90년대 들어서면서 우리도 무언가 자주적으로 성취할 수 있다는 확신을 갖게 되었다. 월드컵은 바로 이런 자존감 회복의 일대 전기였다. 그런 점에서 월드컵은 우리에게 정신적 광복을 가져다 준 셈이다. 이후로도 미선이 효순이 사건, 노무현 대통령 탄핵 반대 운동, 미국산 쇠고기 수입 반대 촛불시위, 최근에 있었던 2040세대의 SNS을 통한 결집 현상 등을 거치면서 정치적 효능감이 축적되고, 그 결과 우리 사회에는 자존적 시민 내지는 자기중심적 사고의 주체가 날로 강화 또는 확산되고 있다.

그런데 이렇게 자존적 시민의식이 확장되면서 기존의 국가와 시민사회의 관계는 더 이상 호소력을 유지하기가 어렵게 되었다. 국가와의 관계에서 피동적 존재로 안분자족하거나 또는 국가로부터 멀어져 공익의 추구를 회피하거나 사익의 탐익 속에 은둔하려 하지 않는 시민상이 늘어나고 있기 때문이다. 흔히 87년 체제를 6.25와 함께 우리 현대사의 분기점이라고 말하지만, 이렇게 우리의 초상이 보다 적극적이고 당당한 존재로 변화하고 있다면 바로 그런 초상에 합당한 양식으로 국가와 시민사회의 관계 내지는 공적 영역의 재편작업이 진행되어야 옳을 것이다. 자존적 시민의 등장에 따라 새로운 역사적 분기점이 마련되어야 마땅하다는 뜻이다. 그러나 아직 그런 사회적인 인식이나 공감대는 크게 확산되었다고 보기 어렵다.

이런 현실인식과 문제의식을 가지고 그 동안 시민사회포럼을 중심으로 시민사회계의 논찬장에서 제기되었던 과제들을 지방분권이라는 창을 통해 들여다보고자 한다. 지방분권은 자존적 시민이 전제되어야 운영 가능한 참여민주주의의 한 양식일 뿐만 아니라 규범적 당위로서가 아니라 회고적 현실로 실체화 할 경우, 우리의 현대사에 있어 매우 의미 있는 분기점이 될 것으로 기대된다. 지방분권이 실체화 하는 경우 국정과정에 대한 일반시민의 의견 투입이 확대되고, 그 결과 정책의 정당성이나 적실성 정도를 높이면서, 단순히 기술적 합리성에 의존하기만 하는 전문가 중심주의의 한계를 극복하는 일에도 기여하게 될 것이다. 그러나 정치행정과정의 이런 획기적인 변화가 언제나 가능한 것은 아니다. 적어도 국가와 시민사회의 관계에 대한 기존의 인식 틀을 바꾸지 않으면 안 된다.

지금까지 국가와 시민사회의 관계에 대해서는 대체로 3개의 대립적 시각이 쟁투를 벌여왔다. 가장 고전적인 것으로는 멀리 플라톤의 철인정치에서부터 가까이로는 막스 웨버의 이념형 관료제에 이르기까지 보수주의 시각에 내재되어 있는 행정국가 모형을 들 수 있다. 행정국가 모형은 오랜 경험을 통해 축적된 기술관료의 전문지식과 합리적 판단능력이 일반시민의 상대적으로 짧은 시관과 마치 무엇이든 해결 가능할 것처럼 믿는 만병통치약적인 단견을 압도해야 마땅하다는 생각 위에 구축되었다. 이런 프레임 하에서는 국가가 시민사회를 상명하달식으로 지휘 통제하는 것은 공공의 유익 증대를 위해 불가피하거나 합당한 일로 여겨진다. 결코 자존적인 시민을 전제하지 않는 셈이다. 이 경우 시민은 직업관료에 의해 대행되는 국가권력에 굴종하거나 또는 그렇게 해야만 하는 존재로 이해된다.

반면에 자유주의 시각은 시장의 원리와 관리합리주의를 신봉하는 가운데 최소 국가론을 통해 자신의 입장을 구체화 한다. 관료에 의한 공적 업무의 독점 내지는 정부의 폐쇄주의적인 운영양식을 비난하면서 국가의 역할은 지역공동체를 유지하는 데 필요한 최소한의 치안을 담당하는 선에서 마무리되어야 한다고 본다. 의미 있는 지역공동체 생활이 가능하도록 지역사회를 조장 지원하는 일이 국가가 담임해야 할 핵심과제 가운데 하나라고 판단한다. 일종의 지역공동체 우선주의에 해당하는 셈이다. 국가와의 관계보다는 시장과의 관계를 보다 더 중시한다는 점에서 비록 하의상달식 의사소통을 지향하는 것이기는 하지만 기본적인 세계관이 미시적이거나 사익 친화적이다. 공동체주의보다는 개인주의에 초점을 맞추면서 개인 간의 거래에 주목하고자 하기 때문이다.

그러나 사회주의 시각을 견지하는 이들은 사실상 보수주의와 자유주의에 대한 일종의 절충주의적 입장을 취한다. "정부의 실패" 이후 국가권력의 일부를 시민사회로 환원하는 과정에서 국가와 시민사회는 끊임없는 대화와 교류를 통해 거버넌스체제를 구축, 운영해야 된다는 것이다. 국가와 시민사회가 상호신뢰에 기초한 파트너십의 관계를 맺을 때 정부실패가 내포하고 있는 다양한 과제들의 해결 내지는 축소가 가능해진다고 보기 때문이다. 국가와 시민사회 사이의 상호주의적인 교류를 지향한다는 점에서 이런 프레임은 보다 자존적인 시민의 존재를 필요로 한다. 자기중심적이지만 기본적으로는 타인과 함께 네트워크를 구축하면서 공동체적 가치를 공유하고자 하는 유연성 내지는 상황조응성을 지녀야 하기 때문이다.

이런 사회주의 시각은 시민사회를 시민들이 모여 서로 가변적인 성격을 지닌 공익의 실체가 무엇인지를 논하고 규정하는 공적영역으로 이해하려 한다는 특징을 지녔다. 공동의 유익을 위해 민주적 양식으로 활동할 수 있는 공간으로 여기는 것이다. 이때 시민은 이익의 공유 그러니까 다른 이와 자신의 것을 함께 승인하려는 의지를 지닌 존재로 인식된다. 어느 일방이 다른 일방을 압도하거나 지배하는 경우 공동의 이익은 결국 침해되고 말 것이라는 믿음 위에 서있는 셈이다. 이런 생각의 연쇄 고리가 네트워크를 이루는 경우 보다 효율적으로 정부를 운영할 수 있게 되고, 실질적인 문제해결에서 진전이 있으며, 서로의 상이한 점을 극복하기 위한 평화적 대안 모색이 가능하게 될 것은 자명한 이치이다.

종합해 보면 국가와 시민사회를 이어주는 연결핀을 보수주의의 경우에는 계서제로, 자유주의의 경우에는 시장적 질서로 그리고 사회주의의 경우에는 네트워크로 인식하는 셈이다. 특히 자유주의는 국가와 시민사회의 관계를 시장을 통해 우회적으로 또는 간접적으로 접근하려는 것이라고 할 수 있다. 그런데 국가와 시민사회를 이어주는 연결고리가 계서제라면 국가의 운영단위를 축소해야 할 이유는 그리 많지 않게 된다. 아니 계서제는 본시 대규모 조직을 보다 효율적으로 관리하기 위해 창안되었다는 점을 상기해 볼 때, 국가경영과정의 분권적 수요와는 거리가 멀다. 오히려 중앙집권적 수요에 조응하기 위한 것인 셈이다. 자유주의의 경우에는 국가와 시민사회 사이의 경계가 연속되지 않고 자율영역에서의 지역공동체를 중시하는 만큼 국가와 시민사회를 서로 긴밀히 연계되어 있는 연속선상에서 파악하려 하지 않는 셈이다.

그러나 사회주의 시각에 이르면 크게 달라진다. 국가와 시민사회가 끊임없이 대화와 교류를 통해 소통하고 조응하며 타협적 공생의 길을 걷는 것으로 이해한다. 따라서 양자의 관계는 아코디언식 개념의 틀을 통해 파악 가능하게 되고, 그런 점에서 무수히 다양한 수준에서 국가와 시민사회 사이의 권력분점 내지는 경계설정이 가능하게 된다. 국가와 시민사회는 각기 장단점을 갖는 만큼 시대상황이나 주어진 조건의 특성에 따라 다양한 양식으로 양자의 기능적 특성이 배합된다는 의미다. 일반적으로 국가보다는 시민사회가 보다 더 역동적이고, 개혁적이며, 효율적인 것으로 평가된다. 반면에 국가는 보다 덜 유연하고, 구식이며, 관료에 의한 지대추구로 인해 문제가 적지 않은 것으로 인식된다. 양자는 일종의 시소관계에 있는 셈이다.

따라서 지방분권을 국가권력이 시민사회로 환원되는 과정에서 발견되는 잠정적 힘의 균형현상으로 이해하고자 한다면, 그때의 지방분권은 당연히 사회주의 관점에서 본 국가와 시민사회의 관계에서 그의 개념적 좌표를 찾아야 마땅한 일이다. 국가의 상명하달과 시민사회의 하의상달이 상호 교차하는 접점에서 국가권력의 재편이 이루어지고, 그 재편의 결과를 자치정부라고 한다면 자치정부는 국가와 시민사회를 이어주는 연속선상의 어느 한 지점에 위치한다. 같은 자치정부라고 하더라도 국가에 가까운 경우와 시민사회에 가까운 사례로 구분되기도 할 것이다. 국가적인 요소와 시민사회적인 요소를 어떤 배합비율에 따라 혼합하느냐에 따라 실로 다양한 유형의 자치정부 구성이 가능한 것이다.

그러나 아무리 시민사회에 가까운 접점에서 자치정부가 구성된다고 하더라도 그것이 곧 바로 시민사회적 결사만을 의미하는 것이 될 수는 없다. 국가는 어느 경우에도 소멸하는 것이 아니라 단지 그가 수행하는 기능의 범주 내지는 성격을 축소하거나 다르게 변화시킬 뿐이기 때문이다. 예컨대 정책의 기본목표 설정, 정책결정 참여자 범위의 결정, 이익과소대표조직의 활동 촉진, 최소실적기준의 책정, 정보공개 및 유통의 지원, 자기규제가 실패할 경우 개입할 수 있는 권리의 유보와 같은 정치공동체 자체의 규제 관련 업무는 자발적 결사와는 본디 거리가 먼 과제로서 국가 고유의 영역에 속한다.

다른 한편 자치정부 구성에 있어 국가와 사민사회의 배합비율이 보다 더 시민사회 쪽으로 접근하면 할수록 그 구성의 단위 규모는 더 작아지고 국가와 시민사회를 이어주는 연결핀의 길이도 짧아지게 된다. 전환비용의 규모가 줄어드는 탓이다. 전국을 단위로 하는 중앙정부가 정부운영의 실적평가기준을 정할 수는 있는 일이지만 이를 감시 감독하고 확인하는 데에는 많은 비용의 지출을 필요로 한다. 중앙정부가 보편적이고 일반적인 국정운영의 목표를 설정할 수는 있어도 이를 집행하기 위해서는 개별적 사례의 환경적 조건을 감안해야 한다. 정책목표가 매우 복잡하거나 다원적인 것이어서 일반화의 정도가 높은 수준에서나 목표설정이 가능한 경우 정책집행 단위의 규모를 줄여서 추상성의 정도를 낮추지 않을 수 없는 일이기도 하다.

중앙정부의 인식능력이나 정책집행능력의 범주를 넘어서는 목표를 추구하고자 하거나 시대상황이나 사회구조의 이질성, 복잡성,

취약성이 높은 경우, 시민사회가 담당해야 할 역할의 비중이 높아지게 될 것은 당연한 이치이고, 그런 만큼 지방분권 수요가 커지는 것은 물론이다. 이런 점에서 보면 정보화 사회의 도래 이후 우리 사회가 보다 복잡성, 이질성, 광역성을 더 하고 지구화 시대의 도래와 함께 중앙정부의 이격성, 분절성, 경직성이 상대적으로 높아지고 있다는 점을 감안해 볼 때, 자치정부 구성에 있어 국가적인 요소보다는 시민사회적 요소의 배합비율을 높여야 하는 수요에 직면해 있음을 직관하게 된다.

그러나 시민사회 배합비율이 높아지는 경우 몇 가지 문제점에 봉착하기 쉬운 것도 사실이다. 우선 불완전 대표성의 문제를 들 수 있다. 시민사회단체에 의한 자치과정에의 참여는 불평등하기 일쑤다. 가난하거나 학력이 낮거나 해서 한계영역에 놓여있는 사회열등세력들은 스스로 조직화 하거나 그것을 통해 세력화하기가 쉽지 않다. 분산형 이해관계자와 집적형 이해관계자 사이에도 비슷한 양식의 불균형 문제가 발생한다. 상품의 소비자 같이 서로의 소재를 파악하기가 쉽지 않거나 지역적으로 광범위하게 퍼져 있어 조직화하기 어려운 경우는 상대적으로 서로의 소재를 쉽게 파악할 수 있고 지역적으로도 비교적 지근거리에 있는 생산자에 비해 조직화나 상호협동력 동원에 있어 불리할 수밖에 없다. 이로 인해 어떤 단체의 대표성이 다른 단체의 대표성을 압도하거나 그 결과 정책과정을 포획하게 될 위험성도 상존한다. 가장 심각한 과제는 사익추구집단이 공익추구집단을 정치적으로 압도하게 되는 경우다.

이런 문제를 해결하기 위해서는 국가적인 요소를 강화해서 다양한 자원을 동원하고 이를 토대로 과소 대표된 집단의 이익불균형을 시정하도록 노력하거나, 공동선을 추구하는 단체들을 적극적으로 지원해서 보다 보편적인 이익을 추구해 나가도록 독려하거나, 조직의 포괄성 정도를 높이는 일 등이 필요하게 된다. 무엇보다도 시민사회단체 내부 민주주의의 구현을 위해 노력해야 한다. 조직의 지도자와 회원 사이에서 정기적으로 회합이 이루어지고 의견교환이 일상화 하는 경우에만 그 사회가 당면하고 있는 문제점에 대한 기초정보와 공동의 과제 해결을 위한 지혜의 축적이 가능할 것이기 때문이다.

보다 본질적인 문제로는 시민사회 구성원 간의 소통이 담론이 아니라 담합으로 얼룩질 수도 있다는 점이다. 시민사회 구성원 상호간의 협력과 협동을 통해 사회문제 해결에 나서고자 한다면, 각자의 이익만을 추구하는 이기적인 타협의 교차가 아니라 서로의 논지 교환을 통한 대화에 나서도록 해야 한다. 이 경우의 대화는 단순한 정보의 교환이나 이익의 거래와는 다르다. 상대방의 입장이나 견해에 대한 이해를 통해 내면의 세계에서부터 새로운 깨달음이나 학습과정이 진행되고, 그 결과 서로의 입장 차이를 극복하는 일에 진전이 있었음을 뜻한다. 집단지성은 이런 경우 기대할 수 있는 지혜의 확장 현상을 말한다.

그러나 보다 더 중요한 것은 모든 지방분권이 이런 과정을 거쳐 국가와 시민사회의 관계를 재조정하고 그 결과 시대상황의 변화에 조응하려는 동기에서만 추동되는 것은 아니라는 점에 있다. 오히려 대부분의 경우는 권력의 정당성을 과시하거나, 중앙정부의 개혁의

지를 정치적으로 상징하고자 하거나, 정치지도자에 대한 사회적 불신을 희석하거나, 중앙정부의 재정적 위기를 모면하거나, 비민주적인 정부의 민주성을 가장하거나, 정치적 책임성과 개방성을 과시하거나, 권력의 정당성을 동원하기 위한 필요 따위에서 비롯되는 것이 보통이다. 이는 진정한 지방분권이 추진되려면 권력의 분권 내지는 민주화가 선행되어 있어야 함을 뜻한다.

그러나 지방분권을 국가에서 출발하여 시민사회로 환원하는 과정의 일부라고 인식하는 경우, 지방분권은 참정권의 회복이라는 점에서 권력의 자치화 내지는 민주화를 지향하는 작업임에 틀림없다. 그러니까 정치적 민주화를 위해서는 지방분권이 전제되어야 하지만 진정한 지방분권이 이루어지기 위해서는 정치적 민주화가 선행되어 있어야 한다는 일종의 형용모순에 빠진다. 지방분권은 민주화의 결과물이지만 동시에 수단적 방편이기도 한 이중성을 지녔다. 바로 이 지점에 서면 왜 87년 체제 이후 우리 사회가 새로운 분기점을 향해 도약하지 못한 채 지지부진 하는가에 대한 설명이 가능해지며, 왜 이 시점에서 새로운 도약대로서 지방분권을 말해야 하는지가 분명해진다.

87년 체제는 절차적 민주화를 가져왔는지 모르지만 권력의 민주화를 이루지는 못했던 것이다. 그리고 그 권력의 민주화를 위한 필요조건에 해당한다고 믿어지는 자존적 시민의 확산 현상을 목도하게 되는 만큼, 이제는 지방분권이라는 우리 사회의 새로운 분기점을 향해 나래짓을 펴도 과욕이라고 할 수 없게 되었다. 그 동안 시민사회포럼이 지방분권을 우리 사회가 당면한 주요 화두 가운데 하나라고 보고 이를 줄기차게 다루어 온 이유도 바로 여기에 있다. 이 자리를 빌리어 그 동안 지방분권을 다루는 여러 논찬에 참여해 발제하거나 토론에 참여해 주신 이 분야의 전문가 및 활동가 여러분께 진심으로 감사의 말씀을 올린다.

그 동안 시민사회포럼은 모두 4권의 책을 엮어냈다. 지난 10년여 동안 「시민사회와 시민운동」, 「위기의 한국시민사회」, 「한국민주주의와 시민사회」, 「지구화 시대의 한국시민사회」 등을 주요 화두로 삼아 시민사회 내부의 자기성찰과 시대정신을 공유하는 일에 기여하고자 했다. 「지방분권과 한국시민사회」를 여기에 추가하는 것은 중국 명나라 때 전란으로 흐트러진 호적을 바로잡기 위해 10년마다 정비했다는 부역황책[賦役黃冊] 같은 일의 하나라는 생각도 갖는다. 흐트러진 우리 사회의 질서를 재편하는 데 필요하다고 판단되는 화두를 정리해 나가는 작업에 일단 쉼표를 찍게 되었기 때문이다.

(「지방분권과 한국시민사회」 서문, 2012.04.)

제3세대 시민운동과 한국시민사회연감

대전환기에 들어섰다. 87년 체제 이후 지속되어 온 주의주창운동 중심의 시민사회는 이제 서비스 제공 중심의 풀뿌리 운동에게 그의 주도권을 내주고 있다. "시민 없는 시민운동"의 시대가 저물고 촘촘히 쳐진 그물망 위에 펼쳐지는 지역공동체 운동이 지역의 어느 곳에서나 활발한 성장세를 타고 있다. 시민운동 1세대와 2세대의 정치권 진입으로 인해 시민사회에 남겨진 3세대의 부담이 이만저만이 아니라고 하는 이도 있지만, 이는 사회발전의 정상정인 수순으로 이해되어야 옳을 것 같다. 제 기능을 수행하는 정당이라고는 눈을 씻고 찾아보아도 만나기 어려운 시대상황 속에서 그 빈자리를 채워 유사정당적 기능을 수행해 온 시민운동의 1세대와 2세대가 정치권으로 수렴되는 것은 사회발전단계론의 시각에서 볼 때 당연한 수순으로 여겨지기 때문이다. 사실상 우리의 시민사회가 지금까지 수행해왔던 기능적 실체를 캄잉아웃하거나 또는 실명화하는 일에 해당하는 셈이다. 서구의 정당이 사회운동의 연장선상에서 원외정당화 하고, 그 원외정당이 다시 원내정당으로 이동해 왔다는 저간의 사정을 상기해 보면, 이제야 우리가 정상적인 정당체제의 시대로 접어드는 것은 아닌가 하는 생각이 들기도 한다.

그런 시민사회의 대이동 내지는 극적인 구조개편이 진행되는 과정에서 펴내는 이번의 한국시민사회연감은 단순히 시민사회의 현주소를 기록하는 편연사적인 의미 이상의 것을 함축한다. 우리의 시민사회가 진행해 나가야 할 방향을 제시하는 이정표이기도 하고 스스로를 되돌아보게 하는 자기 성찰의 씻김굿터로도 활용될 것이기 때문이다. 무엇보다도 중요한 것은 시대의 당위로 부상한 거버넌스체제가 도입되고, 또 성공적으로 운영되기 위해서는 바로 이런 기초 자료의 정리가 필수적 과제라는 점이다. 해가 거듭할수록 담기는 내용의 정교성이나 포괄성 정도가 높아진다는 세간의 평가도 듣기 좋은 일이다. 쉽지 않은 일에 헌신해 온 연감 관련자 여러분께 격려와 함께 축하의 말씀을 드린다. 아무쪼록 널리 활용되어 우리 사회가 한 단계 더 도약하는 디딤돌이 되어주기를 기원해 마지 않는다. (「한국시민사회연감」 추천사, 2012.01).

후기근대의 분권사회와 시민리더십

1. 서론

안철수 현상은 이 시대를 사는 우리 모두에게 많은 것을 다시 한 번 돌이켜보도록 한다. 그리고 그 돌아봄 가운데 가장 큰 깨달음은 아무래도 누구도 이 시대의 진행경로를 말할 수 없게 되었다는 사실일 것이다. 이를 두고 질풍노도의 시대라고 말하는 이도 있고 혼돈의 극점에 서게 되었다고 말하는 이도 있다. 너무 급작스러운 일이라고 보는 이도 있겠지만 이미 예견된 것이나 같다는 분석도 적지 않다. 어찌 되었건 기성의 질서 또는 체제에 대한 극도의 불신이 불러온 현상이라는 데에는 대체로 이견이 없는 것 같다.

이를 외부세계의 눈으로 본다면, 제2차 세계대전 이후 지구촌에서 유일하게 정치발전과 경제발전을 모두 성취했다고 알려진 나라에서 어떻게 기성의 체제에 대한 불신이 그리도 깊고 광범위하냐고 놀라워하지 않을 수 없을 것이다. 경제적 외형으로만 치자면 한국은 이미 대단한 나라가 되었다. 아프리카 대륙에는 모두 53개국이 있는 데, 이들의 GDP 총액이 6천억불인 데 반해, 우리의 GDP 총액은 6천7백억불을 상회한다. 아프리카 대륙보다 큰 나라가 된 것이다. 전세계 TV 판매시장에서 1, 2등을 다투는 기업이 모두 우리나라에 있고, 전자제품은 일본의 최우수 10개 회사가 얻는 연간 수익 총액보다 삼성 SDI 하나가 얻는 것이 더 많게 되었다(차피득, 2011).

그럼에도 불구하고 사회갈등의 심연은 매우 깊다. 언제 한번 전국민이 편안하게 불 끄고 잠들어 본 일이 없는 것 같다. 삼성경제연구소에 의하면 2009년 현재 우리 사회의 갈등비용이 300조를 상회하는 것으로 추계되었다(박준, 2009). 2012년도 예산총액이 3백40조라는 점을 상기해보면 우리 사회의 갈등정도가 얼마나 심각한 수준에 이르렀는가를 손쉽게 진단해 볼 수 있다. 우리 사회가 이렇게 된 데에는 실로 다양한 요인이 작용한 것이겠으나 흔히 정부운영체계상의 정당이나 의회 같은 외생적 갈등관리기구들이 한국적 변용을 거듭하면서 제 역할을 다하지 못하게 되었다거나, 극한대치를 거듭해온 분단국가의 결손현상 또는 정치지도자의 탐욕이나 무지 따위가 주요인자로 지목되곤 했다.

그러나 이들은 모두 현상의 표피에 지나지 않는 것일지도 모른다. 적어도 작금의 사회적 갈등과 좌절을 설명하기에는 충분치 않다. 앞서의 요인들은 어제, 오늘 생겨난 것들이 아니기 때문이다. 근자에 들어서면서 보다 심화된 어떤 원인요인이 있어 이들 모두를 수렴하면서 사회 대변혁에 대한 욕구를 촉발하는 것이 아닐까? 그렇지 않고서야 어찌 이리도 광범위하고 본질적이며 근원적인 변화에 대한 수요가 최근 들어 폭발적으로 증가하는 것일까? 왜 아무도 미래를 예측할 수 없으며 대안을 제시할 수 없는 것일까? 이러한 문제의식과 현실진단을 토대로 여기에서는 그 분출의 촉매가 근자에 들어서면서 강화되고 있는 더 많은 자유에 대한 갈망이라고 보고자 한다. 더 많은 자유에 대한 욕구가 분출하면서 그 동안 당연한 것으로 여겨져 간과하거나 또는 체념하던 것들에 대해 문제를 제기하기 시작하게 되었고, 그 결과 갈등의 심연과 외연이 커지게 된 것으로 여겨지기 때문이다.

우리의 과거를 돌아보면 매우 역설적이기는 하지만 그 동안 우리 사회가 성취한 압축적인 경쟁성장은 그 성장을 가능케 했던 권위주의체제에 대한 사회적 저항능력을 강화하는 결과를 낳았다. 이는 정치발전을 견인하는 토대가 되었다. 그러나 이를 통해 성취한 절차적 민주주의가 실제로는 국민 개개인의 자의적 의사결정권이나 정치적 효능감을 크게 확장시켜주지는 못한다는 인식이 확산되면서 "더 많은 자유 내지는 자유주의"에 대한 갈망을 촉진하게 되었다. 그러나 근대 초기 자유주의의 작동원리 내지는 그 구현을 위한 디자인으로 제시되었던 기존의 질서 내지는 체제가 후기근대로 들어서면서 더 이상 작동력을 잃자 "더 많은 자유 내지는 자유주의"에 대한 열망은 패러다임 정체에 대한 실망과 함께 새로운 대안정부에 대한 갈증으로 치환되는 변화를 낳고 있다.

2. 자유주의의 작동원리와 후기 근대

자유주의는 통상 국가로부터의 간섭이나 억압으로부터 벗어나 자유로운 의사결정의 주체로 활동할 수 있게 되는 정치적 자유의 차원과 그런 정치적 자유의 현실적 구현을 가능하게 하고 그렇기 때문에 정치적 자유의 요람 또는 디딤돌이라고 할 수 있는 경제적 자유의 차원으로 구분된다. 그런데 바로 이런 정치적 자유와 경제적 자유를 구동하게 하기 위한 장치로 그 동안 고안, 운영되어 온 기성의 체제와 질서가 모두 후기근대로 들어서면서 그의 사회구조적 모순으로 인해 더 이상 효율적으로 작동하지 않게 되었다.

2.1. 경제적 자유주의의 모순

근대의 산업화과정은 경제적 자유주의의 구동 원리로서 자본주의와 이를 담보하는 시장의 원리를 고안해 냈다. 정치적 자유의 구체적 존재양식인 개인의 자율적 의사결정권이 경제적 차원의 자의적 처분권과 연동되면서 개인의 자유는 개인적 소유의 개념과 악수하게 된 것이다. 그러나 경쟁과 창의를 지향하는 자본주의가 극단적인 시장주의, 개인 자유 만능주의로 빠지면서 정글의 법칙이 지배하는 빈익빈 부익부 현상을 낳게 되었다. 경쟁이 동반하는 약자필패와 승자독식의 원리는 "정부 내의 정부(State in State)" 현상을 가져오기도 한다. 이런 자본주의의 모순과 한계에 대한 우려가 시장에 대한 정부개입의 정당성 근거가 되었고, 그에 따라 행정국가 시대를 열었다.

그러나 정보사회의 도래와 이에 따른 지구화 시대가 등장하면서 자본주의의 지구적 팽창이 국가의 경계를 넘는 지구시장경제체제를 낳았다. 이른바 경제의 무국경화 시대를 불러온 것이다. 그런데 근대 국민국가는 주권, 영토, 국민으로 구성된다. 국민국가란 자기 영토의 범위 내에서만 영토고권을 인정받는 존재다. 지구경제체제는 이런 국가 간의 경계를 넘어 전 세계를 상대로 활동하는 기업군을 낳았기 때문에 기업들이 국가의 최고고권이 미치지 않는 영역에서 활동할 수 있게 된 것이다.

따라서 자본주의의 모순을 국가개입을 통해 시정하거나 개선하는 일은 이제 더 이상 효과성을 담보할 수 없게 되었다. 아니 개입이 설사 가능하다고 하더라도 이는 비용발생으로 전환하면서 관련 기업의 지구시장경제체제 하에서의 경쟁력을 약화시키는 요인으로 작용하게 된다. 그런데 지구시장경제체제는 시장의 일원화를 말하는 것이기 때문에 지구시장에서의 패배는 기업 존망에 관한 문제가 된다. 그렇기 때문에 기업활동에 대해 섣불리 국가가 개입하거나 기업이 함부로 이윤 이외의 것을 추구하기는 어렵게 되었다. 과거 같으면 국가가 개입하여 승자의 과실 가운데 일부를 사회복지 차원에서 패자에게 지원하는 자원재배분정책의 집행이 상대적으로 쉽게 이루어졌지만, 경쟁이 보다 치열해진 지구경제체제 하에서는 이런 재분배정책이 자국 기업의 지구차원 경쟁력 약화를 감수해야 한다는 과제를 동반하게 된 것이다.

보다 근본적인 변화는 공장식 생산양식과는 다른 경제관계가 구성가능하게 되었다는 점이다. 산업사회적 생산양식은 자본과 노동의 투입을 통한 제조업에서 그 생산의 근간을 찾는다. 그러나 정보사회의 도래는 지식과 정보를 토대로 하는 복제생산의 길을 열면서 생산이 결코 순비례적으로 고용을 창출하지는 않는 새로운 시대를 열게 되었다. 과거 산업사회 같으면 생산과 고용이 선순환관계를 형성하면서 고용이 구매력을 낳고, 구매력이 다시 생산을 촉진하는 것이 보통이다. 그러나 생산이 고용을 창출하지 않는 생산 메카니즘 하에서는 자본의 노동에 대한 협상권을 기하급수적으로 강화하면서 경제적 약자의 발언권을 축소하거나 강자독식의 관계를 보다 더 강화하는 변화를 낳았다. 자본이 범지구적으로 이동 가능한데 반해, 노동의 국가 간 이동이 제한되어 있다는 점도 자본의 노동에 대한 협상권을 강화하는 또 다른 이유다. 이런 상황 하에서는 경제적 양극화와 청년실업이 예고된 것이나 같다. 1% 대 99%의 사회를 여는 것이다. 고용이 확대되지 않아 국내 시장에서의 구매력이 약화되더라도 지구시장에서의 경쟁력만 유지한다면 기업의 승승장구는 계속된다.

이 경우 노동시장에 아직 유입되기 전이거나 경쟁력이 상대적으로 취약하기 마련인 청년이 가장 치명적인 영향을 받기 마련이다. 청년실업과 그에 따른 좌절과 분노가 전지구적으로 확산하는 이유다. 미국의 "월가를 지배하라"는 시위나 영국의 청소년 소요사태 그리고 우리 사회의 20/30 세대가 보이는 기성의 질서에 대한 반감이 이를 잘 증명한다. 과거 같으면 이런 생산양식상의 모순구조를 지구 차원의 패권국가가 자신의 입맛에 맞도록 전지구적인 질서개편을 통해 해결하는 것이 보통이었다. 최근의 양차 세계대전이 그랬다. 전후에는 계속되는 세계경제질서 재편 시도가 여기에 속한다. 브레튼우즈 협정이나 우루과이 라운드, WTO체제의 도입 등으로 구체화 되었다. 기존 시스템이나 질서를 무시하고 자신에게 유리한 체계를 부팅하는 것과 같다. 그러나 지금과 같이 국가 간의 경계가 무너지고 경제활동이 서로 긴밀하게 연동되어 있는 시대에는 어느 한 곳의 체제실패나 질서붕괴도 자국의 안녕과 무관할 수 없다. 함부로 어느 누구도 보편적이거나 일원적인 조정정책을 들고 나오기 어려운 이유다. 선별적, 차등적 조정정책으로 FTA 체제가 등장하는 이유이기도 하다.

2.2. 정치적 자유주의의 한계

더 많은 정치적 자유주의에 대한 요구는 의사결정권의 실질적인 확대와 함께 정책과정에 대한 참여증대를 요구하는 것이지만, 기존의 간접민주주의제도는 이를 수용할 수 있는 기관능력을 갖추었다고 보기 어렵다. 대의제도로 구체화 되는 의회민주주의는 그 구성의 원리 자체가 미완이거나 불완전한 제도다. 대리인이 언제나 주인의 이해관계를 대변하기 위해 최선을 다할 것이라는 가정부터가 천진난만한 것일 뿐더러, 비록 진지하게 주인의 의견을 경청하고 대변하고자 하는 대리인이라고 하더라도 자신이 대표하는 수십만명의 이해관계나 정책적 선호를 경청하고 이를 종합 정리하여 하나의 통일된 의견으로 제시한다는 것이 실제로는 불가능할 뿐만 아니라 유권자의 정책적 선호 자체가 매우 유동적이고 즉흥적인 요소를 지니고 있기 때문이다. 특히 다수결원리에 기초한 의회운영양식은 승자독식을 정당화 하는 가운데 소수자의 체계적인 배제를 낳는다는 점에서 문제가 적지 않다. 보다 근본적인 문제는 대의제도가 국민 대표성을 비례성의 원칙에 따라 구체화 하려는 경우, 사회적 약자에 대한 배려는 외면된다는 점이다. 선거과정의 단순종다수제도가 대표적인 사례다. 일종의 승자독식체제가 되는 셈이다.

이런 간접민주주의는 원래 아테네의 사유민주주의가 산업사회적 생산양식에 기초한 대량생산체제와 상합하면서 참정권에 대한 폭발적인 요구에 조응한 결과였다. 고전적 직접민주주의가 제한적인 도시민에게만 참정의 권한을 부여하던 때로부터 국민 모두에게 참정의 권리를 인정해주는 체제로 전환한 것이다. 그런 점에서 이를 민주주의 2.0이라고 부를 수 있을 것이다. 그러나 정보사회와 그에 따른 지구화 시대가 도래하면서 이런 간접민주주의의 제도적 장치들을 보다 비판적 시각에서 검토하려는 관점들이 분출하게 되었다. 먼저 지구화 시대의 정책적 연결망이 국가 간의 경계를 초월하면서 한 나라의 일국주의적인 정책결정체계는 더 이상 지구적으로 연결되어 있는 정책과제를 감당하기 어렵게 되었다. 지구화 시대의 국민국가는 스스로 정책관리능력상의 한계점을 노출하고 있는 셈이다. 이런 문제의식이 지구공동의 문제를 해결하기 위한 장치로 UN이나 WTO 같은 지구정부적 성격의 국제기구나 의사결정체제 또는 NAFTA, ASEM, APEC 같은 지역정부적 성격의 기구들을 조직해내고 있지만, 이들 기구를 운영하는 이들에 대한 지역주민 내지는 지구시민의 직접적인 대리권 위임이나 선임은 없었다. 일국 정부를 구성하는 국민의 대리인들이 모여 이들 기구를 구성, 운영하는 대리인을 선출하는 것이 보통이기 때문에 결과적으로 대표성의 이중적 왜곡이 약속되어 있는 것이나 같다. 바로 이런 지구화 시대의 대표성 왜곡현상을 빗대어 민주주의 3.0 시대의 도래라고 말할 수 있을 것이다.

비록 지구화 시대의 범지구적인 연결망을 반영하는 정책관리기구가 생겨난다고 하더라도 여전히 문제는 남는다. 지구화 시대의 세계주의와 일국주의에 토대를 둔 민족주의적 가치를 어떻게 융합하느냐의 문제가 남기 때문이다. 지금과 같이 지구시장경제체제를 활용한 중상주의적인 교역경제에 의존하는 우리로서는 당연히 세계주의의 가치를 강조해야 하지만 그렇다고 해서 세계주의를 국정운영의 원리로 채택하는 경우 일국주의적 응집력 내지는 민족중심의 결속력을 유지하기가 어렵게 된다. 그러나 그렇다고 해서 민족주의적 가치관이나 응집력을 강조하는 경우에는 교역상대국의 반발을 불어오면서 우리의 중상중의적 경제활동을 어렵게 할 가능성이 커지게 된다. 이는 최근 확대일로에 있는 한류의 경우를 보더라도 자명해진다. 한류를 문화적 가치의 범지구적 공유 내지는 기여의 차원에서 접근하지 않고 단지 경제적 팽창주의의 한 양식으로 접근하는 경우, 대상국가의 혐한류를 촉발하면서 더 이상의 한류 확장이 어렵게 될 것은 자명한 이치다. 그러나 그렇다고 해서 문화의 공유 내지는 확산에만 주목하는 경우 그를 통해 우리 사회가 얻고자 하는 구체적 유익이 무엇인지를 구체화 하기는 쉽지 않다.

정보화 시대의 보다 근본적인 과제는 대의정치의 근간이라고 할 수 있는 정당체계가 더 이상 기대기능을 수행할 수 없게 된다는 데에 있다. 원래 정당체계는 지역사회의 현안 과제에 대한 지역주민의 의사를 결집하고 이를 다시 군당이나 도당 같은 보다 포괄범위가 넓은 상위 지역공동체에서 종합하여 전국적인 정책우선순위나 대안을 개발하는 데에 존립이유를 두는 갈등관리기구 가운데 하나다. 정당은 점진주의적, 단계적 과정을 통해 순차적으로 이견을 조정해 나가는 장치인 셈이다. 따라서 정당이 제 기능을 다하기 위해서는 시간적, 공간적 여유가 전제되어 있어야 한다. 그러나 정보화사회에서는 지역에서의 현안과제가 일시에 전국적 과제로 전환하면서 미처 이견을 조정하고 타협할 수 있는 시간공간을 허락하지 않는다. 바로 이점이 정당기능을 퇴락시키는 결정적 요인으로 작용하고 있다. 오늘날 전세계의 거의 모든 나라들이 정당정치의 위기에 시달리는 주요요인 가운데 하나다.

여기에 더해 정보사회는 정보유통의 협송성이 강화되면서 사회구성원간의 관계를 파편화하는 속성을 지녔다. 정책공동체의 범위가 광역화하는 것도 사실이다. 더 많은 자유가 더 다양해진 정책선택지를 제시하게 될 것도 물론이다. 이렇게 보다 더 다양해진 사회구성원 사이에서 공동의 이해관계를 구성하거나 포착하기가 어려울 것은 당연한 일이다. 정보화로 인한 사회관계의 밀도와 강도가 높아지면서 정부개입의 여지가 급속히 축소되고 있다는 점도 문제다. 사회관계가 보다 복잡한 만큼 인과관계의 추적이 용이하지 않고 그렇기 때문에 문제해결 대안의 모색이 쉽지 않다. 어찌어찌하여 대안을 개발한다고 하더라도 이를 토대로 문제해결에 나서는 경우 간섭효과가 발생하면서 문제의 성격을 바꾸는 변화가 나타나게 된다. 대의과정이나 그 결집된 의사를 집행한 결과가 예전만 갖지 못할 것은 당연한 일이다.

3. 공동체주의에 의한 보완요구와 거버넌스

더 많은 경제적 자유에 대한 요구가 경제적 양극화와 청년실업을 낳고, 더 많은 정치적 자유주의에 대한 요구가 있음에도 불구하고 사회적 합의의 도출이나 집행이 더 어려워지는 시대환경의 도래는 이를 보완하기 위한 방안 가운데 하나로 자유주의에 대한 균형자 역할을 수행할 공동체적 가치에 대한 수요를 촉발하기 마련이다. 방만한 자유주의 또는 자유지상주의의 한계를 극복하기 위해서는 공동체적 유익을 강조하는 자기성찰과 헌신을 필요로 하는 까닭이다. 근자에 들어서면서 우리 사회 일각에서 공동체자유주의나 공생발전에 대한 논의가 제기되는 이유이기도 하다. 우선 경제적 자유주의의 관점에서 볼 때, 시장의 원리가 말하는 등가적 교환관계에는 그런 교환을 통해 승자와 패자를 가르거나 승자를 승자가 되도록 하는 특정의 경제공동체 자체의 가치 또는 비용에 대한 평가가 계산되어 있지 않다는 것이다. 따라서 경제적 승자란 그가 승자가 되도록 허용하거나 부역한 특정한 형태의 경제공동체의 수혜자에 다름 아니라는 것이다. 그러므로 경제적 승자에게는 그런 경제공동체의 유지에 대한 비용 부담 책임을 물어야 한다는 논리다. 그에 따라 기업의 사회적 책임을 말하는 자본주의 4.0 시대를 열고 있다. 그러나 기업의 사회적 책임론은 그 사회적 책임이 기업의 자발적 선택과 그에 따른 시혜적 성격의 것이라는 점에서 여전히 의사결정의 주도권을 경제적 승자 또는 상위 1%에 부여한다는 한계를 갖는다.

따라서 사회공동체 구성원으로 하여금 그 공동체 유지에 따르는 비용을 산출케 한다거나 또는 기업의 사회적 책임 정도를 결성하게 해야 마땅한 일일 것이다. 그럴 경우 사회공동체 구성원의 정치적 자유 확장에 대한 수요로 이어지게 될 것은 자명한 일이다. 이렇게 더 많은 정치적 자유에 대한 수요가 증대하고 있음에도 불구하고 시대환경의 변화로 인해 오히려 국민의 발언권이나 실체적 참여의 가능성은 감소하고 있다는 자각이 국가와 시민사회의 거리를 좁혀 공동체적 가치가 보다 직접적으로 정책과정에 투입되도록 해야 한다는 인식의 전환을 불러오고 있다. 정치적 대리인에게 위임되어 있던 의사결정권을 국민 개개인에게 돌려주자는 것이다. 이를 위한 구체적 대안 가운데 하나가 바로 거버넌스체제의 도입이다. 지금까지 국가 또는 정부의 대리인들이 독점해 온 정책결정권을 시민에게 환원하여 국가와 시민사회 또는 정부와 시민이 토론과 대화를 통해 공동 결정하도록 하자는 것이다. 이는 지금까지 국민의 20%가 좌우하던 국가경영의 헤게모니를 나머지 80%에게 돌려주자는 것이며 이런 권력주도권의 변화가 가능하게 되는 이유 가운데 하나가 바로 정보사회의 도래로 인한 정보통신기술의 정치적 활용에 있음은 주지의 사실과 같다. 시민 리더십을 통한 80:20 사회 또는 롱테일(long-tail) 정치시대를 열자는 뜻이다(Anderson, 2006).

그러나 이런 거버넌스체제의 운영 또는 시민리더십 시대의 도래가 소기의 성과를 약속하기 위해서는 우선 국민이 이런 국정참여에 필요한 준비를 갖추고 있어야 한다. 합리적이고 이성적인 판단과 민주적 토론을 운영할 수 있는 성찰력을 필요로 한다. 그러나 우리의 경우는 이런 성찰적 시민 또는 교양있는 시민을 길러낼 수 있는 역사문화적 경험을 축적하지 못했다. 따라서 보다 적극적으로 이런 시민을 육성할 수 있는 방안이 무엇인지를 고민해 보아야 한다. 거국적으로 민주시민교육을 실시하여 단기간내에 민주적 교양을 갖춘 시민을 양성해 내는 일도 한 방법일 것이다. 그러나 민주시민교육의 가장 효율적인 방안 가운데 하나는 국정운영과정에 대한 참여 자체에 있다는 점을 상기하고 참여기회를 확장하는 일에도 유의해야 한다(이승종, 2009:32). 이점에서 거버넌스체제의 도입은 자기 모순적 한계를 갖는다. 시민참여의 확장을 위해 거버넌스체제를 도입하자는 것이지만 거버넌스체제의 작동이 가능하려면 시민참여를 확장해야 한다는 형용모순에 빠지는 것이다.

참여기회가 확장된다고 하더라도 문제는 여전히 남는다. 정부와 시민이 공동협력하는 과정에서 과연 협력의 공정성이 보장될 수 있냐의 문제가 제기된다. 이를 위해서는 협력의 구체적 양식인 토론의 정당성이 확보되어야 한다. 민주주의의 철학적 원리에 합치되는 토론과정을 통해 정부의 대리인과 시민이 서로 정보를 교환하고 의견을 나누며 학습과정을 통해 일종의 합의에 도달할 수 있어야 한다. 토론문화운동을 전개해야 하는 이유다. 그리고 이런 국가와 시민사회 간의 의사소통이 정보통신장치의 지원을 받는 것이라고 한다면 참여의 공정성 확보를 위해 정보격차(Information Divide)를 개선하는 일이 필수적 과제다. 그러나 이런 거버넌스의 구현을 위한 전제조건들 가운데에서 가장 핵심적인 것은 아무래도 분권사회의 구현에 있을 것이다.

4. 거버넌스와 분권사회의 관계

거버넌스가 국가와 시민사회 또는 정부와 시민 사이의 협업적 공조체제를 지향하는 것이라고 한다면, 그런 협업관계는 국가와 사민사회 간의 거리가 좁혀질수록 보다 효과적으로 운영될 수 있을 것이다. 협업단위로서의 공동체 규모가 작아야 한다는 의미다. 무엇보다도 거버넌스는 정책과정에 대한 참여자의 증대를 의미하는 것이기 때문에 정책과정의 거래비용을 높이게 된다. 보다 다양한 이해관계자나 집단이 참여하기 때문에 정책책무성의 위기를 불러올 수도 있다(임승빈, 2011:50). 이해관계조정에는 보다 효과적일지 모르지만 합리적, 이성적 판단으로부터 벗어날 위험성도 커지게 된다. 이런 문제를 극복하기 위해서는 참여자들에 대한 사회적 제재가 전제되어야 하고, 사회적 제재는 대면관계를 통한 사회적 평판이나 압력이 작용할 때 보다 용이해진다. 이런 점을 고려해 보면 국가와 시민사회 내지는 정부와 시민의 만남이 이루어지는 협업의 단위가 작아져 공동체적 유대가 높을수록 유리하다는 결론에 이르게 된다. 협업의 규모가 상대적으로 작아짐으로 인해 참여자의 다양성에 따르는 거래비용의 증대나 정책책무성 소재의 유실 문제, 정치적 요구가 합리적이고 전문가적인 판단을 과도하게 압도하는 문제 등을 보다 유리하게 극복할 수 있을 것이기 때문이다.

무엇보다도 참여 자체의 적실성과 용이성이 분권적인 지역공동체를 기초로 할 때 보다 강화된다는 점도 유의할 필요가 있다. 상대적으로 소규모인 지역공동체 하에서는 지역 거버넌스가 지근거리에서 이루어지는 생활세계의 문제를 다룰 것이기 때문에 지역주민의 정책과제에 대한 이해의 정도가 높고 이익갈등관계가 보다 직접적이 된다. 그만큼 참여의 적극성이나 타당성 정도가 높아질 것은 자명한 이치다. 정부와 지근거리에 위치함으로 인해 지역정부에 대한 정보의 수집이나 감시감독이 용이해진다는 점도 장처 가운데 하나다. 거버넌스가 정부와 시민 사이의 숙의과정을 문제해결의 핵심적 요인으로 간주하는 정책과정의 한 양식이라고 한다면, 바로 이 숙의의 용이성을 위해서는 숙의에 필요한 토론과 면대면 대화가 용이해야 하고 이는 당연히 협업의 단위가 작을수록 보다 더 가능해진다. 그런 점에서 분권형 지역공동체는 거버넌스 도입에 있어 필수선택과제에 해당하는 셈이다.

그러나 그런 분권형 지역공동체가 그냥 주어지는 것은 아니다. 무엇보다도 기존의 사회질서가 고도로 집권화 되어 있고 그로 인한 기득의 권리를 누리는 집단이 상존하는 한 분권사회화 과정은 일종의 권력투쟁적 성격을 동반하기 마련이다. 따라서 분권으로 인한 수혜집단이 보다 적극적으로 분권사회 구축에 나서야 하지만 현실은 그렇게 간단하지가 않다. 대부분의 경우 목적론적으로는 동의하지만 분권에 따르는 개인 차원의 이익이 무엇인지에 대해 무관심하거나 가시적 이익 추정에 집중하고 편익의 증대보다는 지출비용이 크다고 판단하면서 무임승차하려 할 가능성이 크기 때문이다. 분권운동에의 참여가 개인 차원에서 볼 때는 기업가적 편익이 크지 않다고 평가할 가능성이 큰 것이다.

보다 더 중요한 과제는 분권사회를 위한 투쟁과정에서 그의 구체적인 활동목표가 무엇인지를 분명히 해야 하지만 참여자들 간의 이해관계가 얼마든지 다를 수 있기 때문에 이를 명확히 하기가 쉽지 않다는 점도 문제다. 분권사회를 구현하자는 것은 궁극적으로 지역의 자율성이나 책임성 내지는 자치능력이 강화된 지역공동체를 형성하자는 것일 수도 있고, 아니면 분권화 과정의 여러 난제들을 풀어가는 과정에서 제기되는 전략과 과제에 조응하자는 것일 수도 있으며, 단순히 지방자치단체의 권한과 책임을 확장하자는 것일 수도 있다. 그러나 이 모든 논의들의 궁극적인 목표는 분권적 지역공동체 형성에 모아져야 할 것이다. 권력의 중추가 중앙에서 지역으로 지역에서도 지역공동체로 이동해야 진정한 의미의 권력분산이 가능해지고 그렇게 되어야 지역정부의 운영도 자율성을 확보할 수 있을 것이기 때문이다.

그러나 다른 한편, 이렇게 분권사회가 강화될 경우, 지역 간 격차가 커지고 국가 전체 차원에서 통합적 질서나 합의를 도출하기가 지난해지면서 갈등과 대치가 확대될 위험성도 적지 않다. 지방자치단체의 무능이나 낭비, 무책임 등으로 인한 국고의 초과지출문제를 어떻게 할 것인가에 대해서도 대안을 내놓을 수 있어야 한다.

5. 분권사회를 위한 80:20 리더십[1)]

이런 점들을 고려하면 분권사회 구축과정에서 지방정부의 혁신적 의지를 담보하는 일은 매우 중요한 과제로 제기된다. 지방정부의 정책수립과 집행과정이 투명해지고, 그 결과 지역주민으로부터의 신뢰를 담보할 수 있어야 그런 신뢰를 토대로 주민참여의 동기를 촉발하고 유인할 수 있을 것이기 때문이다. 지역 거버넌스체제의 구축에 있어 주도적 역할을 수행해야 하는 책무의 우선적인 소재지는 바로 지방정부에 있는 셈이다. 지방정부와 지역사회 간의 역할분담이나 협력적 공조체제를 구축하는 과제 자체가 지방정부의 책무일 수밖에 없다는 뜻이다. 공익형 NGO와의 협력적 관계를 개척하고 구축하는 일은 바로 지방정부의 몫이다. 각종 위원회를 지역 거버넌스체제의 취지에 맞게 구성하고 운영하는 일도 지방정부의 혁신성 여부에 따라 좌우된다.

따라서 지방 공무원의 마인드를 전환하는 일이 매우 긴요한 데, 이는 상위 공직자의 솔선수범과 지방정부 혁신에 대한 확신이 전제되지 않고서는 구현하기 어려운 일이다. 그러나 이렇게 지방 공

1) 박재창(2004)을 부분적으로 발췌, 수정했다.

무원 사회에 혁신적 기풍을 진작하는 일은 기본적으로 지방정치의 성격에 따라 그의 성패가 좌우된다. 그러나 전국의 지역사회 대부분에서 자치단체장과 지방의회, 그리고 지역의 유력인사들이 같은 정치성향을 공유하거나 혹은 동일 정당에 소속됨으로서 지방자치단체의 정책결정과정을 배타적으로 독식하는 체제가 관행화하다시피 되어 있다. 이런 우리의 정치현실에서는 결코 달성하기 쉽지 않은 일이다. 지역사회의 권력구조가 폐쇄적이라는 의미다. 이런 현상이 지역정치가 중앙정치에 예속되면서 자율성과 독자성을 크게 훼손당한 결과라는 점에서 보면 지역정치는 자율성마저 결여되어 있다는 의미이기도 하다.

이런 상황 하에서는 아무리 지역주민을 파트너로 하는 거버넌스 체제가 제도적으로 보장된다고 하더라도 지역주민과 지방정부 간의 협동적 동반자 관계의 구축은 어렵게 된다. 특히 주민참여의 제도적 장치들이 자치 철학을 적극적으로 반영하고자 하는 것이 아닐 경우 이런 상황은 보다 더 악화될 수밖에 없다. 따라서 지방정치를 지속적으로 관리·감독하고, 비판·견제함으로서 지역의 권력구조가 자율성과 개방성을 갖추도록 유도하는 일이 최우선적인 과제로 제기된다. 이를 위해서는 지역의 자발적인 시민단체의 활동에 기대를 걸게 되는 것이 보통이다. 지역의 시민단체가 중심이 되어 지역의 상부구조를 비판 감시하는 것은 물론이고 지역주민이 자치의식을 획득할 수 있도록 유도하고 격려하는 통로로 작동해 주어야 한다. 건전한 시민단체의 활동을 통해 단체장 및 지방의회의 전횡을 막고, 지역주민들의 비민주적이고 자기중심적인 이기주의를 순화시킬 때 지방자치의 본래 목적 달성이 가능해진다고 보는 것이다.

그러나 지역의 자발적인 시민단체는 지역시민사회의 각성과 성찰 없이는 사실상 제 역할을 다하기 어렵다. 지역시민사회의 지역사회변화를 위한 견인력이 전제되어 있어야 한다는 의미다. 분권사회의 구축은 20:80 사회가 80:20 사회로 전환되는 것을 의미하는 것에 다름 아닌 것이다. 지역사회의 시민리더십이 발양되어야 분권사회를 견인할 수 있으며, 분권사회가 견고할 때 지역 거버넌스체제가 제 역할을 다할 수 있고, 지역 거버넌스체제가 제대로 작동할 때 공동체주의적 가치의 공유가 보다 효율적으로 이루어질 수 있으며, 공동체주의적 가치가 수렴될 때 후기근대의 모순적 구조 속에서도 더 많은 자유주의에 대한 요구를 확대 수용할 수 있게 된다.

6. 결론

후기근대라는 모순구조 속에서는 자유주의에 대한 확대요구를 이렇게 상향식 민주주의의를 통해 대응해야 한다는 데에 이견을 말하기 쉽지 않을 것이다. 그러나 다른 한편에서 보면, 그런 상향식 민주주의의 출발점이라고 할 수 있는 시민리더십은 어떻게 생성 가능한 것인가의 문제가 제기된다. 서구사회에서와 같이 사회자본이 역사적 진행과정에서 자연스럽게 축적되어 있는 곳에서는 지역공동체 내부에서 지역주민들이 자발적으로 나서 사회변동을 주도하는 것만으로도 시민리더십의 실체를 구현해낼 수 있을 것이다. 문제는 우리와 같이 사회자본이 축적되어 있지 않은 곳에서의 상향식 민주주의는 대개의 경우 현장에서 공허해지기 마련이라는 데에 있다. 따라서 밑으로부터의 에너지를 유인하고 촉발하기 위한 사회변동의 디자인이 필요해지기 마련인 데, 이는 하향식 민주주의에 의해 보완 가능해지는 과제다.

그런 점에서 지역사회의 명망가들이나 전문가 집단, 시민사회운동가들이 분권운동을 통해 상향식 민주주의와 하향식 민주주의를 중개하는 중간자 역할을 수행하려 한다는 것은 분권사회의 정착을 위해 매우 바람직한 일로 여겨진다. 상향식 민주주의와 하향식 민주주의가 서로 교호하게 하는 매개자의 역할을 자임하려는 것으로 여겨지기 때문이다. 그리고 이렇게 상향식 민주주의와 하향식 민주주의가 서로 교호하는 가운데 사회구조 변화의 계기를 마련해야 한다는 생각은 사회변화의 진행과정이 순율적이거나 단계적이지 않고 전진과 퇴행을 거듭하며 지그제그식(zig zag)의 변화양식을 취할 수밖에 없다는 의미이기도 하다. 규범적 민주주의와 실체적 민주주의 사이의 상호작용과정으로 이해되기 때문이다.

이는 또 자유주의와 공동체주의가 결코 이원론적으로 접근할 과제가 아니며 서로 연동되어 있거나 또는 상합함으로서 일원론적 관점에서 이해해야 하는 과제라는 점을 시사해주는 것이기도 하다. 지역 거버넌스체제의 도입이 공동체 가치를 확산하기 위한 수단적 방편이기도 하지만 동시에 공동체 연대의 결과적 소산이라는 의미이기도 하다. 무엇보다도 중요한 것은 거버넌스체제가 시민참여의 통로를 확장하기 위한 것이지만 여전히 전문가적인 판단이나 합리적인 판단력을 존중하기 위한 장치이기도 하다는 점이다. 따라서 거버넌스는 단순히 시민참여를 위한 직접민주주의의 도구라기보다는 균형민주주의를 구현하기 위한 장치로 이해되어야 할 것이다. 정치적 합리성과 과학적 합리성의 혼합을 통한 대안의 적실성 정도를 제고하려는 과정이라고 해도 무리가 없다.

이는 다시 선험적 모형이나 이론의 틀을 통해 일원적이고 보편적인 사회공동체 운영 체제나 질서를 제시하거나 개발하기가 어려운 후기근대사회에 있어서는 자유주의와 공동체주의를 여하히 혼합하거나 또는 그 혼합의 비율을 정할 것인가가 궁극적인 숙제 내지는 과제로 제기되는 데, 이는 국가와 시민사회 또는 정부와 시민이 그때 그때의 사회적 수요에 맞추어 대화와 토론을 통해 잠정적, 임시적 접점을 찾아나감으로서 해결해야 하는 과제라는 의미이기도 하다. 후기근대 사회의 수요에 대응하기 위해서는 대화와 소통의 성공이 핵심 과제로 제기되는 이유다.

(「2011년 NGO 학회 추계학술대회」 기조 발제문, 2011.12.09.)

분권사회의 전망과 민주시민교육의 전략

1. 서론

우리나라가 1948년 외형상 근대국가의 모습을 갖추고 출범한 이래 지방정부에 처음 자율성을 부여한 것은 1951년부터 1960년까지의 잠시 동안이었다. 그러나 전후의 경제적 혼란, 정치적 무질서, 사회적 미성숙 등 여러 요인으로 인해 오히려 지방분권에 대해 부정적 이미지를 확산하는 결과만을 낳았다. 당시에는 정부형태의 외형적 근대성과 사회의 실질적 근대성 간의 격차가 매우 컸던 셈이다. 그러나 1970년대와 1980년대의 경제발전기를 거치면서 사회적 근대성이 급속도로 확산되는 변화를 낳았다. 그 결과 1987년의 6.29 선언, 1991년의 민선지방의회 부활, 1995년의 민선자치단체장제도 도입 등으로 연결되는 지방자치 시대를 열게 되었다. 적어도 외형상으로는 중앙과 지방 모두에서 자율과 책임의 일치를 추구하는 근대적 의미의 정부형태를 구축하기에 이른 것이다.

그러나 현시점에서 우리 사회를 점검해 보면 외형상 근대적 의미의 지방지치제도가 도입되었다고는 하지만 그 내용면에서 분권사회가 구현되었다고 보기는 어렵다. 우선 지방자치의 제도화 문제로만 국한 시켜보더라도, 자치단체 간의 재정 격차, 행정수도 및 공공기관 지방이전과정에서 유발되는 지역 간 갈등, 교육 자치와 경찰자치에 대한 견해 차이와 관련 단체들의 집단적 저항, 그리고 추진세력들 간의 이견(異見)과 그에 따르는 갈등 등 분권사회로 가는 길에는 문자 그대로 다양한 현안들이 산적해 있다. 특히, 이들 과제는 하나의 문제 해결 대안을 선택하면 다른 한쪽의 집단적 저항을 유발하는 일종의 정책 딜레마 같은 특성마저 내포되어 문제의 심각성을 더한다.

이렇게 상호 복잡하게 얽혀 있는 분권지향 현안과제들을 해결하기 위해서는 과거 권위주의 체제가 의존하던 수동적, 폐쇄적, 소극적 대응 양식에서 벗어나 수평적, 개방적, 신축적 자세로 대처해야 한다는 데에 이의를 제기할 사람은 없다. 그러나 이런 원칙에 따라 문제해결 대안을 찾아 나선다는 것이 현실적으로는 말처럼 그렇게 쉬운 일이 아니다. 왜냐하면 지방분권 관련 문제에 대한 수평적, 개방적, 신축적 접근은 그것 자체가 목적이면서 동시에 수단이라는 이중적 성격을 지녔기 때문이다.

2. 지방분권정책의 구조적 갈등

지방분권정책은 정책 환경의 딜레마적 구조 속에서 나오는 것이기 때문에 정부가 강한 추진의지를 가진다고 하더라도 실질적인 성과를 담보하기가 쉽지 않다. 먼저 지방분권이 지향하는 목적가치상의 갈등을 들 수 있다. 지방자치를 실시하는 이유는 지방자치단체에 권한을 이양하자는 데에 궁극적인 목적이 있는 것이 아니라 중앙에 집중되어 있는 권한을 지역단위까지 분산시켜 지역공동체 수준에서의 주민참여와 자치를 촉진하고, 그 결과 보편적인 국민주권 원리를 지역수준에서도 구현하자는 것이다. 그러나 주의해야 할 과제는 우리나라 같은 단일제형 정부체제 아래에서의 지방자치는 한 나라의 주권 안에서 이루어진다는 점을 전제로 하며, 결코 연방제 같이 중앙정부로부터의 완전한 독립성 쟁취를 겨냥하지 않는다는 점이다. 물론 지방자치는 민주적 가치를 지향하는 것이 사실이다. 그러나 민주적 가치만을 강조하는 경우에는 지방자치를 정치과정으로만 해석하는 오류에 빠지게 되고, 그렇기 때문에 자칫하면 그 자체를 민주주의의 장식물로 전락시킬 우려가 있다.

그러나 그렇다고 해서 지방자치를 국가로부터 지방에 수여되는 것이며 자치권도 국가로부터 창출된다고 보는 지방행정 시각만을 강조하는 경우에는 자치의 본래 목적을 상실하게 될 것이 너무나도 자명한 일이다. 이런 입장에서 지방자치를 이해하는 경우에는 지방자치 단체를 국가로부터 위탁받은 사무만을 처리할 수 있고 그렇기 때문에 자율성 없는 국가 행정의 일선기관이라고 해석하게 된다. 그러나 지방자치단체의 기능이 국가로부터 위탁받는 사무에만 한정될 수는 없는 노릇이며, 지역 공동의 일을 자율적으로 처리하자는 것이 바로 자치정부이고 지방분권의 본령이자 궁극적인 목적가치인 것이다.

따라서 어느 한쪽만을 추구하는 경우 지방자치의 존립 목적에 대한 균형감각을 유지하기가 어렵게 된다. 지방자치는 지방정부가 중앙정부와 함께 주민복지와 국가발전이라는 공동의 목표를 성취해 나가는 상호간 기능 분담의 얼개이자 업무 협조의 과정인 것이다. J. S. Mill이 이야기하듯이 이상적인 정부의 운영양식은 권력의 분산, 지식의 집중이 국가와 지방 간의 관계를 통해 구체화 되어야 한다. 그러나 이 양자는 서로 다른 성질의 것이기 때문에 이들 사이의 균형점을 잡는 일은 지방분권정책의 수립과 집행과정에서 갈등요인으로 작용하지 않을 수 없다. 정책참여자들 사이에서 공통의 인식과 척도를 공유하기가 어렵기 때문이다.

어찌 어찌하여 중앙정부의 기능을 지방정부로 이양하는 문제에 대해 그 대상 범위나 이양의 양식 등에 대해 분권정책과정의 참여자들 사이에서 일종의 합의가 도출된다고 하더라도 그 이양이 성공할 것이라는 보장이 없다. 지방정부의 수권능력이 전제되어 있지 않기 때문이다. 아니 지방정부의 수권능력 부재를 시정하기 위해 지방정부의 기능 범위를 확장하려는 동기에서 출범하는 것이 바로 분권정책이라고 말할 수 있다. 지방정부의 수권능력이 확보되기 위해서는 지연공동체의 형성이 전제되어야 하는 데 지방자치가 오랜 동안 외면되어 온 우리 사회에는 지연공동체 형성이 매우 취약한 상태에 있다. 바로 이런 점까지를 고려하여 주민참여 요소를 강화하는 정책 대안 개발에 유의해야 할 것은 물론이다. 그러나 이 역시 지방정부의 정책 집행을 통해 구현되어야 하는 만큼 지방정부의 수권능력 정도에 따라 그의 구현가능성 여부가 결정될 것은 정한 이치나 같다. 특히 분권정책이 지향하는 수평적·개방적·신축적 접근은 지연공동체의 참여역량을 보다 더 필요로 한다.

따라서 지방분권정책은 기본적으로 지연공동체 형성을 겨냥하고 출범하는 것이지만 지연공동체가 전제되지 않고서는 성취되기 어려운 자기 모순적 과제인 것이다.

3. 주민참여 파트너십의 한계

이점은 주민참여 요소를 강조하는 파트너십 체제 구축에서 보다 더 명료해 진다. 주민참여 파트너십은 우리나라의 지방자치가 내포하고 있는 단체자치적 요소와 주민자치적 요소를 모두 수렴하고, 특히 지구화 시대의 사회구조적 특성을 반영하고자 한다는 점에서 오늘날 우리의 분권과제를 해결하는 데 있어 매우 유용한 대안처럼 여겨진다. 그런데 주민참여 파트너십이 지역 거버넌스 체제의 핵심적 장치로 작용하기 위해서는 우선 지방정부의 혁신 의지가 선행되어야 한다. 그래야 지방정부의 정책 수립과 집행 과정이 투명해질 것이며, 그 결과 지역주민으로부터 신뢰를 담보할 수 있고, 그런 신뢰를 토대로 주민참여의 동기를 촉발하고 유인할 수 있을 것이기 때문이다. 지역 거버넌스 체제의 구축에 있어 주도적 역할을 수행해야 하는 책무의 우선적인 소재지가 바로 지방정부인 것이다. 지방정부와 지역사회 간의 역할분담이나 협력적 공조체제를 구축하는 과제 자체가 지방정부의 책무일 수밖에 없다는 뜻이다. 공익형 NGO와의 협력 관계를 개척하고 구축하는 일은 바로 지방정부의 몫이다. 각종 위원회를 거버넌스 체제의 취지에 맡게 구성하고 운영하는 일도 지방정부의 혁신성 여부에 따라 좌우된다.

따라서 지방 공무원의 마인드를 전환하는 일이 매우 긴요한 데, 이는 상위 공직자의 솔선수범과 지방정부 혁신에 대한 확신이 전제되지 않고서는 구현하기 어려운 일이다. 그러나 이렇게 지방 공무원 사회에 혁신적 기풍을 진작하는 일은 기본적으로 지방정치의 성격에 따라 그의 성패가 좌우된다. 그러나 전국의 지역사회 대부분에서 자치단체장과 지방의회, 그리고 지역의 유력인사들이 같은 정치성향을 공유하거나 혹은 동일 정당에 소속됨으로서 지방자치단체의 정책결정과정을 배타적으로 독식하는 체제가 관행화하다 싶이 되어 있다. 지역사회의 권력구조가 폐쇄적이라는 의미다. 이런 현상이 지역정치가 중앙정치에 예속되면서 자율성과 독자성을 크게 훼손당한 결과라는 점에서 보면 자율성마저 결여되어 있다는 의미이기도 하다. 지역정치가 지역감정에 포획되어 합리적 성찰의 기회를 박탈당하고 있다는 점도 문제다. 이로 인해 사실상 지역사회에 건전한 견제적 균형관계에 기초한 권력구조의 형성이 어렵게 되어 있다.

이런 상황 하에서는 아무리 주민참여 파트너십 체제를 제도차원에서 강화한다고 하더라도 지역주민과 지방정부 간의 협동적 동반자 관계의 구축이 어렵게 된다. 특히 주민참여의 제도적 장치들이 자치 철학을 적극적으로 반영하고자 하는 것이 아닐 경우 이런 상황은 보다 더 악화될 수밖에 없다.

따라서 지방정치를 지속적으로 관리·감독하고, 비판·견제함으로서 지역의 권력구조가 자율성과 개방성을 갖추도록 유도하는 일이 최우선적인 과제로 제기된다. 이를 위해서는 지역의 자발적인 시민단체 활동에 기대를 걸게 되는 것이 보통이다. 지역의 시민단체가 중심이 되어 지역의 상부구조를 비판, 감시하는 것은 물론이고 지역주민이 자치의식을 획득할 수 있도록 유도하고 격려하는 통로로 작동해 주어야 한다고 보기 때문이다. 건전한 시민단체의 활동을 통해 단체장 및 지방의회의 전횡을 막고, 지역주민들의 비민주적이고 자기중심적인 이기주의를 순화시킬 때 지방자치의 본래 목적 달성이 가능해진다고 보는 것이다.

4. 한계 극복 수단으로서의 민주시민교육

그러나 자발적 시민단체의 발양은 지연공동체 형성의 핵심적 요소라고 할 수 있는 사회자본의 축적 없이는 불가능 한 일이다. 시민단체의 발양은 지역 주민의 자발적인 참여와 상호의존적인 협력을 전제로 한다. 그런데 바로 이런 자발적인 참여의 정신과 상호의존적인 연대체제의 구축은 지역주민 상호간의 신뢰와 일탈자를 견제하는 사회적 규범 그리고 수평적 네트워크가 구축되어 있지 않고서는 기대하기 어려운 일이다. 그렇지 않을 경우 자발성을 의제하는 다양한 형태의 시민단체가 활동하면서 새로운 의미의 지역 지배계급을 형성하고 그 결과 지역주민의 진정한 참여를 오히려 방해하거나 차단하는 결과를 낳게 될 개연성이 적지 않다. 따라서 지방분권 정책은 단순히 중앙정부의 사무를 지방정부로 이양하거나 주민참여 파트너십을 제도 차원에서 도입하는 것만으로는 소기의 목적을 달성할 수 없으며 보다 근본적으로 지역사회가 건전하게 자생할 수 있는 사회 환경을 조장하고 정비하는 일을 수반해야 한다. 한 사회의 변화는 단순히 제도차원의 디자인을 고치는 것만으로 이루어지는 것이 아니며 그에 조응하는 사회구성원의 에너지가 작동하면서 일종의 역동적 과정을 통해 구현되는 성질을 지녔기 때문이다.

이렇게 사회구성원을 추동하는 에너지의 실체가 무엇이냐에 따라 제도차원의 변화가 어떤 사회 변화로 귀착하느냐를 결정하게 되는 구조 속에서는 사회구성원의 에너지 실체 개선에 초점을 맞추어 개혁과 변화를 추동해야 마땅한 일이다. 그리고 그것이 사회자본이라면, 이를 조정, 지원, 확산하기 위한 기제가 무엇인지에 주목해야 한다. 그런데 사회자본의 축적이 그 자체의 속성으로서 시민성을 전제로 한다는 데에는 이론의 여지가 있을 수 없다. 시민성은 그것 자체로서 "국민주권"을 지향하는 민주주의의 철학적 원리와 상통하는 것이기도 하다. 시민성이란 민주주의에 대한 지식, 민주주의를 지향하는 가치관, 민주주의를 운영하는 데 필요한 기법이나 기술의 연마를 통해 개발되고 축적 가능해지는 문화적 속성의 일부이기 때문이다. 그러나 이런 시민성은 우연히 또는 자생적으로 길러지는 것이 아니라 적극적이고 도전적인 역사적 경험을 통해서나 길러진다는 특성을 지녔다. 따라서 시민성의 축적을 위한 역사 문화적 문맥이 전제되어 있지 않은 우리로서는 보다 적극적으로 체계적인 양식에 의해 시민성 축적 문제에 대처해 나가지 할 수 없다. 그런데 바로 그런 전략적 접근을 시도하는 대안 가운데 하나가 바로 민주시민교육 이다.

이런 관점에서 볼 때, 분권사회를 지향하면서도 주로 제도 차원의 분권정책에 주목해 온 우리로서는 이제 그런 제도나 기구와 어울려 역동적으로 상호작용함으로서 새로운 질서를 빚어내는 시민 개개인의 정체성을 어떻게 하면 효율적으로 개선하거나 향상시킬 것인가에 보다 더 유의하지 않을 수 없다. 특히 우리 사회가 급진적인 사회구조변화를 거듭하고 있다는 점을 감안해 보면 유년기의 사회구조적인 질서나 거기에 기초한 경험만을 토대로 새로운 사회질서를 이해하고 대응하는 경우 사회적인 갈등과 대치를 유발하면서 관용과 공조의 길을 열기가 어렵게 되어 있다. 그렇기 때문에 새로운 정치교육을 통해 새로운 사회질서를 이해하고 거기에 조응해서 시민 개개인이 그에 합당한 자기 표준을 개발하고 정립하는 일은 매우 절실하고 시급한 과제로 제기된다.

그러나 그렇다고 해서 사회구조변화에 조응하는 정치제도나 자치기구의 혁신적인 변화가 불필요하다는 의미는 물론 아니다. 다만 아무리 새로운 제도나 기구가 창안된다고 하더라도 결국 그 새로운 제도나 기구를 해석하고 이행하며 조응해 나가는 주체는 어디까지나 시민 개개인이라는 점에 유의해야 한다는 뜻이다. 한 사회의 변화는 상향식 개혁과 하향식 개혁이 상호조응하는 가운데 역동적으로 빚어지는 성질의 것이다. 그리고 그렇기 때문에 민주시민교육에 주목하지 않을 수 없게 되는 일이기도 하다.

5. 민주시민교육을 위한 도전과 응전

그 동안 한국 사회에서 민주시민교육을 범국가적으로 시행하고자 하는 논의와 시도는 적지 않았다. 이는 민주시민교육을 실시하거나 지원하기 위한 법률적 토대 즉 정책대안을 법제화 하고자 하는 형태로 구체화 되어 나타났다. 민주시민교육을 지원하기 위한 법안의 입법화를 시도한 것은 1990년 초부터 였다. 그런데 민주시민교육의 필요성, 기본원칙 및 방향에 대해서는 기본적인 공감대가 형성되어 왔음에도 불구하고 민주시민교육 관련 법안과 관련된 여러 단체들 간의 입장과 이해관계의 조정이 충분치 못해 비효율적인 논의만을 거듭하는 가운데 구체적 성과를 이루지는 못했다(허영식, 2001:269-269; 서준원, 2002).

예를 들어 민주시민교육협의회가 제안한 법안이 관련 학자가 중심이 되어 다양한 논의와 수정작업을 거쳐 1997년 10월 31일에 「민주교육지원법안」으로 52명의 여·야 의원의 발의를 통해 국회운영위원회에 상정되었으나, 15대 국회의 임기만료로 자동폐기 되었다. 그 이후에는 민주시민교육협의회가 시민·사회단체의 지원을 얻기 위해 12개 시민사회단체로 구성된 민주시민교육포럼과 공동세미나를 개최한 바 있다. 이를 통해 단일 법안 마련을 시도하였으나 결국 합의를 이루지는 못했다. 2004년에는 사단법인인 한국민주시민교육원과 YMCA의 시민정치운동본부가 독자적인 법안제출을 검토한 바도 있다(송창석, 2004:104). 중앙선거관리위원회는 선거연수원을 중심으로 민주시민교육원 설립을 위하여 내부적으로 장기발전계획을 수립하여 추진하고 있지만, 아직 공식적으로 법안을 마련하거나 제출한 적은 없다.

이렇게 그 동안 국회에 상정되거나 논의되어온 법안들이 폐기되거나 합의를 이루지 못한 것은, 법안의 내용 및 목표설정의 문제라기보다는 설치기관의 소속문제에 대한 의견차이, 정치권의 민주시민교육에 대한 필요성과 중요성에 대한 인식부족, 제도화에 따른 비용문제, 여론수렴 및 로비 활동부족 그리고 무엇보다 관련단체들 사이에서 벌어진 업무추진과정상의 상호불신에 주된 원인을 두는 것이라고 할 수 있다.

이런 현실 하에서는 자연스럽게 민주시민교육을 범국민적으로 실시하기 위한 법안을 제안, 통과시키려면 민·관·학·정계 등의 협력적 공조가 마련되어야 하며, 그렇지 않을 경우 통과되기 어려울 것이라는 점을 직감하게 된다. 더욱이 행안부가 비영리 민간단체 지원을 담당해 오고 있어 이런 단체들에 대한 민주시민교육 지원과 관련된 법제화 작업은 보다 더 어려울 것으로 예측되고 있다(서준원 2002: 84). 이런 점을 감안하고 민주시민교육이 어느 정파의 이해나 이념 또는 기관의 편향적인 이익이나 가치관을 대변하거나 배격하지 않는 가운데 실시되도록 하기 위해서는 우선 민간차원에서 이를 위한 거버넌스 체제를 구축하는 일이 관건이라고 보게 되었다. 이를 구체화 한 것이 바로 민주시민교육거버넌스의 등장이다.

민주시민교육거버넌스는 민주시민교육을 통한 민주주의 심화를 목표로 시민단체, 학계, 관련 공공기관이 모여 2008년 이후 간헐적 모임을 갖다가 2010년 6월에 정식으로 창립되었다. 설립목표로는 1) 시민의 민주 역량 강화를 통해 민주주의를 한 단계 더 심화시키고, 2) 건전한 시민사회 형성과 사회자본 축적의 중요성을 널리 홍보하고 공유하고자 하며, 3) 사회갈등으로 인한 사회 총비용을 줄이고 사회통합을 촉진, 선도하고자 하고, 4) 민주시민교육에 대한 사회적인 관심과 지원을 촉구하며, 5) 민주시민교육을 위한 법·제도를 개선하고, 학문적·실천적 의제를 발굴, 제시하고, 6) 민주시민교육에 필요한 기술이나 기법을 개발, 전수하고자 하는 데에 두었다. 주요활동(계획)으로는 1) 참여 관련 단체 간의 정보 및 사례 공유, 2) 민주시민교육 관련 단체 간의 네트워크 확대(국내외), 3) 학술적 연구 및 실천 프로그램의 개발 4) 법·제도 개선을 위한 활동, 5) 민주시민교육 박람회 및 심포지엄, 토론회 개최, 6) 민주시민교육 전문가 양성 및 시민 교육 실시 등에 두었다. 참여단체에는 1) 민간단체로, 경실련, 대전민주화운동계승사업회, 바른사회시민회의, 바른선거시민모임, 볼룬티어 21, 부산민주공원, 열린사회시민연합, 에코붓다, 한국 YMCA, 흥사단, 한국지역사회교육연합, 한국자유총연맹, 한국지속가능기업연구회, 2) 학계에서 한국민주시민교육학회, 3)

공공기관으로 민주화운동기념사업회, 4) 정부기관으로 선거연수원, 5) 민간기관으로 5.18기념재단이 참여하고 있다.

민주시민교육거버넌스는 그 동안 세미나, 집담회 등 다양한 양식을 통해 여러 시민교육 관련 단체와 전문가들의 다양한 의견을 수렴하여 아래와 같이 민주시민교육에 대한 기본 원칙을 정리하고 이에 따라 법제화를 위한 노력에 나서기로 하였다.

5.1. 민주시민교육의 정의

시민이 민주주의 가치를 존중하고, 그 기본원리와 제도를 이해하며 민주역량을 높여 공동체 삶의 향상을 위해 보다 적극적으로 참여할 수 있게 하려는 교육 및 활동

5.2. 민주시민교육의 기본 원리

1) 시민 주도성(정부 보충성)

교육에 참여하는 시민은 스스로 문제를 해결하는 능동적인 참여자가 되어야 한다. 정부는 시민의 자발성을 존중하고 교육 및 활동을 적극 지원한다.

2) 다양성 존중

편견과 고정관념에서 벗어나 다양한 차이를 인정하고 존중한다.

3) 참여자 중심

교육하는 자는 자신의 견해를 강요해서는 안 되며, 논쟁이 되는 사안은 대립되는 쟁점을 그대로 제시하고 참여자의 능력과 의사를 학습과정의 중심에 둔다.

5.3. 민주시민교육 기관의 운영원칙

1) 정치적 균형성

민주시민교육 기관은 특정한 이념, 당파, 견해를 일방적으로 제시하지 않고, 다양한 가치와 정보를 객관적으로, 형평성 있게 제시한다.

2) 독립성, 자율성

민주시민교육 기관은 정부나 권력기관으로부터 인사권, 예산권에 대한 독립성을 유지하며, 운영과 교육 내용에 대해 자율성을 가져야 한다.

(「제17회 지방분권포럼」 발제문, 2011.07.23.)

세종시 논의, 무엇이 문제인가?

세종시 문제를 놓고 정치권의 논란이 뜨겁다. 그러나 대부분의 보통사람들로서는 어느 쪽 주장이 옳은지 선뜻 결론 내리기가 쉽지 않다. 안방에서 들어 보면 시어머니 말이 옳은 것 같고, 건넌방에 넘어가 보면 며느리 말이 옳은 것처럼 들리는 까닭이다. 이는 이 문제를 다루는 이들이 서로 다른 맥락에서 논전을 펼 뿐, 같은 논제를 두고 다투어 상대방의 논리를 무너뜨리는 일에는 서로가 성공하지 못하고 있기 때문이다. 수정론자가 세종시 건설에 따른 국정운영의 난맥상과 비효율 문제를 지적하는 데 대해 원안론자는 국토균형발전 전략과 수도권 과밀화 방지 정책의 당위성을 강조하고 있을 뿐이다. 이래서는 어느 누구도 자신과 다른 생각을 가진 이를 설득할 수 없으며, 이 문제로 인해 이미 갈가리 찢어진 이 사회의 갈등을 봉합하고 정치적 합의를 도출해 낼 수 없다.

보다 심각한 문제는 정치권이 깊은 고민 없이 세종시 건설에 따르는 역효율 극복 문제와 정부의 대 국민 신뢰성 유지 문제를 서로 충돌적 관계에 있다고 보고, 단순히 어느 한쪽을 선택하는 것만으로 문제를 덮으려 한다는 점이다. 그러나 어느 한쪽도 결코 포기할 수 없는 모순적 요구에 직면하는 경우, 나라의 앞날을 진정으로 걱정한다면 이들 모두를 충족시킬 대안은 정말 없는 것인지 보다 진지하게 고민해야 마땅한 일이다. 바로 여기에 보통사람과 다른 국정지도자의 책무가 있으며, 그들이 남다른 역량을 지녀야 하는 이유다. 흔히 한 나라의 지도자를 가정으로 치면 부모와 같다고 한다. 그러나 어느 부모도 자식 가운데 문제아가 생겼다고 해서 그를 집 밖으로 내쳐 문제를 해결하려고 하지는 않는다. 진정한 부모는 문제아를 보다 깊은 애정으로 감싸면서 그가 정상성을 회복할 때까지 혼신의 노력을 다해 여러 보완조치를 취하기 마련이다. 가정도 지키고 문제아도 고쳐보려 하기 때문이다.

세종시 문제도 같다. 세종시 건설에 따르는 부작용이 예견된다면 이를 극복할 대안은 없는지를 고민하는 일이 먼저다. 댓바람에 세종시 건설 자체를 백지화 하자는 것은 문제의 본말을 호도해도 너무 한 결과다. 더구나 이로 인해 정부에 대한 국민의 신뢰가 땅에 떨어질 판이라면 두말할 나위도 없다. 같은 이치로 원안을 고수하면서도 수정론자가 제기하는 과제를 극복할 방안은 정말 없는지를 보다 진지하게 고민해야 옳다. 방법이 없다는 이들이 흔히 빠져 있는 오류 가운데 하나는 현재의 국정운영 양식을 고수하는 가운데 문제해결대안을 찾고자 하는 데에 있다. 그러나 세종시 건설을 통해 행정기관을 분산 배치하려는 의도는 단순히 하드웨어 차원에서 행정기관의 건물이나 소재지를 재조정하자는 데에 있는 것이 아니라 이를 통해 소프트웨어 차원의 국정운영양식을 개혁하려는 데 더 큰 방점이 찍혔다는 사실에 눈떠야 한다.

정보사회의 도래로 인한 격변의 시대에 지금 같이 제왕적 대통령에게 모든 권한과 사무가 집중되는 일극주의체제로는 더 이상 사회정책과제의 변화에 효율적으로 신속하게 조응하기 어려운 만큼, 보다 분권적인 국정운영체계로 바꿔야 한다는 데 이의를 제기할 사람은 거의 없다. 그러나 아무리 그런 분권적 국정운영양식을 주창한다고 하더라고 모든 권력을 한 손에 쓸어 담는 현재와 같은 소용돌이의 정치체제하에서는 그 실현이 난망인 만큼 총리를 비롯한 일부행정부처를 대통령으로부터 멀리 떨어져 있게 하여 보다 분권적인 국정운영이 불가피하도록 구속하고 유도하자는 데에 세종시 건설의 보다 핵심적인 당위가 실렸다. 또한 국회의장 직속 헌법연구자문위원회가 이원집정부제를 제안할 만큼 대통령과 총리사이의 권한을 재조정하고 보다 분권적으로 국정을 운영해 보자는 데에서도 어느 정도 세론이 형성되어 있는 것이 사실이다. 이런 점을 감안하여 분권적 국정운영양식을 도입하는 경우 대통령과 총리가 직접 대면해야 할 필요성이 줄면서 이들이 회동하는 데에 따르는 비효율도 함께 감소할 것은 물론이다.

세종시 건설의 원안을 유지하고 그 결과 국민과의 약속을 지키면서도 흔히 수정론자가 지적하는 국정운영상의 비효율을 줄이게 되는 방안 가운데 하나인 셈이다. 같은 이유로 중앙정부의 사무를 혁신적으로 지방정부에 이양할 경우, 중앙정부의 행정기관을 지리적으로 분산 배치하는 데에 따르는 비효율 유발요인을 크게 줄일 수 있게 된다. 지구화 시대가 도래하면서 중앙정부 중심의 일극체제로는 다변화, 다극화, 다원화 하는 세계시장질서에 적절히 대응하기 어렵고, 그렇기 때문에 보다 지분방적인 정부의 구성과 운영이 필수 과제라는 데에는 이미 우리 모두가 동의하고 있는 바와 같다. 그러나 우리의 현실은 이할 자치의 수준에 머물러 있어 중앙정부에 과도하게 업무가 집중되어 있다. 국정개혁의 최우선적인 과제 가운데 하나로 중앙권한의 지방이양 문제가 제기되는 이유다. 따라서 중앙정부의 권한과 사무를 대폭 지방정부로 이양하는 경우 중앙정부의 사무 부담이 줄면서 중앙행정기관의 분산배치에 따르는 비효율 유발 요인이 혁신적으로 줄어들게 될 것은 물론이다.

이런 분권적 업무 처리양식은 총리와 행정 각 부처의 장관 사이에서도 도입해 봄직한 일이다. 우리의 총리제도는 내각책임제 하에서의 내각수반과 다른 만큼 총리를 비롯한 내각 전체가 하나의 단일 공동체로 작동해야 할 이유가 없다. 우리의 내각 구성원은 각자의 독자성을 유지한 채 총리가 아닌 대통령과의 관계에서 책임성을 확보하도록 되어 있다. 따라서 행정 각 부처의 장관과 총리가 내각 동일체의 원리에 구속되어야 할 이유가 없으며, 그런 만큼 행정 각 부처의 장관이 보다 독자성을 가지고 유기적인 연대를 통해 협동하는 것은 현대사회의 분권적 구조에도 부합하는 일이다. 총리와 행정 각 부처의 장관 사이에서 지금과 같이 수직적 지휘 명령 체제를 유지해야 할 이유가 없다. 보다 분권적으로 운영하는 경우 서울에 남는 행정 각 부처와 세종시에 상주할 총리 사이의 대면과 소통으로 인해 야기되는 비효율은 그 만큼 더 줄어들게 된다.

세종시로 총리를 비롯한 일부 행정부처가 이전할 경우 지리적 이격에 따르는 행정운영상의 비효율은 오히려 감소되는 측면도 있다. 둔산지구의 대전정부청사에 있는 행정기관과의 지리적 이격성이 줄면서 그에 따른 행정운영상의 비효율을 줄일 수 있게 되기 때문이다. 물론 행정부처간의 지리적 이격성이 꼭 행정운영상의 비효율과 직결되는가에 대해서는 원초적인 의문이 제기되는 것도 사실이다. 세종시로 행정부처가 이전된다고 하더라도 세종시에서 서울로 왕래하는 데에 소요되는 시간이 현실적으로 과천청사에서 중앙청사로 이동하는 시간비용과 크게 다를 것이 없다는 주장이 그것이다. 화상회의나 전자결제 같은 각종 전자통신기기를 활용하는 경우 구태여 물리적인 이동이 있어야만 업무처리가 가능한 것도 아니라는 견해도 있다. 보다 본질적인 문제는 행정의 비효율이란 행정관료 사이의 행정업무집행과정에서 파악할 성질의 것이 아니라 행정과 시민고객 간의 사이에서 포착할 과제라는 점이다. 그럴 경우 수도권 거주자에게는 불편을 야기할지 몰라도 그 외의 지방 거주자에게는 중앙정부 행정부처에 대한 접근권을 크게 개선하는 효과를 동반한다. 이런 점에 대한 고려가 있어야 할 것이다. 여하튼 세종시 건설로 인해 행정운영상의 문제가 예견된다면 그 예견되는 문제를 보완, 수정, 해결하도록 해야지 원안 자체를 없던 것으로 하자는 것은 발상 자체가 잘못되었다.

같은 이치로 세종시로 일부행정부처가 이전하는 경우 장차관을 비롯한 행정공무원의 국회출석에 따르는 행정공백이 가공할 정도로 심화될 것이라는 주장에 대해서도 문제해결의 대안은 없는지 살펴볼 일이다. 행정공무원의 국회 출석에 따르는 행정공백 문제는 행정부처가 서울에 집중되어 있는 현재도 발생하는 과제다. 지금처럼 장차관을 비롯하여 관련 기관의 사무관까지 국회에 나가 국회의원의 질의에 대비하는 관행을 유지하는 한 행정기관의 소재지가 어디냐에 관계없이 행정공백이 일어나게 되어 있다. 이런 어이없는 행정공백을 최소화하기 위해서는 행정기관의 소재지를 서울로 묶어두려 할 것이 아니라 장차관의 국회 답변을 위해 관련 공무원이 국회에 출석하는 관행 자체를 바꾸는 일이 관건이다. 의회민주주의가 제대로 운영되는 나라 가운데 장차관이 국회의원의 질의에 자력으로 답변할 능력이 없어 관계 공무원의 조력을 필요로 하고 이를 위해 관련 공무원이 국회 의사당에 장사진을 치는 나라는 우리 말고 어디에서도 찾아 볼 수 없다. 더욱이 대통령제하의 삼권분립주의를 상기해 보면 이런 관행은 마땅히 시정되어야 옳다. 오히려 행정기관의 세종시 이전을 이런 관행의 타파를 위한 전기로 활용해야 옳을 일이다. 이 문제 역시 세종시 건설이 문제의 근인이 아니기는 마찬가지인 것이다.

세종시 건설에 따르는 또 다른 과제로는 흔히 안보상의 취약성이 노출된다는 점이 제기되어 있다. 우리의 경우 대량살상무기로 무장한 북한의 위협에 노출되어 있어 유사시 신속 대응을 당위로 하는 만큼, 대통령과 총리가 지리적으로 이격화 할 경우 위기관리에 치명적인 결함을 낳게 된다는 것이다. 이 경우도 여전히 중앙집권적인 일극체제의 우월성에 매몰되어 있기는 마찬가지이다. 우리와 같이 안보 위협이 상존하는 나라에서는 중앙정부가 한 곳에 집중되어 유사시 모든 행정기관이 한꺼번에 타격을 받기보다는 분산 배치되어 그런 위험을 분산하는 것이 보다 전략적인 접근일 것이다. 이는 특히 오늘날과 같이 대량살상무기의 위력이 날로 점증하는 시대에 있어서는 보다 더 절실한 과제다.

통일 후 한반도 중심지로의 수도 이전 필요성을 감안하더라도 세종시 건설은 비합리적이라는 주장도 제기되어 있다. 그러나 이는 흡수통일을 전제할 때에나 타당성을 갖는다. 남북한이 합의한 통일 양식은 우선 느슨한 형태의 연방제 국가를 건설하자는 것이다. 느슨한 형태의 연방제 국가에 남북한이 합의하려면 무엇보다도 흡수통일에 대한 북한의 의구심을 제거하고 남북한이 공존하고자 한다는 메시지를 강력하게 전달할 수 있어야 한다. 그야말로 신뢰 구축이 절대적으로 필요한 셈이다. 이를 위해서도 행정기관이 남한의 중심지점으로 이동한다는 사실은 느슨한 형태의 연방제 건설에 대한 우리의 진정성을 보여주는 가장 호소력 있는 대안이 될 것이다. 연방제 국가가 탄생하는 경우 연방제 국가의 중앙정부가 별도로 존재하는 가운데 남한정부의 행정거점 도시가 구축되어야 할 것도 물론이다. 이점을 감안해 보면 세종시 건설은 오히려 통일로 가는 과정에서 매우 적실성 높은 과제해결경로를 제시하고 있는 셈이다. 세종시 건설은 결코 통일의 걸림돌이 되거나 통일 이후의 상황을 감안하지 않는 대안이 아니라는 의미다.

수정론자의 가장 혼란스러운 논점 가운데 하나는 원안고수가 포퓰리즘에 영합하는 것이라는 주장이다. 이 경우 우선 밝혀야 할 과제는 민주주의의 철학적 원리와 포퓰리즘의 경계는 과연 어디인가 하는 점이다. 좀 과장해서 말하자면 포퓰리즘은 민주주의를 부정적 관점에서 지칭하고자 하는 것 이상도 이하도 아니다. 다만 범위를 좁혀 볼 경우 균형민주주의와 포퓰리즘 사이에는 분명코 차이가 있다. 균형민주주의가 일반시민의 집단적 선호와 전문가의 판단, 민주성과 과학성, 가치와 사실, 정치적 합리성과 경제적 합리성 간의 균형적인 배합을 지향하는 것이라고 한다면, 포퓰리즘은 단지 전자만을 지향한다는 점에서 서로 다르다. 이렇다면 세종시 건설이 과연 전자에만 의존해서 제안되었는가가 관전의 논점이다. 그러나 세종시가 국토의 균형발전, 수도권의 과밀화 방지, 무엇보다도 분권적 국정운영의 필요성에 조응한 결과라는 측면에서 볼 때 결코 단지 전자에만 의존한 것이라고 보기 어렵다.

오히려 세종시 건설에 반대하다가 찬성하고 찬성하다가 다시 반대하는 일이야 말로 포퓰리즘의 전형적인 행태가 아닐까. 이런 조화무쌍한 변설에서는 도무지 과학적 합리성을 찾아볼 수 없으며 수도권 주민에 대한 정치적 영합을 계산에 넣은 것이 아니냐는 의구심마저 베어나기 때문이다. 세종시 수정론자들이 세종시를 백지화 하는 대신 그곳에 교육과학크러스트를 건설하겠다거나 글러벌 도시를 구축한다거나 심지어 충청도민이 서운해 하지 않을 정도의 신도시를 마련하겠다는 발상이야 말로 전형적인 포퓰리즘은 아닌지 묻고 싶다. 세종시 수정안이 포퓰리즘에 물들지 않으려면 왜, 지금, 다른 곳도 아닌 세종시 지역에 이런 도시를 건설해야 하는지가 객관적 과학성에 의해 입증되어야 한다. 교육과학크러스트나 글러벌 도시 자체의 수요나 논리의 연장선상에서 그의 당위성과 정당성이 드러나야 한다. 이들의 관점에서 보면 지금 세종시에 이런 도시를 건설하겠다는 것은 실로 뜬금없는 제안에 다름 아니다.

수정론자들이 말하는 세종시의 자족기능 결여문제도 검증되지 않은 것이기는 마찬가지이다. 세종시로 행정부처의 일부가 이전하더라도 관련 공무원이 이주할 가능성은 거의 없다는 주장이지만, 세종시와 비슷한 사례인 둔산지역으로 이전한 행정기관 종사자의 가족 가운데 95%가 이미 이주해 살고 있다는 사실은 수정론자들의 주장이 허구적일 가능성이 크다는 점을 반증하고 있다. 무엇보다 중요한 것은 세종시의 경우 이 도시의 자족기능을 세종시만을 분석단위로 삼는 것이 과연 타당한 접근시각이냐의 여부다. 세종시는 그의 시계를 대전시 유성구와 인접하고 있어 도시가 완성될 경우 기능적으로는 대전시에 편입될 가능성이 거의 확실시 된다. 따라서 세종시의 자족성 여부는 대전광역권을 분석 단위 삼아 평가해야 이치에 맞는 일이며, 그런 관점에서 볼 때 세종시를 포함한 대전광역권의 자족성 여부를 걱정하는 것은 기우에 지나지 않는다.

그러나 무어니 무어니 해도 세종시 논란에서 가장 가슴 아픈 일은 국민과의 신뢰성 유지 문제를 너무나도 가볍게 다룬다는 점이다. 국가가 국민과의 관계에서 신뢰를 잃으면 국가는 그 즉시 형혜화 하고 만다. 더욱이 오늘날과 같이 수직적 통제나 관리가 불가능한 유목의 시대에는 국가와 시민사회 간의 신뢰성 구축이 건강한 공동체 유지에 있어 최우선적인 과제다. 한때 우리 사회에서는 노태우 대통령의 "이 사람 믿어주세요"가 유행어처럼 취급되었었다. 한마디로 웃긴다는 것이었다. 믿을 수 없는 이들이 흔히 믿어달란다는 의미를 내포한 것이기도 했다. 국민과의 약속을 가볍게 여기는 이들이 아무리 장밋빛 약속을 한들 시큰둥할 수밖에 없는 이유다. 세종시 수정안이 아무리 이상적인 것이라고 하더라도 언제 또 "늑대야" 하고 지역주민을 불러 세울지 모른다는 의구심을 갖게 되는 것은 당연한 이치다. 바로 이점이 세종시 논란이 빚어낸 가장 큰 상처이자 치유하기 어려운 유산으로 남았다.

(「미래정부」, 2010.01.15.)

한국시민사회연감 발간의 의의

오늘도 영하의 날씨가 계속될 것이라는 기상청의 예보다. 현란하리만큼 아름답던 단풍도 지고 들녘은 어느새 겨울의 한 가운데에 들어섰다. 이런 겨울을 나는 나무는 여름의 무성했던 나뭇잎을 떨구고 최소한의 몸통만으로 동면의 계절을 나기 마련이다. 겨울나무가 스산하리만큼 야윈 모습으로 빈들에 남는 이유다.

우리의 시민사회도 동절기에 들어섰다는 진단이 적지 않다. 이 겨울을 나려면 당연히 최소한의 몸짓만으로 새로운 봄날을 준비해야 마땅한 일이다. 그러나 그렇다고 해서 제 몸을 송두리째 불사르는 경우 당연히 아지랑이 피는 봄날의 새로운 도약은 기약하기 어렵게 된다.

그런 뜻에서 어려운 저간의 사정에도 불구하고 2010년도 판 한국

시민사회연감의 간행을 단행하는 일은 매우 의미 있고 또 사려 깊은 일이다. 어려운 때일수록 자신을 돌아보고 스스로를 성찰하는 일은 내일의 새로운 도약을 위해 필수적인 과제다. 시민사회연감은 우리의 이런 실상을 되돌아보게 해 줄 가장 진솔하고 사실적인 자료의 보고다.

시민사회지도자에게는 지금까지 그가 한 일 가운데 무엇이 부족했으며 무엇을 새롭게 보강해야 하는지를 판단하는 디딤돌이 될 것이다. 시민사회를 연구하는 사회과학도에게는 한국사회의 기능적 좌표가 어디쯤 도달해 있는지를 파악하는 잣대가 되어줄 것이다. 우리 사회의 미래를 조타하고 현재의 당면과제에 도전하고자 하는 사회개혁론자에게는 왜 우리가 이런 사회현실에 봉착하게 되었는지를 천착하는 단초를 제공하게 될 것이다.

무엇보다도 국가와 시민사회가 공동기획하고 공동집행하지 않으면 오늘날의 이 어려운 시대적 격랑을 헤쳐 넘어가기 어려울 것이라는 점을 절감하고 있을 이 나라의 정치지도자들에게는 왜 무엇 때문에 그런 주장과 전략이 제안되는지를 깨닫게 되는 출발점이 될 것이라고 믿는다.

역사는 현재와의 대화라는 카아의 견해를 빌리지 않더라도 연감은 또 우리의 시민사회가 진행해 나가는 궤적을 추적하는 근거가 될 것이다. 시민사회의 역사를 축적하는 토대이며 오늘을 진단하는 잣대이고 내일을 조타하기 위한 청사진의 밑그림이 될 것이기 때문이다.

밖으로는 우리의 시민사회가 처한 실제를 알려 한국시민사회를 흠모하고 부러워하는 지구촌의 많은 이들에게 희망과 격려의 메시지가 될 수 있기를 바란다. 안으로는 시민사회 내부의 여러 구성원 사이에서 보다 긴밀하고 진솔한 만남을 촉진하는 토대가 되어 밀도 있는 상호작용과 연대의 네트워크를 구축할 수 있는 전기가 되기를 빌어마지 않는다.

연감이 시민사회 스스로의 기획과 노력에 의해 간행되어 왔다는 사실은 한국시민사회의 또 다른 업적이자 사회적 기여의 하나다. 연감의 발행을 위해 애쓰신 여러분께 진심으로 감사의 말씀을 전한다.

(「한국시민사회연감」 추천사, 2009.11.23.)

위기의 한국 시민사회

「위험사회」의 저자 울리히 벡은 위험의 상시적 내재화 현상을 후기 근대의 특성 내지는 본질 가운데 하나로 보았다. 그래서 그런 것일까? 정보사회로의 진입을 선도한다는 우리 사회는 어느새 위험의 상시화 시대에 살게 되었다. 아니 어쩌면 이미 위험에 대한 내성마저 적지 않게 키운 상태라고 해야 보다 정교한 진단이 될지도 모를 일이다. 북한의 광명성 2호가 태평양을 가로지르면서 멀지 않아 핵탄두를 실어 나르게 될 것이라는 관측이 기정 사실화 되었음에도 거리의 일상은 어제와 다를 것이 없다. 주가는 오히려 상승 기미마저 보였다.

이런 위험에 대한 내성이 가장 극명하게 나타나는 곳은 아무래도 우리의 공적 영역이 아닐까? 정부의 실패가 이미 오래전의 일처럼 되어 있지만, 대안 없는 현실에 대한 두려움조차 이를 직접 호소하거나 대면하는 사례를 찾기 어렵다. 새로운 실패를 예비하는 일에 이미 익숙해진 것일까? 신자유주의로의 선회를 주창하는 이들이 내세웠던 구호는 정부의 개혁이거나 혁신이었다. 정부에는 이제 더 이상 희망이 없으며 시장만이 공적과제 해결의 진로라는 견해가 한 시대를 압도했다. 때 마침 밀려 온 지구화의 물결은 시장의 초국적 활동이 당위적인 과제임을 강조했다.

그러나 서브프라임 모기지 사태는 시장주의의 극단이 끼치는 전 지구적 폐해가 무엇인지를 극명하게 보여주면서, 신자유주의의 깃대에 조종을 울리게 되었다. 시장의 실패는 사실상 이미 예정되었던 것이나 다름없다. 금세기에 처음 등장한 화두가 아닌 까닭이다. 그런 의미에서 사실상 시장의 실패는 시장 자체의 실패라기보다는 정부의 실패가 다른 형태로 다시 한번 표출된 것이며, 정부의 무력함이나 통찰력 부족을 시사할 뿐이다. 정부의 존재 이유 가운데 하나는 바로 이런 시장의 자기 성찰력 부족을 보완하거나 시정하자는 것이기 때문이다.

따라서 시장의 실패를 정부를 통해 수정하거나 치유해 보려는 전략은 그것 자체로서 부적절하며 정부의 무력함이나 통찰력 부족을 암시한다. 이런 모순의 시대, 절망의 선택지 가운데 정부도 시장도 아닌 제3의 대안에 눈을 돌리게 될 것은 당연한 이치다. 그러나 우리의 시민사회가 이런 대안 없는 시대의 탈출구를 열 것이라고 기대하는 이들은 그리 많지 않은 것 같다. 우리 사회의 많은 문제에 시민사회가 해답을 내놓을 것이라는 기대감이 충만했던 때도 있었다. 그러나 바로 그 시민사회마저 이미 위기에 처해 스스로도 추스르기 어려운 곤경에 처했다는 진단이 적지 않다.

이런 우리 시민사회의 위기는 이미 오래전부터 예견되었던 것인지도 모른다. 아니 예정되었던 결과라고 해도 과언이 아닐 것이다. 시민사회가 미처 성숙하기도 전에 시민운동이 먼저 활성화 되었던 까닭이다. 그러나 이런 우리 사회의 조급성은 사실상 시민사회의 압축 성장을 겨냥한 것에 다름 아니었다. 이는 압축 성장을 통해 우리 경제가 한강의 기적을 이루었다거나, 정치가 압축적으로 권위주의 시대를 청산하고 민주화로의 활로를 열었다는 저간의 자부심에 비추어 결코 지나친 과욕이라고 탓하기 어려운 점도 적지 않다.

그러나 불행하게도 시민사회의 공고화 과제는 결코 압축 성장을 허용하지 않는 것 같다. 무엇보다도 시민 서로의 각성과 격려를 통해 개척되지 않고서는 결코 구현하기 어려운 일이기 때문이다. 점진주의적 접근과 인내를 필요로 하는 이유다. '시민사회 포럼'은 우리의 시민운동이 활황기에 있었을 때, 바로 이런 시민사회의 위험을 예견하고 그에 대비하고자 했다. 무엇보다도 시민사회 내부의 단절과 편식성 극복이 급선무라고 보았다. 시민사회단체 지도자간의 대화와 소통이야말로 우리의 시민사회가 편견과 아집으로부터 벗어나 신뢰관계를 구축하는 관건이라고 보았다.

포럼이 이념적 편중이나 현장 매몰주의에서 벗어나 잠시 눈을 돌려 운동의 지경을 점검하고 우리 사회의 진로를 재점검하는 '성찰의 광장'을 열고자 한 이유다. 시민사회에서야 말로 열심히 노젓기보다는 시대를 조타하는 일에 보다 많은 비용을 투자해야 한다는 생각이었다. 격월간의 모임이 42회를 돌파하게 되었다. 1년에 2번 비중있는 세미나도 기획되었다.

이를 통해 오늘날 우리의 시민사회가 어두운 터널에 갇혀 진로 모색에 어지러운 이유를 다각적으로 조명하고자 했다. 시민운동 자체의 정파성, 엘리트 중심주의, 권력화, 선동주의, 이념적 편향성, 아마추어리즘 및 그로 인한 사회적 신뢰의 상실에서 우선적인 이유를 찾았다. 구조적으로는 정보화 사회가 심화되면서 시민사회운동단체의 대리인 역할 수행을 더 이상 절박하게 요구하지 않게 되었다는 점도 지적된다. 국가와 시민사회가 직거래하면서 이런 단체의 중간 매개자 역할에 대한 사회적 비중이 감소되었다는 것이다. 시민참여의 욕구가 분출하는 데 비해 이를 수용할만한 제도, 기관, 기회를 확대하려는 노력이 부족하다는 점도 문제였다.

무엇보다도 시대 상황의 변화에 그 근인이 있다는 평가도 적지 않다. 보통의 시민운동으로는 해결하기 어려울 만큼 사회적 갈등의 강도, 범위, 빈도, 과제가 확장일로에 있음에도 불구하고 이런 변화에 대처하려는 적극적인 노력이 부족했다는 것이다. 경제환경의 악화로 인한 갈등과 대치의 심화나 정치상황의 변화로 인한 협력적 관계의 단절이나 증발도 이런 시민운동의 활동 반경을 제약하는 중요 변수 가운데 하나였다. 그 가운데에서도 지구화 시대의 도래에 따르는 상황변화를 인식하고, 이에 대처하려는 적극적인 노력을 경주하지 못했다는 점은 가장 뼈아픈 패착 가운데 하나다. 일국주의의 폐쇄성에 갇혀 시대를 선도하는 지도력을 잃었던 것이다.

그러나 우리 사회의 근본 과제에 천착하는 이들의 눈에서 보면 이들은 모두가 현상의 외피에 대한 관찰에 지나지 않는 것일지도 모른다. 사회자본의 축적이 미진한 가운데 출범한 우리의 시민사회는 언제라도 좌초할 위험을 내장하고 있었던 것이다. 이런 눈으로 보면 오늘날 우리의 시민사회가 위기에 처했다는 진단은 대대적이고 거국적인 시민교육투자가 선행되어야 한다는 점을 일깨워주는 경종에 다름 아니다. 민주시민교육 더 나아가 그런 우리를 지구적 표준으로 삼고자 하는 지구시민교육에 대한 수요가 폭증하고 있음을 깨달아야 하는 이유다.

'시민사회 포럼'이 지속적으로 대화와 성찰의 공간을 제공해야 하는 이유는 이렇게 우리 시민사회 현장의 여러 곳에서 발견된다. 아니 우리가 지향하는 포럼은 포럼 현장에서의 대화와 성찰로 완결되는 것이 아니라 포럼 이후에 오히려 보다 더 활발한 포럼이 이어져야 하는 형태다. 그런 점에서 행동지향적이며, 적극적이고, 무한종결 지향적이다.

(「위기의 한국사회」 서문, 2009.05.)

한국의 국정개혁

참고문헌

저자소개

참고문헌

강명구. (2007). 진보논쟁은 무엇을 놓치고 있는가?. 「인물과 사상」, 4월호.

국민고충처리위원회. (2004). 「옴부즈만제도 연구자료집—외국 전문옴부즈만 운영사례연구」. 서울: 중앙인쇄사.

김상묵·이창원·한승환. (2004). 중앙정부 정책과정과 시민참여. 「한국행정논집」, 16: 861-885.

김선혁·김병국·제고르즈 에키트·정원칠. (2006). 민주화와 시민사회의 대정부 항의: 비통상적 시민참여와 거버넌스. 「한국행정연구」, 15(3): 249-270.

김성탁. (2017). 시위보다 정부.국회를 더 압박하는 청원제도. 「중앙일보」(2017.02.21.)

김진현. (2010). 한국 민주주의의 페러독스. 박재창 엮음. 「한국 민주주의와 시민사회」. 서울: 아르케.

롤프 예센. (2005). 서정환 역. 「드림 소사이어티: 꿈과 감성을 파는 사회」. 서울: 리드리드출판(주).

민주시민교육거버넌스. (2011). 내부 회의자료.

박선영 (2008). 제6장 지구시민권과 청소년 교육. 박재창 편. 「지구시민권과 지구 거버넌스」. 서울: 오름.

박재창. (2017). 「한국 YMCA운동의 전략 II」. 서울: 조명문화사.

______ (2014). 「정치쇄신 4.0」. 서울: 리북스.

______ (2010c). 한국민주주의의 심화와 민주시민교육의 과제. 한국민주화기념사업회. 미국 시비쿠스 공동 주최 민주시민교육 아시아태평양 포럼 발표논문. 경남 마산 사보이 호텔. 10.21.

______ (2010b).「高友經濟」, 29(2).

______ (2010a).「한국의 거버넌스」. 서울: 아르케.

______ (2010).「한국 민주주의와 시민사회」. 서울: 아르케

______ (2008). 한국 행정 60년의 회고와 전망: 모순과 갈등의 시대를 넘어.「Kapa@포럼」.

______ (2007).「민주시민교육의 전략과 과제」. 서울: 오름.

______ (2004). 참여정부의 지방분권 정책과 주민참여 파트너십의 과제. 2004년도 한일지방포럼 기조연설문. 전남 광주. 9.3.

______ (2003).「한국의회정치론」. 서울: 도서출판 오름.

박준. (2009).「한국사회의 갈등과 경제적 비용」. 서울: 삼성경제연구소.

서준원. (2002). 민주시민교육의 현황과 문제점. 21세기 한국정당과 민주시민교육. 제3차 한국민주시민교육학회·밝은정치시민연합 공동국제학술회의 자료집. 37-53.

송창석. (2004). 시민참여를 위한 민주시민교육 제도화 방안 – 가칭 '민주시민교육지원법' 입법 추진방향을 중심으로. 선거와 시민참여, 그리고 민주시민교육. 한국민주시민교육학회 2004 춘계학술세미나 자료집. 89-118.

슘피터(Schumpeter, Joseph). (2011).「자본주의 사회주의 민주주의」. 변상진 옮김. 서울: 한길사.

스티글리츠(Stiglitz, Joseph). (2013).「불평등의 대가: 분열된 사회는 왜 위험한가」. 이순희 옮김. 서울: 열린책들

신두철. (2010). 한국국가기관의 민주시민교육 실태와 제도화. 한국민주시민교육학회·민주 시민교육거버넌스 공동 주최. 한국과 독일의 민주시민교육: 정당연구소. 국가기관. 시민사회 세미나 발표논문. 선거연수원. 12.9.

이강현. (2009). 세계자원봉사의 흐름과 우리의 과제. 제8차 자원봉사 주니어 포럼 발표문. 1. 29. 서울 토즈.

이근식. (2011). 상생발전. 경제인문사회연구회 주최. 상생발전을 위한 정책과제의 모색: 정치, 경제 및 사회적 접근. 세미나 발표논문집.

이승종. (2009). 거버넌스와 시민참여. 박재창 외.「시민참여와 거버넌스」. 서울: 오름

이진우. (2011). 연대성 그리고 지속가능한 자유주의-어떻게 개인의 자유와 공동체의 이익을 동시에 실현할 수 있는가?. 공동체자유주의 국제심포지움 발표논문. 2011.10.21. 서울 명동 로얄호텔. 70-71.

이찬호. (2010). 경제위기의 극복과 사회협약. 박재창 엮음.「한국 민주주의와 시민사회」. 서울: 아르케.

임승빈. (2011). 한국시민사회의 변화와 지방분권: 김대중정부부터 이명박정부까지를 중심으로. 시민사회 포럼. (사)한국미

래정부연구회 공동주최 지방분권과 시민운동 세미나 발표 논문. 2011.11.17. 서울 프레스 센터.

정순교. (2005). 「우리나라 옴부즈만 제도 개선방안」. 서울: 국민고충처리위원회.

조영달. (2000). 올바른 선거참여를 위한 민주시민의식 개선방안-선거참여와 시민의식 성장. 2002 공명선거 심포지엄 발제문.

조희연. (2010). 경제위기와 사회적 완충국가. 박재창 엮음. 「한국 민주주의와 시민사회」. 서울: 아르케.

차피득. (2011). 미꾸라지 진짜 용된 나라 대한민국. 박현두 편. 「한국 세계화 콘서트」. 서울: 새로운 사람들.

창조경제타운. (2016). 창조경제의 정의. <https://www.creativekorea.or.kr/town/introduce> (2016.01.15. 검색)

통계청 나라지표. (2011a). 정보통신발전지수. <http://www.index.go.kr/egams/stts/jsp/potal/stts/PO_STTS_IdxMain.jsp?idx_cd=1344&bbss=INDX_001&clas_div=A>(2011.10.10. 검색)

통계청 나라지표. (2011). 10대 수출입 품목. <http://www.index.go.kr/egams/stts/jsp/potal/stts/PO_STTS_IdxMain.jsp?idx_cd=2455&bbs=INDX_001&clas_div=A>(2011.10.10.. 검색)

한겨레. (2010). 천안함 조사 불신 확산—국민 32%만 정부발표 믿는다.(2010.09.08.)

허영식. (2001). 「현대사회의 변동과 시민교육」. 서울: 원미사.

Abbott, Worthley John. (1974). Public Administration and Legislatures: Examination and Exploration. A Doctoral Dissertation of the State University of New York at Albany.

Almond, Gabriel and & Verba, Sydney. (1980). *The Civic Culture Revisited: An Analytic Study*. Boston: Little, Brown.

Anderson, Chris. (2006). *The Long Tail: Why the Future of Business is Selling Less of More*. NY: Hyperion.

Anderson, Stanley. (1997). *Disaggregating the Ombudsman: Towards a Pure theory of Conflict Resolution*. <http://www.ombuds.uci.edu /JOURNALS/1993/disaggregating.html>

Attali, Jacques. (2007). 「미래의 물결」. 양영란 옮김. 서울: 위즈덤하우스.

Batson, C. D., Ahmad, N., and Tsang, J. (2002). Four Motives for Community Involvement, *Journal of Social Issues*, 58(3): 429-445.

Baudrillard, J. (1998). *The Consumer Society: Myths and Structures*. London: Sage Publications.

Beck, Ulich, Giddens, Anthony, and Lash, Scott. (1998). 「성찰적 근대」. 임현진, 정일준 옮김. 서울: 한울.

Belson, Suzanne. (1997). Where Is Darwin Now We Need Him? The Ombudsman in Evolution, A Paper Delivered at the Ombudsman Association Conference, Montreal. Canada. May 14.

Bierhoff, H. B. (1987). Donor and Recipient: Social Development, Social Interaction and Evolutionary Processes. *European Journal of Social Psychology*, 17: 113-130.

Cabinet Office. (1995). *Handling of Parliamentary Ombudsman Cases*. <http://www.cabinetoffice.gov.uk/propriety_and_ethics/publications/pdf/ ombudsman guidance. pdf>.

Chambers, Gretta. (2001). *The Transition of Government and Its Consequences on Citizens*. <http://www.ombudsmanforum.ca/documents/speeches/chambers_gretta_e.asp>

de Castro, R. Adolfo. (1997). *Bureaucracy, Representative Government and the Ombudsman*. <http://www.ombuds.uci.edu/JOURNALS/1992/bureaucracy. html>

Dee, Thomas S. (2003). *Are There Civic Returns to Education?*. MA: National Bureau of Economic Research.

Department for Communities and Local Government(DCLG). (2010). *Volunteering for Civic Roles: Information for Employers and Employees*. Communities and Local Government Publications. London: UK.

Des Rosiers, Nathalie. (2003). The Functions of an Ombudsman: Annotated Bibliography. A Note Presented at the Forum of Canadian Ombudsman Conference. Ottawa, Ontario. April. l

Diamond, Larry. (2005). Democracy, Development and Good Governance: The Inseparable Links. A Paper Delivered at

Miaden Annual Democracy and Governance Lecture of the Ghana Center for Democratic Development. British Council Hall, Accra, Ghana. 3.1.

Flinders, M. (2004). Distributed Public Governance in Britain. *Public Administration,* 82(4): 883-909.

Frame, Mariko and Khan, Haider A. (2007). *Deep Democracy: A Political and Social Economy Approach*. CIRJE-F-469. University of Denver.

Frimansyah, Mohammad Rizal and Amar, Yousef. (2013). A Review of Collaborative Manufacturing Network Models. *International Journal of Materials, Mechanics and Manufacturing*, 1(1): 6-12.

Ghottehrer, Dean M. and Hostina, Michael. (1998). *Essential Characteristics of a Classical Ombudsman*. <http://www.usombudsman.org/documents/PDF/References/Essential.PDF>

Gomez, Andy S. (2003). The Role of Education in Promoting Cuba's Integration into the International Society: Lessons in Transition from the Post Communist States of Central and Eastern Europe. Institut for Cuba and Cuban and American Studies. University of Miami.

Huntington, Samuel P. (1991). *The Third Wave: Democratization in the Late Twentieth Century*. Oklahoma: University of

Oklahoma Press.

International Ombudsman Institute. (2007). <http://www.law.ualberta.ca/centres/ioi/>

Jorgensen, T. B. (1994). Models of Governance and Administrative Change. In J. *Kooiman*. ed. *Modern Governance: New Government-Society Interaction.*

Jupp, Ben. (2008). *16.* Collaboration with the Third Sector: UK Perspectives. In O'Flynn, Janine and Wanna, John. eds. *Collaborative Governance: a New Era of Public Policy in Australia*?. Australian National University Press. Canberra: Australia.

Kahne, Joseph. (2004). What Kind of Citizen? The Politics of Educating Democracy. *American Educational Research Journal*, Summer, 41(2).

Kettl, Donald F. (2006). Managing Boundaries in American Administration: The Collaboration Imperative, *Public Administration Review*, Dec. 10-19.

______. (1996). Governing at the Millenium. In Perry, James L. ed. *Handbook of Public Administration*. 2nd. ed. San Francisco: Jossey-Bass. 5-18.

Kjaer, A. M. (2004). *Governance.* Cambridge. Polity Press.

Kooiman, J. (1994). Governance and Governability: Using Complexity, Dynamics, and Diversity. In J. Kooiman. ed.

Modern Governance: New Government-Society Interaction. London: Sage Publications. 35-48.

Maslaw, A. H. (1970). *Motivation and Personality.* 2nd ed. NY: Harper and Row.

Matsunaga, Robin K. (1999). The Ombudsman. A Paper Presented at the National Conference of State Legislatures Leadership Staff Annual Training Seminar, New Orleans, Louisiana, September 10.

Mehlum, Halver, Moene, Karl, and Torvik, Ragnar. (2003). Destructive Creativity. *Nordic Journal of Political Economy*, 29: 77-84.

Mishler, William and Rose, Richard. (2001). What are the Origins of Political Trust? Testing Institutional and Cultural Theories in Post-Communist Countries. *Comparative Political Science*, 34:1. 30-62.

Nachmias, David and Rosenbloom, David. (1980). *Bureaucratic Government*. NY: St. Martin's Press.

Norris, Pippa. (2004). *Deepening Democracy via E-Governance.* The UN World Public Sector Report. Harvard University.

Organski, A. F. (1965). *The Stages of Political Development*. NY: Alfred Knopf.

Pattie, Charles, Seyd, Patrick and Whiteley, Paul. (2004). *Citizenship in Britain: Values, Participation and Democracy.*

UK: Cambridge University Press.

Pedicini, Cary. (2008). *Volunteering Australia: Submission to the Productivity Commission on the Contribution of the Not for Profit Sector*. Melbourne, Australia: Volunteering Australia.

Phillips, Laura. (2005). The Impact of Functional Congruence or Incongruence of Volunteer Reward Messages on Task Satisfaction. A Doctoral Dissertation at Capella University. Minneapolis, MN.

Pierre, Jon. (2009). *New Governance, New Democracy*?. QoG Working Paper Series 2009:4. The Quality of Government Institute, University of Gothernburg, Sweden.

Pink, Daniel H. (2005). *A Whole New Mind: Moving from the Information Age to the Conceptual Age*. NY: Riverhead Books.

Popkin, Samuel and Dimock, Michael. (1999). Political Knowledge and Citizen Competence. In Steven L. Elkins and Karol E. Soltan. eds. *Democracy and Citizen Competence*. University Park: Penn State University Press.

Scott, John. (2002). Social Class and Stratification in Late Modernity. *Acta Sociologia*, 45: 23-25.

Shapiro, Roberts Y. and Jacobs, Lawrence. (1999). *Myths and Misunderstandings About Public Opinion Toward Social Security: Knowledge, Support, and Reformism*. NY: The

Century Foundation.

Simon, H. A. (1976). *Administrative Behavior*, NY: Free Press.

Sorensen, Eva and Triantafillou, Peter. (2009). Chapter 1. The Politics of Self-Governance: an Introduction. In Sorensen, Eva and Triantafillou, Peter. eds. *The Politics of Self-Governance*. UK: Ashgate.

Stoker, Gerry. (1998). Governance as Theory: Five Propositions. *International Social Science Journal*, March. 155: 17-28.

Thomson, Ann Marie. (2001). Collaboration: Meaning and Measurement. Ph. D. Dissertation. Indiana University--Bloomington.

Trilling, Bernie and Fadel, Charles. (2009). *21st Century Skills: Learning for Life in Our Times*. SF: Jossey-Bass.

White, Leonard D. (1926). *Introduction to the Study of Public Administration*. NY.: Macmillan.

Willoughby, William F. (1927). *Principles of Public Administration*. Washington DC: Brookings.

Wilson, John and Musick, Marc. (1997). Who Cares? Toward an Integrated Theory of Volunteer Work. *American Sociological Review*, 62: 694-713.

저자소개

저자 박재창

한국외국어대학교 석좌교수(현)
숙명여자대학교 명예교수(현)
숙명여자대학교 정법대학장
미국 뉴욕주립대학교 행정학 박사(의회행정 전공)
(사)한국미래정부연구회 이사장(현)

독일 자유베를린 대학교 훔볼트재단 연구교수
미국 버클리 대학교 정부학연구소 플브라이트 교수
일본 동지사 대학교 정책과학대학원 객원교수
태국 창마이 라찻팟 대학교 방문교수
미국 메릴랜드 대학교 방문교수

한국 행정학회 회장
한국 NGO학회 회장
한국 국제지역학회 회장
한국 정치행정연구회 회장
미국 정치학회 의회연구원

대통령 소속 지방이양추진위원회 (국무총리) 공동 위원장

국무총리실 시민사회발전위원회 위원

부패방지위원회 교육홍보정책자문위원장

국민권익위원회 명예 옴부즈만

KOICA 대표 청렴 옴부즈만

아시아 태평양 YMCA 연맹 회장

공선협 집행위원장

시민사회 포럼 대표

지방자치발전실천포럼 공동대표

민주시민교육거버넌스 대표

<주요 저서>

[한국YMCA운동의 전략 II](2017), [한국YMCA운동의 진로 I](2016), [Global Alternative Tourism Network](ed.)(2015), [New Governance: Issues and Challenges](2015), [정치쇄신 4.0](2014), [거버넌스 시대의 국정개조](2012), [Responses to the Globalizing World](2012), [지방분권과 한국시민사회](편저)(2012), [Global Citizenship and Social Movements](ed.)(2011), [지구화 시대의 한국시민사회](편저)(2011), [한국의 거버넌스](2010), [한국민주주의와 시민사회](편저)(2010), [국가와 시민] (2009), [위기의 한국시민사회](편저) (2009), [시민참여와 거버넌스](공저)(2009), [지구시민권과 지구 거버넌스]

(편저)(2009), [민주시민교육의 전략과 과제](공편)(2007), [지구시민사회와 한국 NGO](2006), [분권과 개혁](공편)(2005), [한국의회윤리론](2005), [한국의회개혁론](2004), [한국의회정치론](2003), [한국전자의회론](2003), [혼돈의 시대, 개혁의 논리](2001), [정부와 NGO](편저)(2000), [이렇게 바꿔야 나라가 산다], (1998), [한국의회행정론](1995), [정보사회와 정치과정](편저)(1993), [오늘의 정치, 내일의 정치](1992), [까마귀 우는 곳에 백로가 가야한다](1991), [열린 세상, 막힌 정치](1991), [의회와 민중](1989), [Legislative Staff in Korea](1986) 외.

한국의
국정개혁

초판 인쇄 2017년 10월 27일
초판 발행 2017년 11월 3일

지은이 박재창
발행인 김인철
총괄 · 기획 가정준 Director, University Knowledge Press
편집장 신선호 Executive Knowledge Contents Creator
도서편집 박현정 Contents Creator
전자책편집 이리나 e-Contents Creator
재무관리 김은혜 Managing Creator
마케팅 파트장 백승이 Chief Marketing Creator
마케팅 박종원 Marketing Creator
발행처 한국외국어대학교 지식출판원
02450 서울특별시 동대문구 이문로 107
전화 02)2173-2493~7
팩스 02)2173-3363
홈페이지 http://press.hufs.ac.kr
전자우편 press@hufs.ac.kr
출판등록 제6-6호(1969. 4. 30)
디자인 · 편집 (주)이환디앤비 02)2254-4301
인쇄 · 제본 네오프린텍 02)718-3111

ISBN 979-11-5901-242-6 94340 정가 25,000원
ISBN 979-11-5901-244-0 (세트)

*잘못된 책은 교환하여 드립니다.